Do teatro

В. Мейерхольдъ

О ТЕАТРѢ

1913   С.-ПЕТЕРБУРГЪ.
КН-ВО „ПРОСВѢЩЕНIE", ЗАБАЛКАНСКIЙ ПР., 75.

Vsévolod Meyerhold

DO TEATRO

Tradução e notas
Diego Moschkovich

Prefácio
Béatrice Picon-Vallin

ILUMI//URAS

Copyright © 2012 desta edição e tradução
Editora Iluminuras Ltda.

Capa
Eder Cardoso / Iluminuras
sobre A.I. Golovin. Retrato de V. Meyerhold, 1917.

Preparação de texto
Jane Pessoa

Revisão
Ana Luiza Couto

CIP-BRASIL. CATALOGAÇÃO-NA-FONTE
SINDICATO NACIONAL DOS EDITORES DE LIVROS, RJ
M447t

Meyerhold, V.E. (Vsevolod Emilevich), 1874-1940.
  Do teatro / Vsévolod Meyerhold ; tradução e notas
Diego Moschkovich. - São Paulo : Iluminuras, 2012.
  288p. : 22,5 cm

  Tradução de: O teatro
  Anexos
  ISBN 978-85-7321-357-7

  1. Teatro russo 2. Representação teatral. I. Título.

12-0372.   CDD: 792.0947
                                      CDU: 792(470)
18.01.12   19.01.12   032703

2012
EDITORA ILUMINURAS LTDA.
Rua Inácio Pereira da Rocha, 389
05432-011 - São Paulo - SP - Brasil
Tel./Fax: 55 11 3031-6161
iluminuras@iluminuras.com.br
www.iluminuras.com.br

SUMÁRIO

PREFÁCIO À EDIÇÃO BRASILEIRA
Um livro único, 7
    Béatrice Picon-Vallin

NOTA DO TRADUTOR
Sobre a tradução, 11
    Diego Moschkovich

DO TEATRO

INTRODUÇÃO, 23
    V. Meyerhold

PRIMEIRA PARTE
Contribuição à história e à técnica do teatro (1907), 27
Contribuição à montagem de *Tristão e Isolda*
    no Teatro Mariínski, 95

SEGUNDA PARTE
Do diário do autor (1907-1912), 123

TERCEIRA PARTE
Balangan (1912), 185

ANEXOS
Trabalhos de direção de 1905 a 1912, 219
Notas à lista de trabalhos de direção, 222

ANEXOS À EDIÇÃO BRASILEIRA

Nota sobre os anexos, 255
   Diego Moschkovich
Palestra no VGIK, 259
   S.M. Eisenstein
Dados biográficos (1921), 275
   V. Meyerhold

PREFÁCIO À EDIÇÃO BRASILEIRA

UM LIVRO ÚNICO

Béatrice Picon-Vallin[*]

Em 1913, Vsévolod Meyerhold publica Do teatro. *Ele está com quase quarenta anos e seu percurso já é muito rico. Aluno-ator de Vladimir Nemiróvitch-Dântchenko, ingressou em 1898 na trupe do Teatro de Arte de Moscou, fundado e dirigido conjuntamente por seu professor e por Konstantin Stanislávski. Foi nesse teatro, um teatro privado, o primeiro teatro de encenador na Rússia, caracterizado pela contraposição ao teatro comercial e ao culto ao ator-vedete — e também por ser um teatro de arte e de equipe —, que Meyerhold começou sua carreira como ator. Em* A gaivota, *desempenhou o papel de Treplev, artista em busca de formas novas, e tornou-se amigo de Anton Tchékhov. Três anos mais tarde, fundou sua própria companhia, na província, e começou por "copiar" as encenações do Teatro de Arte de Moscou, descobrindo, ao longo do trabalho, seu próprio caminho. Tornou-se, então, encenador, sem deixar de ser ator.*

Em 1905, Stanislávski chamou-o de volta a Moscou para resolver os problemas que a dramaturgia simbolista impunha aos novos encenadores. Depois do fracasso dessa experiência no Teatro-Estúdio, Meyerhold prosseguiu com as pesquisas a respeito dos autores contemporâneos, a convite da grande atriz Vera Komissarjévskaia, que havia criado um teatro em Petersburgo, depois de romper com o Teatro Alexandrínski, onde trabalhava. Após violentos desentendimentos entre a atriz e Meyerhold, ele teve a sorte de encontrar em V.

---

[*] É diretora de pesquisa no Centre National de la Recherche Scientifique (CNRS), teatróloga especialista em teatro do século XX e na obra de Vsévolod Meyerhold, tendo publicado inúmeros livros e estudos sobre ele. Seu livro *Meyerhold* deve sair no Brasil em 2012 pela Perspectiva.

Teliakóvski, diretor dos Teatros Imperiais, um espírito aberto, que o empregou como encenador.

Dessa vez, Meyerhold trabalha num teatro nacional, oficial, e não mais em um teatro privado, criado por artistas "dissidentes". O encenador parece enfim ter sido aceito como figura necessária ao teatro, e não mais como um intruso. Meyerhold ficará dez anos nos Teatros Imperiais, encenando dramas e óperas, interessando-se especialmente pela encenação dos clássicos.

Paralelamente a essa intensa atividade, ele abriu vários estúdios destinados à formação dos atores — o último em 1913 — e montou pantomimas e peças curtas em cabarés artísticos.

Do teatro *é o conjunto dessa aventura (relativa a todos os domínios da criação teatral) que ele vai descrever... Seria possível quase falar de "romance de aprendizagem" daquele que é atualmente considerado um dos mais importantes encenadores do século XX. Tudo está ali descrito, analisado, esmiuçado, criticado: suas experiências como ator, suas observações como encenador iniciante, suas leituras, o trabalho dos colegas, dos mestres e suas próprias encenações.*

Meyerhold deixou arquivos muito importantes, que chegaram até nós, apesar de seu fim trágico, graças à coragem de um de seus discípulos, Serguei Eisenstein, que os chamava de "o tesouro". Mas livro ele só escreveu um: Do teatro. *Houve várias tentativas de tradução que, infelizmente, não se concretizaram. Diferentemente do que aconteceu com Stanislávski, Mikhail Tchékhov, Aleksándr Taírov e E.G. Craig, não houve, durante a vida de Meyerhold, nenhuma tradução desse livro duplamente único: composto de artigos escritos em épocas diferentes e depois reunidos, bem como de textos novos. A impossibilidade de qualquer transmissão direta de sua obra, proibida depois de seu assassinato sob Stálin (em 2 de fevereiro de 1940),* foi ainda

---

* Inscrito no Partido Comunista desde 1918, Meyerhold foi condenado à morte em 1º de fevereiro de 1940, como inimigo do povo, espião a soldo dos ingleses e dos japoneses.

agravada pela ausência de difusão internacional — apesar das turnês de seu teatro a Berlim e Paris em 1930.

Do teatro *era considerada por Meyerhold uma obra essencial, e ele pensou, em diferentes ocasiões, em ree-ditá-la na União Soviética, acrescentando-lhe alguns textos escritos posteriormente e atualizando-a. Em 1921, as Edições Prosvechênie, de Leningrado, inserem o livro em seus planos, e o autor deseja incluir vários textos que havia escrito para sua revista* O Amor das Três Laranjas *(1913-1917), entre os quais alguns sobre o* balagan *(o teatro da feira de atrações) e o circo.*Em 1923, o projeto volta à baila, assim como nos anos 1930, sem, no entanto, se concretizar. É, portanto, de uma obra fundamental que se trata aqui. Nela vemos formar-se, em torno de questões concretas, o pensamento de Meyerhold sobre um teatro popular, um teatro da "convenção consciente", desenvolvido paralelamente às pesquisas de Stanislávski sobre o naturalismo histórico e sobre o realismo psicológico, do qual ele vai muito rapidamente se desligar, e em diálogo com as propostas de Wagner sobre a* Gesamtkunstwerk *("a obra de arte total"), e as de Craig, Appia, Fuchs etc.*

Meyerhold está a par de tudo o que está sendo feito de mais novo na Europa, ele lê, anota, viaja, experimenta na prática, descobre. É um apaixonado pela história do teatro. Percebe-se claramente nesta obra aquilo que sua concepção da encenação deve "às épocas autenticamente teatrais", como ele dizia; à commedia dell'arte*, a Molière, ao Século de Ouro espanhol, aos teatros da Ásia, assim como ao contexto mais contemporâneo. Aí se lê a apologia do* balagan*, da máscara e do grotesco. Aí se apreende a importância que terão, com a música, todos esses conceitos para sua obra futura. Compreende-se que para Meyerhold o teatro é, em primeiro lugar, movimento no espaço, embora o texto nunca seja negligenciado. O que Meyerhold desvela em seu trabalho*

---

* Todos esses textos foram introduzidos por mim na edição francesa que organizei dos *Escritos sobre teatro* de V. Meyerhold, tomo 1. Cf. Meyerhold, *Escritos sobre teatro*, Lausanne: L'Âge d'Homme, 1973 (edição revista e ampliada, 2001).

e em sua reflexão é um teatro teatral, no qual se afirma a importância da linguagem do corpo e se abole qualquer ditadura literária. Do teatro reconstitui seu caminho de encenador, figura nova no teatro europeu, através "das portas, protegidas por segredos, do País das Maravilhas", ou melhor, do País do Teatro, do qual ele foi, sem dúvida, um dos mais apaixonados cidadãos.

Tradução de Fátima Saadi

NOTA DO TRADUTOR

SOBRE A TRADUÇÃO

Diego Moschkovich

A primeira grande preocupação em traduzir esta coletânea de textos foi a sua contextualização histórica. Como bem explicou Béatrice Picon-Vallin no prefácio, trata-se de uma série de textos escolhida, ordenada e publicada pelo próprio Meyerhold. Além disso, trata-se da única obra em que o diretor, ator e pensador do teatro explica as bases de seu trabalho e as contextualiza diretamente a partir de sua experiência histórica prática. Portanto, era preciso que dois recursos do texto original fossem cuidadosamente mantidos na tradução: em primeiro lugar, que ficasse muito claro a que contexto histórico Meyerhold se refere *quando formula cada um de seus textos; em segundo lugar, era imprescindível que o leitor compreendesse o contexto histórico* a partir do qual Meyerhold *escreve cada um de seus textos.*

Apesar de parecerem similares, ambas as condições guardam em si algumas peculiaridades notáveis e uma grande diferença entre si, que, se compreendidas, nos permitem especular um pouco sobre o porquê de alguns dos conceitos definidos e experimentados por esse mestre da cena do início do século XX terem ultrapassado a existência de seu uso histórico, desenvolvendo-se, continuando e chegando até nós por diferentes vias.

O PRIMEIRO RECURSO:
AQUELE AO QUAL MEYERHOLD SE REFERE

Este pode ser aparentemente um recurso de simples resolução. Poderíamos ter nos limitado a fazer uma grande pesquisa de termos e simplesmente fornecer na tradução os equivalentes em português. No entanto, Meyerhold, artista que dominava não apenas a arte do ator e do músico, mas que também possuía ótimas noções das Artes Plásticas, cria seu vocabulário teatral tanto em relação às demais formas de arte (segundo ele, todas presentes no teatro) como também em relação à própria história da Arte e do Teatro em si, mostrando pela primeira vez o Teatro como produto de determinadas relações de reprodução na sociedade e o grau histórico de desenvolvimento das forças produtivas como base para o desenvolvimento mais ou menos aperfeiçoado do palco. Por isso, além de uma pesquisa dos termos gerais de Arte, fez-se necessária também a historicização correta de cada um deles, algumas vezes deixados no original e acrescidos de nota.

Há dois exemplos significativos. O primeiro deles talvez seja a palavra balagan, *frequentemente utilizada por Meyerhold nos textos de* Do teatro *e mantida aqui com sua sonoridade original. Balagan é, como explicado nas notas de fim de capítulo, uma palavra russa provavelmente vinda do turco, que denota hoje em dia "barulho, bagunça". No entanto, a palavra tem um uso histórico completamente diferente, que remonta à denominação* balagans, *as antigas feiras de variedades descendentes das feiras medievais, onde se apresentavam os cômicos* dell'arte, *malabaristas, titeriteiros e toda espécie de atração. Geralmente, quando se faz referência a essa concepção, sua tradução é, em português, "teatro de feira" (O Teatro de Balagan) ou "barraca de feira" (balagan). Preferi manter a palavra original, já que nenhuma das duas traduções traz a imagem correta ao leitor. Além disso, a expressão Teatro de Balagan é uma daquelas pertencentes ao vocabulário propriamente teatral, que ganha carga significativa à medida que é posta em prática nas diversas realidades do País das Maravilhas.*

O segundo exemplo diz respeito à concepção geral do Novo Teatro proposto por Meyerhold: o Teatro de Convenção. De forma mais ampla, considero que a versão adotada cumpre bem seu papel explicativo. No entanto, como algumas traduções de artigos sobre Meyerhold tratam muitas vezes o termo diferentemente, pensei ser justa uma menção nas notas da tradução.

A palavra "convenção" é, em russo, uslôvnost. *A expressão original,* Uslôvniy Teátr, *a traz em sua forma adjetivada, ou seja, "convencional". No entanto, aqui foi necessário que fugíssemos a um sentido cultural que a palavra "convencional" ganhou em português: "pertencente ao costume, à convencionalidade". De forma nenhuma. Aqui o termo "convencional" deve ser encarado como a capacidade de criar convenções conscientes. Adotamos então a forma mais apropriada a cada contexto em que Meyerhold utiliza a palavra: por vezes "de convenção", algumas vezes "o convencionado" e outras vezes "condicional", já que este é também um dos sentidos permitidos pela palavra russa.*

Algumas outras questões dizem respeito à tradução dos termos presentes em Stanislávski, e que Meyerhold utiliza na sua crítica ao Teatro de Arte de Moscou (TAM).

Em primeiro lugar é necessário dizer mais uma vez que a obra de Stanislávski nunca foi traduzida devidamente para o português. O que possuímos é a tradução via língua inglesa daquilo que seriam os rascunhos, datados de 1936, de sua primeira tentativa de sistematização da interpretação (o primeiro volume, completo, em russo, é publicado apenas em 1938). Daí decorre a primeira opção: decidimos por traduzir toda a crítica feita ao Teatro de Arte de Moscou a partir do vocabulário mais próximo do sentido original. Por exemplo: o termo Teátr Nastroiênia *foi traduzido aqui literalmente como "Teatro de Humores" ou, em partes um pouco mais explicativas, por teatro "dos estados de humor". Geralmente se adota em português a tradução francesa,* Théâtre des États d'Âme, *ou "Teatro dos Estados d'Alma". No entanto, trata-se de uma pequena imprecisão (note-se que tanto em francês como em português o erro decorre da ausência de uma tradução de Stanislávski diretamente do russo). O termo russo* dushá *(alma) tem um significado muito preciso em Stanislávski desde o início de suas experimentações. Ele se refere especialmente à característica moral do personagem que entra em contradição com a vontade e cria a intenção. Em outras palavras, é aquilo que em língua portuguesa costuma-se traduzir como "contra a vontade". Já a palavra* nastroiênie *(humor) remonta a duas raízes que têm mais a ver com a criação em cena daquilo que Mikhail Tchékhov chamará alguns anos mais tarde de atmosfera.* Nastroiênie *pode significar humor no sentido médico, que era conferido à palavra no final do século XIX (dividindo as pessoas em coléricos, fleumáticos, sanguíneos e melancólicos). No entanto, também possui a mesma raiz do verbo* nastráivat, *"afinar", "entrar em sintonia". E eis então um significado um pouco mais preciso: refere-se à habilidade dos atores de entrarem em sintonia entre si e criarem em cena um determinado "estado de humor". Assim, preferi usar o termo historicamente equivalente em português.*

Outro termo que é digno de uma maior explicação e que está sempre presente nas críticas que Meyerhold faz ao Teatro de Arte é perejivánie. *De novo, vemos o quão simplificada e ateatral foi a primeira tradução de Stanislávski para o inglês. O termo* perejivánie *é muito curioso mesmo em russo, e mais ainda em outras línguas, dada a complexidade de sua tradução. Em russo ele possui algumas traduções possíveis como "preocupação" e "superação", nenhuma delas diretamente ligada ao significado conferido à palavra por Stanislávski. Geralmente nas traduções da obra de Stanislávski para as línguas latinas esse termo se traduz como "sentimento", "emoção", "vivência artística", "reviver". E eis uma das fontes do erro crasso da concepção de que a memória emotiva trata de "reviver" uma experiência passada em cena. É Anatóli Vassíliev quem contribui para encontrar uma definição um pouco mais precisa. A palavra é formada, diz ele, por uma raiz e um prefixo. A raiz da palavra é* jiv, *que significa vida. O prefixo* pere, *nesse caso, tem a significação própria dos verbos de movimento, e não equivale ao nosso* re- *latino (como em "revivência" e "reviver", por exemplo), mas sim à movimentação de um lugar ao outro, algo muito mais parecido com o nosso* trans- *(em "transcender", "transpassar" etc.). Seria um verbo que pudesse significar "pôr a vida em movimento". Para Stanislávski,* perejivánie *está ligado intrinsecamente ao fenômeno teatral ocorrido entre dois ou mais atores. É o movimento do "eu" ao "outro" e a criação da rede de inter-relações do jogo cênico. E eis que se pode compreender o que a palavra* perejivánie *significa. Preferi, nesse caso, manter a palavra em sua forma original.*

No entanto, é necessária uma última explicação. Meyerhold muitas vezes, se refere aos perejiválchiki, *ou seja, aos "adeptos da escola da* perejivánie*". Aqui é necessário voltar à significação histórica e saber exatamente diferenciar o que era executado e proposto pelo próprio Stanislávski e a vulgarização decorrente dos termos-base utilizados por ele nas pesquisas.*

A última coisa que desejo abordar neste tópico é a afirmação convicta de que a crítica que Meyerhold faz ao Teatro de Arte de Moscou não é de maneira nenhuma uma crítica ao que se convencionou mais tarde chamar de "Sistema Stanislávski". Na verdade, na época da publicação de Do teatro, *o sistema como veio a ser criado (e "exportado" para os Estados Unidos segundo as concepções de Richard Boleslávski) ainda passava por sua primeira fase de testes dentro do Primeiro Estúdio do TAM. O que Meyerhold faz é, ao contrário, apontar, sob a forma de crítica da forma, o caminho preciso e revolucionário da criação artística descoberto pela primeira trupe do TAM em 1898: a criação do primeiro laboratório teatral da história.*

O SEGUNDO RECURSO: O CONTEXTO HISTÓRICO
A PARTIR DO QUAL MEYERHOLD ESCREVE

O leitor facilmente poderá perceber que há alguns textos que parecem muito mais acabados do que outros. O próprio Meyerhold, no prefácio, diz ter preferido não tocar nos textos quando os compilou em livro, pois lhe pareceu que "destruiria sua unidade se começasse a redigir textos nos quais penso serem necessárias novas incursões e informações". Tal foi o princípio adotado por mim na tradução em português: tentar manter o estilo do acabamento dos textos o mais fiel possível à versão original, que pelo princípio de montagem e contraposição dos textos delineia as concepções desenvolvidas por Meyerhold no período de 1905-1912 como sendo extremamente móveis e em constante mudança.

Uma noção que achei importante quebrar, tanto na tradução (na escolha das palavras) quanto na reflexão sobre a prática de Vsévolod Meyerhold, foi o lugar-comum de que exista algo de antagonicamente contraditório em suas disputas com Stanislávski.

Não se pode, do mesmo modo, confundir indistintamente Stanislávski com o Teatro de Arte de Moscou. Apesar de ser seu fundador, sabemos que a partir de 1905 ocorre o gradual afastamento de Stanislávski tanto da direção executiva quanto cênica daquele teatro; o tombamento do TAM pelo governo czarista representara, afinal, aquilo que Meyerhold já vislumbrava ao deixar a trupe em 1902: o enveredamento pelo caminho do teatro de repertório, da dependência financeira da burocracia estatal e da escolha de peças que dessem ao teatro prestígio e status quo. *E apesar de sua permanência ali dentro, às vezes dirigindo e às vezes não, o trabalho de Stanislávski toma a partir de 1912 um rumo completamente diferente: ele chega, por outros caminhos, à mesma conclusão à qual havia chegado Meyerhold alguns anos antes, com a falência da experiência do Teatro-Estúdio e com a análise dos primeiros trabalhos com as peças de*

Tchékhov: chega à conclusão de que é impossível criar um laboratório de pesquisa dentro das paredes de um teatro oficial de repertório, de que é preciso trabalhar com os atores por anos a fio até que compreendam a real natureza do jogo cênico.

Meyerhold, num texto de 1921 intitulado "A solidão de Stanislávski", descreve o diretor em uma das crises do Teatro de Arte de Moscou da seguinte forma:

> *E nos seria muito amargo se agora, quando o mundo teatral moscovita se parece com um mercado de peixe, alguém pudesse pensar que somos míopes o suficiente para não enxergar que no meio do tumulto de tal bazar se encontra, com a cabeça mais alta do que todos, a figura do solitário e confuso Stanislávski.*

O próprio Stanislávski se define de forma muito parecida em Minha vida na arte, *quando escreve sobre a crise no TAM, que levou à criação do Primeiro Estúdio em 1912.*

Portanto, eis o que se faz necessário: não personalizar a contradição teatral que acabou infelizmente por matar o encenador construtivista, mas sim saber analisar quais eram as forças históricas por trás de cada proposta, e como elas se desenvolveram.

No âmbito das contradições sociais que se expressaram no teatro soviético a partir dos anos 1920, encontramos dois artistas que percorreram o caminho da criação teatral de forma paralela, por lados absolutamente diferentes, e que chegaram à mesma conclusão — o primado do processo sobre o resultado —, e deram ao teatro a forma de laboratório que viria a ser assumida pelo teatro mais ou menos como um todo durante o século XX.

SOBRE AS NOTAS E SOBRE A GRAFIA DE TERMOS

O leitor notará que há três tipos de notas nesta edição: as notas de Meyerhold, sempre no rodapé e chamadas por asterisco (*); as notas do tradutor (N.T.) e as notas do redator russo (N.R.R.), no fim de cada capítulo, indicadas por suas respectivas siglas.

Alguns termos são grafados de forma diferente por Meyerhold ao longo do livro, porquanto se trata de uma coletânea de artigos de diferentes épocas. Mantivemos a grafia mais próxima do original, inclusive respeitando a utilização de maiúsculas e minúsculas do autor.

DO TEATRO

Mesmo que me comas até a raiz, bode, eu ainda darei bastante frutos para fazer uma libação sobre tua cabeça quando a ti começarem a fazer de sacrifício.

Even de Ascalão

INTRODUÇÃO

O presente livro — coleção de artigos meus, alguns publicados anteriormente em diferentes revistas e jornais e outros aqui impressos pela primeira vez — apresenta o desenvolvimento de minhas concepções acerca da essência do Teatro, que estão intimamente relacionadas com os trabalhos realizados por mim como diretor no período de 1905-1912.

Dividi-o em três partes.

Na primeira parte encontram-se dois artigos, ambos inalterados: "Contribuição à história e à técnica do teatro" e "Contribuição à montagem de *Tristão e Isolda* no Teatro Mariínski,[1] 30 de outubro de 1909". Pareceu-me que destruiria sua unidade se começasse a redigir trechos nos quais penso atualmente serem necessárias novas incursões e informações.

Na segunda parte entram notas e escritos do meu diário. Alguma coisa dessa parte (sob a forma de "Cartas sobre o teatro" e "Folhas dos cadernos de notas") foi publicada em *Vêsy* [As Balanças], *Zolotoe Runô* [O Velocino de Ouro], *Apollon*[2] e na *Revista da Sociedade Artístico-Literária*.

A terceira parte é ocupada pelo artigo "Balagan",[3] em que se refletem todos os pontos de vista acerca do teatro aos quais fui levado pela experiência de minhas últimas montagens (as dos anos 1910-12). Quanto à minha relação com os métodos de encenação[4] é preciso dizer que tiveram grande e significativa influência os recursos cênicos utilizados na montagem de duas diferentes peças: *Don Juan*, de Molière, e a pantomima de Schnitzler, *O cachecol da Colombina* (ao retrabalhar o papel de Doutor Dapertutto[1]). Contudo, o empurrão inicial em direção à definição dos caminhos de minha arte foi dado pelas felizes esquetes de planos para o maravilhoso *Balagánchik* de Alexander Blók. Desde o tempo das montagens dessas três peças é que minha preocupação principal tem sido a resolução das questões teatrais relacionadas ao problema do proscênio. Apesar de nenhum dos artigos apresentados aqui abordar unilateralmente o problema do proscênio, o leitor com facilidade irá notar que a questão constitui o ponto de convergência de todos os temas abordados.

Tendo começado meus trabalhos de direção no ano de 1902, foi apenas no final de uma década que pude tocar os segredos do Teatro, os pequenos segredos que se escondem atrás dos elementos fundamentais, como o *proscênio* e a *máscara*. E agora sou capaz de entender porque é que dois nomes em especial nunca se apagarão de minha memória: A.I. Golovin e o calmo N.N. Sapúnov. Foi com eles que, para minha maior alegria, trilhei os caminhos de pesquisa em *Balagánchik*, *Don Juan* e *O cachecol da Colombina*. A eles, junto comigo, é que foram entreabertas as portas secretas do País das Maravilhas.

* * *

A primeira e a segunda parte deste livro estão inextricavelmente ligadas aos meus trabalhos de direção nos anos de 1905-1910. A terceira se relaciona com as pesquisas mais próximas do ano de 1912.

Levando em conta o fato de que minhas formulações teóricas sempre andaram intimamente emparelhadas à minha experiência cênica, penso não ser demasiado anexar no final do livro uma lista de peças que despertaram meu interesse

---

[1] Doutor Dapertutto — meu pseudônimo (já revelado) nos trabalhos de direção que possuíam as mais fortes aspirações à maneira das concepções cênicas sobre as quais se fala na terceira parte deste livro. Doutor Dapertutto é um personagem dos *Contos fantásticos à maneira de Kahlo*, de Hoffmann.

desde 1905, com as descrições (nas notas) de alguns dos recursos utilizados por mim na direção.

Seguindo a lista anexa o leitor poderá, se quiser, procurar nas publicações periódicas dos anos citados o material crítico sobre minhas montagens. Os críticos, tendo se relacionado com minha obra ora educadamente e ora negativamente (em sua maioria), fazem que o leitor seja presenteado com exaustivo quadro de análise da minha experiência como diretor, em se comparando as opiniões de uns com às dos outros.

Apresento meus profundos agradecimentos a A.M. Guilcher, V.M. Bebútov e B.S. Môsolov por ajudado a reunir minhas anotações, a V.N. Solovev, pelas conversas frequentes com as quais solidifiquei as teses fundamentais do meu último artigo, "Balagan".

V. Meyerhold
São Petersburgo, novembro de 1912.

NOTAS DA INTRODUÇÃO

[1] Teatro Mariínski — Teatro de Ópera e Balé: Parte da lista de Teatros Imperiais da Rússia; foi fundado como "Grande Teatro" em 1783 por ordem da imperatriz Catarina, a Grande, e renomeado e restaurado em 1860 em homenagem à esposa do czar Alexander II (Maria e, portanto, Mariínski). Depois da Revolução de Outubro, foi renomeado, em 1934, como Teatro Estatal de Ópera e Balé de Leningrado Kírov. (N.T.)

[2] *Zolotoe Runô* [O Velocino de Ouro]: Revista artístico-literária mensal publicada em Moscou de 1906 a 1909. Pertencia ao círculo literário "Os Argonautas" (daí o nome escolhido para o jornal, em alusão ao objeto mítico), com sede em São Petersburgo. Foi uma das primeiras revistas a levar as concepções simbolistas da arte ao público russo e também a primeira a publicar simbolistas russos, entre eles Alexander Blók e Valéri Briússov, ambos colaboradores de Meyerhold na época a que se referem os textos incluídos em *Do teatro*. Faziam parte de sua direção conhecidos simbolistas russos como o próprio Blók, Ivan Búnin e Leonid Andréev. (N.T.)

Vêsy [As Balanças]: Revista científico-literária e crítico-bibliográfica mensal publicada em Moscou de janeiro de 1904 a dezembro de 1909. Era o principal órgão dos simbolistas russos. Tinha Valéri Briússov como principal editor, especialmente durante seus primeiros anos de publicação. Sua ideia principal era manter a revista como um órgão puramente dedicado à crítica literária. A concepção da redação, segundo seus dirigentes, era conseguir reunir em *Vêsy* o "estetismo exacerbado" do jovem Balmont, a observação realista de Valéri Briússov, o "dionisíaco universal" de V. Ivánov, o "misticismo enfático" de Z.N. Hippius, as "aspirações românticas" de A. Blók, o "nietzschianismo sintético" de A. Brély e o "intenso baudelerianismo" de Ellis. Em suas próprias palavras, dedicava-se a combater "os traços podres" legados pelo materialismo à arte. A partir do final de 1905, no entanto, começou-se a publicar em *Vêsy* literatura, e a revista foi convertida numa simples revista literária russa. Deu origem às revistas *Mir Iskusstva*, *Zolotoe Runô* e *Apollon*, entre outras. (N.T.)

Apollon [Apolo]: Revista artístico-literária ilustrada sobre artes plásticas, música e teatro, publicada em São Petersburgo de 1906 a 1917. *Apollon* concentrava representantes de várias tendências da arte russa das primeiras décadas do século XX. Teve início como um dos órgãos dos simbolistas e, a partir de 1913, começou a difundir as ideias dos grupos acmeístas. Publicou artigos de importantes críticos e autores russos como V. Briússov, A. Blók e V. Ivánov, entre outros. Foi fechada em 1918 por causa da publicação de uma série de artigos antissoviéticos. (N.T.)

[3] *Balagan*: Usualmente se traduz *balagan* como "barraca de feira", já que a palavra não possui uma significação exata equivalente nas línguas latinas. No entanto, para a edição brasileira decidiu-se manter a palavra original por alguns motivos. Em primeiro lugar, a redução de significado que ocorre quando se transforma *balagan* em "barraca de feira": *balagan* não é uma barraca de feira, e sim um tipo específico de tenda (uma versão reduzida da tenda circense) presente nos antigos parques de variedades e que possuía atrações grotescas como a mulher barbada, a mulher-macaco, o homem mais forte do mundo etc. Meyerhold, ademais, utiliza-se da palavra *balagan* com motivo histórico: eram exatamente nas feiras de variedades que se haviam conservado as tradições do teatro popular medieval e de onde ele extraía importantes conceitos para a concepção de seu teatro. Sendo assim, optamos por manter a palavra no original, tentando explicar ao leitor o sentido e o significado original da palavra. (N.T.)

[4] Por "encenação" (do alemão *Inszenierung*), Meyerhold, em seus artigos pré-revolução, quer dizer a montagem, o trabalho do diretor na materialização da peça em cena. Após a revolução, com o desenvolvimento do construtivismo, Meyerhold deixa gradualmente de usar a palavra encenação e passa usar a palavra russa *postanóvka*, ou seja, montagem, construção. (N.T.)

PRIMEIRA PARTE

CONTRIBUIÇÃO À HISTÓRIA E À TÉCNICA DO TEATRO (1907)

I. O TEATRO-ESTÚDIO

No ano de 1905, em Moscou, deveria ter aberto as portas o então chamado "Teatro-Estúdio". No curso de meio ano — durante a primavera, nas instalações da oficina de maquetes do Teatro de Arte; durante o verão, no parque Dupuis, na Mamontovka, perto da estrada de Yaroslav; e durante o outono, no teatro aos portões do Arbat —, atores, diretores, cenógrafos e músicos reunidos por K.S. Stanislávski preparavam-se com extraordinária energia para a abertura do novo jovem teatro. No entanto, ao que parece, o destino não queria que tal teatro abrisse suas portas e mostrasse seus trabalhos ao grande público, ou mesmo ao pequeno círculo de gente interessada naquele novo acontecimento teatral.

O Teatro-Estúdio, mesmo não abrindo suas portas ao público representou, contudo, um papel extremamente significante na história do teatro russo. Por certo pode-se dizer que brota de uma única fonte tudo aquilo que hoje em dia começam a introduzir em suas montagens os nossos teatros mais avançados, com espantosa pressa e uma excitação irritante. Todos os motivos postos nas bases da nova atuação cênica são parentes diretos e velhos conhecidos daqueles que viveram a época dos trabalhos de fundação do Teatro-Estúdio. O historiador, no entanto, foi privado da possibilidade de perceber tal fenômeno: todo o trabalho do teatro fora realizado a portas fechadas e apenas poucos felizardos tiveram a oportunidade de vislumbrar as feições do teatro recém-nascido.

Valéri Briússov escrevia sobre o ensaio geral de *A morte de Tintagiles*: "Estive dentre os poucos agraciados com a oportunidade de assistir no Estúdio ao ensaio geral de *A morte de Tintagiles*, de Maeterlinck. Em geral, posso dizer que foi um dos espetáculos mais interessantes que já vi em toda a minha vida".[1]

Dessa forma, enquanto dentro das oficinas do Teatro-Estúdio o trabalho fervia, dava-se a saber através dos jornais e revistas, que:

1) "Esta primavera (1905) é marcada pelo triênio de existência da Confraria do Novo Drama[2] (1902-1905), que acaba de se tornar o seu último. A Confraria do Novo Drama já não existe mais. O diretor, Meyerhold, volta mais uma vez a Moscou, ao Teatro de Arte, a Stanislávski. Este se empenha em organizar uma nova trupe, à frente da qual deve estar o próprio Meyerhold. O repertório será 'contemporâneo'. De 10 a 15 peças. Depois ocorrerão turnês pelas províncias. Além disso serão organizados saraus nos auditórios do Museu de História com a participação da trupe desse novo teatro. Os saraus serão realizados em homenagem a poetas estrangeiros e russos (Baudelaire, Edgard Poe, Verhaeren, Briússov, Balmont, Ivánov e Biéli, entre outros mais)."[3]

2) "A seção filial do Teatro de Arte (o Teatro-Estúdio), erigido sob direção principal de Stanislávski e sob comando direto de Meyerhold, se localizará no teatro Grish, aos portões do Arbat.[4] O objetivo dessa organização é levar às províncias trupes e teatros fortemente constituídos e seriamente dirigidos."[5]

3) "A ligação com o Teatro de Arte, é necessário dizer, revela-se uma questão de princípios, no sentido da exploração das mesmas bases "artísticas" nas encenações das peças, apenas com alguma mudança no repertório."[6]

4) "Interessante... será este novo teatro o portador e o continuador das convicções do Teatro de Arte, ou encarnará ele os novos desafios e pesquisas da arte dramática e teatral?"[7]

A última pergunta continua ainda em aberto. Não havíamos definido até então que rosto teria o teatro, ao colocar lado a lado em seu repertório Maeterlinck e Górki, Przybyszewski e Ibsen, Verhaeren e Polevói (*O heroísmo russo*).[8] Ninguém sabia ao certo se o Teatro-Estúdio seria apenas uma filial do Teatro de Arte. Em outras palavras, não sabíamos se esses dois teatros — o de Arte e o Estúdio — estariam conectados entre si da mesma maneira como estavam, por exemplo, o Máli de Moscou e o Nóvi de São Petersburgo.[9]

O Teatro-Estúdio havia sido fundado por K.S. Stanislávski. Eu, verdade seja dita, também entrara como diretor, levando comigo o núcleo das melhores forças da Confraria do Novo Drama. Mas o Teatro-Estúdio na realidade não era *de fato* uma seção filial do Teatro de Arte, muito embora o próprio Stanislávski assim o desejasse.

Toda a explicação é necessária para que fique claro: o Teatro-Estúdio ardia livremente com sua própria vida e exatamente por isso (da forma como vejo) foi capaz de se libertar tão rápida e facilmente do caminho do Teatro de Arte, recusando imediatamente as formas prontas e mergulhando de cabeça num mundo novo, para começar sua construção a partir da fundação.

A primeira reunião dos colaboradores do Teatro-Estúdio aconteceu em 5 de maio, e já nesse encontro foi possível ouvir os seguintes refrões: "as formas atuais das artes dramáticas estão há muito superadas", "o espectador contemporâneo requer outros recursos técnicos", "o Teatro de Arte alcançou o virtuosismo no que se refere ao naturalismo da vida e à simplicidade orgânica da atuação; no entanto, surgem cada vez mais peças que exigem novos recursos de montagem e atuação"; ou "O Teatro-Estúdio deve aspirar à renovação das artes dramáticas por meio de novas formas e novos recursos de encenação". No entanto, o que havia sido lido aos atores não passava de um trecho de Antoine, e todo esse discurso se referia, notadamente, ao movimento progressivo do jovem estúdio apenas no sentido estrito da *evolução* das formas encontradas pelo Teatro de Arte. Ou seja, encontrar formas de materialização cênica correspondentes ao novo fôlego da literatura dramática ainda não significava romper com o passado tão impertinentemente como depois o fez em seus trabalhos o Teatro-Estúdio. "O Teatro de Arte com seu naturalismo de interpretação não é, e nem pretende ser, a última palavra, e muito menos pensa em solidificar-se em tal ponto de congelamento; o 'jovem teatro', junto com seu antepassado (o Teatro de Arte) deve continuar o trabalho, e ir mais além."[10] Era dessa forma, pensava-se, que cabia ao Teatro-Estúdio apenas *evolucionar* o teatro e, diga-se de passagem, evolucioná-lo apenas na mesma trilha do Teatro de Arte. Em junho, no entanto, na ocasião da abertura do galpão de ensaios na Mamontovka, um dos convidados disse desejar profundamente que o Estúdio não emulasse o Teatro de Arte.

Com o objetivo de encontrar novas técnicas de encenação que correspondessem às formas literárias do novo drama e de renovar a arte cênica com novos recursos de montagem, os cenógrafos e diretores se trancafiaram (a trupe havia se separado até junho) durante um mês inteiro na oficina de maquetes que nos havia sido gentilmente cedida pelo Teatro de Arte.

Maio então foi enormemente significante. A primavera desempenhou papel fundamental no destino das próximas preocupações dos diretores do Estúdio.

Na oficina de maquetes se resolviam os planos[11] das peças *Heroísmo russo*, de Polevói; *Neve*, de Przybyszewski; *O vendedor do sol*, de Raschild; *Colega Krampton* e *A festa de reconciliação*, de Hauptmann; *A esfinge*, de Tetmayer; *As sete princesas*, de Maeterlinck; e *A moça na janela*, de Hofmannsthal.

Junto com os diretores trabalhavam os cenógrafos Denísov, Uliánov, Gugúnava e Holst.

O trabalho de maquetes como possibilidade para a pesquisa de linhas, ângulos e temperamentos da decoração constituía-se, no entanto, em um trabalho intolerável para qualquer cenógrafo.

Assumindo que o diretor e o cenógrafo pertençam à mesma linha de uma escola artística: o diretor faz o desenho (plano) e o cenógrafo cria em cima desse plano, procurando a harmonia de tintas e a localização dos diferentes pontos de cor. Tal trabalho, conjunto, resulta posteriormente numa série de esboços. Ora, esses rascunhos do diretor (a lápis ou a carvão) sobre o desenho das linhas de movimento esquemático, ou mesmo (em caso de o diretor não dominar a tinta) o rascunho da cenografia colorida feita pelo cenógrafo, são quase perfeitamente suficientes para se passar aos palcos, pulando assim a fase das maquetes.

Quando nos demos conta de que já havíamos construído muitas e muitas maquetes mostrando os *intérieurs* e *extérieurs* reproduzidos da mesmíssima forma como existem na vida real, a oficina de maquetes repentinamente escureceu e fomos tomados pela fúria e pela raiva, esperando impacientemente o dia em que alguém gritasse que já era hora de incendiar e esmagar todas as maquetes.

Já nos encontrávamos na metade do caminho, e por isso não era mais possível nos arrependermos. E foi exatamente o não arrependimento que acabou por prestar um enorme serviço ao teatro.

Todos compreenderam de imediato: a montagem das maquetes nos parecia difícil e complicada por ser difícil e complicado *o todo* do aparato teatral. Girando as maquetes em nossas mãos, o que girávamos era o próprio teatro contemporâneo. Querendo incendiar e esmagar as maquetes já nos encontrávamos bem mais próximos de esmagar e incendiar os velhos recursos do teatro naturalista.

O primeiro empurrão em direção à ruptura final com as maquetes foi dado pelos artistas Sapúnov e Sudêikin. O impulso, verdade seja dita, foi também o primeiro em direção à pesquisa de meios expressivos novos e mais simples no palco.

Aos dois cabia desenhar os planos de *A morte de Tintagiles*, de Maeterlinck, e ambos se debruçaram sobre o trabalho com entusiasmo, posto que ambos se interessavam muito pela cenografia e amavam Maeterlinck. No entanto prometeram, tanto um como o outro, apresentar apenas rascunhos, recusando-se terminantemente a aparecer com qualquer maquete pronta. Foi somente depois, quando todos os rascunhos se encontravam já prontos, que eles concordaram em colar e pintar uma maquete, e ainda assim apenas com a finalidade de que os cenotécnicos pudessem enxergar os lugares planejados nos quais deveriam se movimentar os atores, ou, em outras palavras, somente para que fosse visível onde mais ou menos no palco ficariam as telas pintadas do cenário, o chão, os praticáveis etc.

Quando se tomou conhecimento, na oficina de maquetes, do trabalho de Sapúnov e Sudêikin, quando se soube que eles haviam resolvido o plano de *A morte de Tintagiles* bidimensionalmente, por meio de um método baseado completamente na convencionalização, o trabalho dos outros artistas paralisou.

Foi nesse período de relação negativa com as maquetes, por exemplo, que surgiu o recurso dos planos impressionistas. É preciso dizer exatamente: o recurso dos *planos*, já que os pintores, concordando com o princípio da convencionalização e atirando-se ao trabalho artesanal — a montagem nas maquetes de detalhes arquitetônicos é tarefa do teatro naturalista —, não desejavam, é claro, comprometer-se com seus estilos de pintura. E ainda que todos esses *intérieurs* e *extérieurs* se aproximassem do natural, cada artista tentava ao máximo suavizar o tosco recurso naturalista (que construía em cena verdadeiras salas, jardins, ruas etc.) por meio da suavidade do colorido idealista das tintas e de truques de posicionamento dos efeitos de luz (nas telas).

Assim, as antigas maquetes foram abandonadas. Fervia o novo trabalho. Denísov, no primeiro ato de *Krampton* (o ateliê do pintor), em lugar de um aposento em toda a sua grandeza, com todos os detalhes, pinta apenas os borrões mais vívidos, mais largos, mais característicos de um ateliê. Quando as cortinas se abrem, a atmosfera do ateliê é expressa apenas por um quadro enorme, que ocupa metade do palco e atrai a atenção do espectador com todos os seus pequenos detalhes; no entanto, para que tamanho quadro não dispersasse o espectador com todo seu complicado tema, desenha-se apenas um canto dele, e todo o resto do quadro não é mais do que leves esboços de contornos em carvão. Há também o canto da gigante janela superior, através do qual se vê um pedaço do céu, a escada utilizada para a pintura do enorme quadro, uma mesa grande, um divã (que virá a ser necessário durante a peça) e a bagunça dos estudos do pintor espalhados pela mesa.

Havia sido introduzido o princípio da estilização.[*]

O trabalho principal nesse sentido, contudo, foi o do artista Uliánov na peça de Hauptmann, *Shluck e Jau* (codirigida por V.E. Repman). Queríamos que a peça fosse montada ao estilo do "século do pó de arroz".[12] Feito um primeiro plano em papel, tudo eram instalações dificílimas. Parecia ridiculamente absurdo ter de construir os quartos e salões de Luís XIV e seus jardins usando registros fotográficos reais ou desenhos calcados em valiosas *ouvrages*[13] daquela época riquíssima.

No entanto, quando se consolidou finalmente o princípio de estilização, a tarefa cumpriu-se fácil e rapidamente. No lugar de uma enorme quantidade de detalhes, um ou dois largos esfregaços.

Primeiro ato: os portões do castelo nos quais caçadores encontram os bêbados Shluck e Jau. No palco são mostrados apenas os portões com a ponte levadiça giratória, decorada no topo com uma estátua de bronze do Cupido. Os portões se encontram bem no proscênio. Impressionam por sua grandiosidade, enormes e exuberantes. Atrás dos portões não

---

[*] Por "estilização" eu presumo não a reprodução exata do estilo de uma determinada época, como faz um fotógrafo em seus filmes. Ao conceito de estilização, a meu ver, está intrinsecamente ligada a ideia de convencionalização, generalização e símbolo. "Estilizar" uma época ou um fenômeno significa revelar através de todos os meios de expressão a síntese interna de uma determinada época ou fenômeno, reproduzir seus traços mais escondidos e secretos, que se encontram apenas no profundo e secreto estilo de alguma obra de arte.

é possível ver o castelo, mas pelas coxias decoradas como árvores de um bosque que se estende ao fundo o espectador logo entende o estilo da época e a riqueza daqueles que viviam detrás de tais portas. As figuras bêbadas de Shluck e Jau com os portões exuberantes logo criam o contraste requerido pela peça e levam o espectador à dimensão da tragicomédia, da sátira.[*]

A atmosfera do quarto real sintetizava-se em uma absurda e rica cama de tamanho enorme e num gigante dossel. Todos os volumes tinham seu tamanho exagerado, tendo em vista a impressão da riqueza e de sua comicidade exuberante. Imediatamente entra em cena a sátira, como nos desenhos de T.T. Heine.

No terceiro quadro o recurso da convencionalização foi elevado ao mais alto nível. A atmosfera de festa e singularidade era expressa por uma fileira de caramanchões no formato de cestas, que se esticam pelo proscênio. A cortina traseira (o fundo) era um céu azul com nuvens-carneirinhos. As linhas do horizonte — rosas em botão em todo o comprimento da cena. As crinolinas, as perucas brancas e os figurinos dos personagens haviam sido combinados com as cores da decoração e junto com elas desempenhavam uma única tarefa cenográfica: realizar uma sinfonia brilhante como o encanto das pinturas de K.A. Sômov. Até que se levantassem as cortinas tocava um dueto no estilo do século XVII. As cortinas sobem. Distribuídas pelos caramanchões-cestas sentavam-se Sidselille (ao centro) e as suas damas da corte (nas laterais). Todas juntas bordavam uma grande e larga faixa com agulhas de marfim. E tudo acontecia no tempo, todas trabalhavam orquestradas como uma só, e ao longe o acompanhamento do dueto de cravo e harpa. Tudo era ritmicamente musical: movimentos, linhas, gestos, palavras, cores da decoração, matizes dos figurinos.

---

[*] Uma outra versão desenvolvida pelo cenógrafo era ainda mais simplificada: não havia nem portões nem cerca, apenas os arcos do bosque e as árvores de coxia, e, atrás destas, arbustos de rosas.

Tudo aquilo que era necessário esconder do público, os cabos, madeiras etc., o foi através de telas convencionais, sem a preocupação de que o espectador se esquecesse de que estava no teatro.

E foi assim que a pergunta da imprensa jornalística da época — "[...] se configurará este novo teatro (o Teatro-Estúdio) portador e continuador das convicções do Teatro de Arte, ou materializará ele novos desafios e pesquisas da arte dramática e teatral?" — pôde ser respondida de uma única forma.

A verdade é que o Teatro-Estúdio não quis se tornar o portador e continuador das convicções do Teatro de Arte, e se atirou à construção de um novo edifício desde os alicerces.

Anexado ao Teatro-Estúdio criou-se então um birô literário, às suas fileiras somaram-se os poetas de maior sucesso dos nossos novos grupos literários: *Vêsy* e *Voprôssi Zhízni*.[14] Esse órgão — o birô literário[15] — era o encarregado de conseguir para o teatro as obras mais interessantes da nova literatura dramática mundial. A direção do birô literário foi entregue a Valéri Briússov, que mais tarde participaria ainda mais ativamente dos assuntos do Estúdio. Nos capítulos seguintes deste meu livro ficará mais fácil entender o porquê de haver sido especificamente Briússov a se interessar pelo trabalho mais próximo ao teatro.

O Teatro-Estúdio se tornara um teatro de pesquisa. Mas libertar-se dos caminhos naturalistas da escola de *Meiningen*[16] não era assim tão fácil. Quando dos acontecimentos fatais nos quais o teatro "secou, sem haver tido tempo de florescer", Briússov escrevia no *Vêsy*:*

> No Teatro-Estúdio, de muitas maneiras tentou-se quebrar o realismo da cena contemporânea e corajosamente tomar a convencionalização como princípio da arte teatral. Nos movimentos havia muito mais plástica do que na imitação da realidade, os agrupamentos (atores) pareciam-se com afrescos de Pompeia reproduzidos num quadro vivo. Os cenários não

* Janeiro de 1906.

eram pensados nas condições da verossimilhança: quartos eram feitos sem teto, colunas de castelos eram indicadas por apenas algumas linhas, e assim por diante. O diálogo soava o tempo todo sobre um fundo musical, envolvendo os espíritos do público no mundo do drama maeterlinckiano. No entanto, por outro lado, magistralmente podiam-se reconhecer os hábitos adquiridos com a tradicionalidade cênica, ensinamento de tantos anos do Teatro de Arte. Os atores, realizando os gestos convencionados com os quais sonhavam os pré-rafaelitas,[17] ainda buscavam a naturalidade dos diálogos nas entonações e tentavam passar através da voz o sofrimento e as preocupações tais como estes se dão na vida. A decoração, assim como os objetos de cena, ainda que estilizados, eram em detalhe extremamente realistas. Exatamente no ponto onde terminava a marcação do diretor começava imediatamente a interpretação ordinária dos atores, interpretação essa muito malfeita, percebendo-se de cara a falta de uma escola real, e desprovida de qualquer temperamento. O Teatro-Estúdio mostrara a todos que é impossível refundar o teatro sobre bases velhas. Ou se continuava o edifício teatral de Antoine-Stanislávski, ou então era preciso começar tudo de novo desde o princípio.

A realização das ideias propostas era, de maneira geral, impedida pelo fato de que a trupe do Teatro-Estúdio se mantivera unida apenas até maio (mês da grande virada na direção do rompimento com a escola de *Meiningen*) e de que a maior parte dela era composta de estudantes dos cursos cênicos do Teatro de Arte. Para as novas necessidades do Estúdio após o período de maio, isto é, o período no qual o diretor realmente começaria os ensaios, ficava claro que seria necessário outro tipo de material interpretativo, mais flexível e menos tentado pelos encantos do teatro já existente. O Teatro-Estúdio não possuía trupe. Dois ou três atores da escola do Teatro de Arte e dois ou três da Confraria do Novo Drama haviam aceitado o novo método. Mas a maioria dos atores advinha dos cursos cênicos do Teatro de Arte, e aos diretores desse teatro havia sido dada a tarefa de não trabalhar com os atores na montagem do repertório escolhido, mas apenas prepará-los para o trabalho no estúdio por meio de conversas e experiências, prepará-los apenas para que pudessem sentir o aroma desse novo método. Foi dessa forma que cheguei à conclusão de que uma *escola anexada a um teatro*[18] é um verdadeiro veneno para os atores que nela estudam, que a escola deveria existir independentemente, e que nela não se deveria ensinar o modo vigente de atuar. A escola deveria ser construída de tal forma que dela brotasse o teatro novo, e para os estudantes formandos deveria existir uma única saída: o novo teatro, por eles mesmos construído, ou lugar nenhum. A escola anexada ao teatro, no entanto, quando não cumpre seu próprio objetivo — renovar os quadros do seu próprio teatro —, enche também os outros teatros a sua volta com a superprodução, prejudicando consequentemente estes últimos: os atores que estudaram em qualquer escola anexada a qualquer teatro se tornam por toda parte *estrangeiros*, não importando o quão bons sejam do ponto de vista da *sua* escola.

O Teatro-Estúdio era um teatro de pesquisa das novas formas cênicas. Tal condição poderia, de alguma maneira, ter feito a crítica teatral acompanhar seus trabalhos cuidadosamente e com atenção. Esta, por sua vez, haveria notado o caminho percorrido pelo teatro e assim o ajudaria verdadeiramente a seguir seu rumo. No entanto, todo o trabalho do teatro fluía de modo invisível, e tudo aquilo com que o teatro rompeu e tudo o que conquistou continuou sem ser visto. No final, as portas do teatro acabaram não sendo abertas ao público e a história viu-se privada da oportunidade de ponderar sobre o valor extraído da sua experiência.

O tamanho da influência do Teatro-Estúdio sobre o destino posterior do teatro russo pode ser avaliado pelo simples fato de que, após sua morte, toda vez que se monta em Moscou ou Petersburgo um espetáculo de sucesso, o Teatro-Estúdio é imediatamente lembrado.

Quando o *Drama da vida* estreou no Teatro de Arte, um jornal de Moscou publicou que a peça havia sido montada com base nas ideias do Teatro-Estúdio. Em *Teatr i Isskustvo*

[Teatro e Arte], dizia-se que todo aquele esquema (a tentativa da "estilização") tinha sua fonte primordial no Teatro de Arte e também em minha experiência no Teatro Dramático de V.F. Komissarjévskaia; segundo as palavras do crítico teatral Kugell, tudo aquilo *havia sido eclodido por mim* no laboratório anexado ao Teatro de Arte. E, então, seguia-se uma nota dizendo que a fonte de toda a nova pesquisa e direção havia sido o Teatro-Estúdio.

Ajudar o futuro historiador do teatro a avaliar o significado do Teatro-Estúdio. Ajudar os profissionais cênicos, que dolorosamente tentam encontrar novos meios expressivos. Ajudar o espectador a esclarecer para si o que inspira o Teatro do novo drama, o que o faz viver, quais são suas buscas. Esses são meus objetivos. E com esses objetivos tentarei contar o mais detalhadamente possível sobre o trabalho realizado pelo Teatro-Estúdio, e talvez abrir completamente a experiência alcançada por ele.

Pode ser imprescindível desvendar completamente o processo de criação dos princípios da nova direção teatral que se encontravam na base do Teatro de Convenção, continuando no plano histórico o desenvolvimento do fluxo que posteriormente diluiu os princípios do Teatro Naturalista, substituindo-os pelos princípios do Teatro de Convenção.

Seria também possível discorrer aqui sobre os serviços prestados ao Teatro-Estúdio pela provinciana Confraria do Novo Drama, tendo sido ela a primeira trupe a submeter à crítica os métodos naturalistas, graças à participação de A.M. Remízov, que, liderando o birô literário da Confraria, impulsionava da maneira mais enérgica possível o trabalho dos jovens exploradores em direção a um novo terreno. No entanto, fazê-lo exageraria por demais o meu trabalho. É suficiente dizer o quanto contribuiu para a revolução da cena contemporânea (e não evolução, como se esperava) o Teatro-Estúdio e como ele, por meio da pesquisa de novos caminhos, influenciou o trabalho dos teatros existentes ao seu lado e o dos que apareceram depois de seu fim.

O trabalho sobre a peça *A comédia do amor* levou à crítica do Teatro de Tipos[19] e desencadeou uma verdadeira epifania no campo do Teatro de Síntese. Já o trabalho sobre outra peça (*A morte de Tintagiles*) trouxe à tona o método de montagem cênica por meio de relevos e afrescos, e ensinou-nos a maneira de expressar os diálogos interiores com a ajuda da música dos movimentos plásticos, trazendo também a possibilidade de testar a força artística da tônica poética em vez da "lógica" utilizada até então. E de fato ainda há muito mais, sobre o que pretendo discorrer mais adiante. O trabalho sobre uma terceira peça (*Schluck e Jau*) nos ensinou a colocar em cena apenas o essencial, a "quintessência da vida", como dizia Tchékhov, e abriu a diferença entre *estilização em cena* e *estilização das posições cênicas*. Em todos os trabalhos, quanto mais fervíamos, mais fortemente apareciam os mesmos erros cometidos por nosso "irmão mais velho", o Teatro de Arte.

Para mim, diretor principal da Confraria do Novo Drama e do Teatro-Estúdio, descrever o caminho percorrido na busca de novas formas cênicas significou realizar a crítica de formas que me pareciam não apenas velhas, mas também prejudiciais.

Meus principais inimigos se tornaram os princípios dos *meningerianos*. Assim, como o Teatro de Arte em parte de sua atividade seguia exatamente o método de *Meiningen*, então, em minha luta pelas novas formas cênicas tive de proclamar meu inimigo também o próprio Teatro de Arte.

Para chegar aos princípios do Teatro de Convenção não poderia deixar de dizer também como, em minha busca por novos caminhos, fui lentamente abrindo os olhos para a insuficiência do método de *Meiningen* e de tudo o que comecei a achar necessário superar dentro da experiência do principal chefe do Teatro de Arte.

Ainda que eu tenha muito em conta os serviços prestados pelo Teatro de Arte, não apenas para a história do Teatro Russo, mas também para a história do Teatro europeu contemporâneo, pecaria diante de mim mesmo e diante daqueles aos quais dedico este trabalho se não notasse também os erros que me ajudaram a chegar ao método da nova encenação.

Descrevo a linha de pensamentos relacionados ao Teatro de Arte da mesma forma como ela se formou nos tempos do trabalho com a Confraria do Novo Drama e com o Teatro-Estúdio.

II. TEATRO NATURALISTA E TEATRO DE HUMORES[*][20]

O Teatro de Arte de Moscou possui duas faces: o Teatro Naturalista[**] e o Teatro de Humores.[***] O naturalismo do Teatro de Arte é o naturalismo que lhe foi emprestado pelos *meiningerianos*, e seu princípio fundamental é a exata imitação da natureza.

Em cena tudo o que for possível deve ser real: tetos, estatuetas, lareiras, paredes, bocas de forno, respiradouros e assim por diante.

Em cena correm cachoeiras e cai chuva de verdade. Lembro-me de um relógio, feito de madeira de lei, de uma casa, também revestida por uma fina camada de madeira. Janelas duplas, algodão vedando as frestas e o vidro coberto por geada. Todos os cantos do cenário são precisamente detalhados. Lareiras, mesas, prateleiras cheias de coisinhas minúsculas que só poderiam ser avistadas com a ajuda de binóculos e que seriam notadas apenas pelo espectador curioso e persistente durante mais de um ato. Um trovão que assusta o público, a lua cheia que desliza por cabos pelo céu. Da janela se avista como atravessa os mares um verdadeiro navio. A construção, no palco, não apenas de um quarto de verdade, mas de uns tantos andares, com escadas reais e portas de carvalho. Palcos que se partem e que giram. Luzes nas ribaltas, incontáveis refletores. A tela na qual desenha-se

---

[*] Escrito em 1906.

[**] Repertório naturalista: *Samouprávtsy*, de Písemski; *Genshel*, de Hauptmann; *As paredes*, de Naídenov; *Os filhos do sol*, de Górki etc.

[***] Repertório do Teatro de Humores: as peças de Anton P. Tchékhov.

o céu, pendurada em rotunda. Numa peça em que se deve mostrar o chão de uma vila no interior, suja-se o palco com sujeira de *papier maché*. Em uma palavra, tentam aquilo que tentava em seus panoramas *Jan Styka*:[21] que o desenhado seja igual ao verdadeiro. Assim como para Styka, para o teatro naturalista o pintor cria *em conjunto com o marceneiro, carpinteiro, o aderecista e o escultor*.

A montagem de peças históricas, no teatro naturalista, possui uma regra — transformar a cena numa exposição de verdadeiros itens de museu ou, ao menos, de itens copiados fielmente de desenhos da época ou de fotografias tiradas do próprio museu. Além do que o diretor e o pintor tentam definir, o máximo possível, o ano, mês e dia onde acontece a ação. Para eles não é suficiente, por exemplo, que a ação ocorra no "século do pó de arroz". Arbustos meigos, fontes mágicas, estradas de terra entrecruzantes e sinuosas, alamedas de rosas, castanhas colhidas e murtas, crinolinas, penteados caprichosos — nada disso chama a atenção dos diretores naturalistas. Para eles, é importante definir corretamente como eram as mangas dos vestidos da corte de Luís XVI e como se diferenciavam os penteados das damas no reinado de Luís XV e no de Luís XVI. Não consideram o recurso proposto por K.A. Sômov de *estilizar* uma determinada época, mas sim tentam conseguir uma revista de moda do ano, mês e dia exatos de quando ocorre a ação, na opinião do diretor.

Assim se criou no teatro naturalista o recurso da *cópia de determinado estilo histórico*. Diante de tal recurso fica óbvio que a estrutura rítmica de uma peça como *Júlio César*,[22] em sua luta plástica entre duas forças heterogêneas, passa completamente despercebida e, por conseguinte, deixa de ser reproduzida. E nenhum dos diretores nem sequer sonhou com o fato de que a síntese do "cesarismo" nunca pôde e nunca poderá ser expressa por um caleidoscópio de cenas "da vida cotidiana" e por brilhantes reproduções de tipos do povo daquele tempo.

A maquiagem dos atores sempre se expressa com ênfase no *caráter*. São todos rostos vivos, tais quais os vemos na vida. Cópias precisas. É óbvio que o teatro naturalista considera o rosto como o principal meio de expressão dos pensamentos do ator, e como consequência disso acaba abrindo mão de qualquer outro meio de expressão. O teatro naturalista não conhece as maravilhas da plástica, não faz com que os atores treinem seus corpos e, fundando uma escola inteira anexada a seu teatro, não compreende que a *prática esportiva* deve ser a matéria fundamental quando se sonha com montagens da *Antígona* ou de *Júlio César*, peças que por sua própria musicalidade pertencem a um *outro* teatro.

No entanto, o que resta em nossas memórias, em vez das poses e do movimento rítmico, é apenas uma infinidade de virtuosas maquiagens. Numa certa montagem de *Antígona*, um diretor expressou, de alguma forma inconsciente, a vontade de agrupar os personagens de acordo com afrescos e desenhos em vasos. Apesar disso, não foi capaz de sintetizar e estilizar o que vira nas escavações arqueológicas, mas apenas fotografar. No palco à nossa frente aparecia uma série de grupos — todos cópias reproduzidas fielmente, cumes de uma série de colinas precisamente localizadas. E entre eles, de repente, como vales abruptos, brotavam gestos "cotidianistas" e movimentos físicos bruscamente desarmonizantes com o ritmo interno das cópias reproduzidas.

O teatro naturalista criou atores extremamente flexíveis no que diz respeito à transformação. No entanto, os meios para isso não servem às tarefas *plásticas*, mas sim à maquiagem e à habilidade de afinar a fala aos diferentes sotaques, dialetos, e a voz, às onomatopeias. Aos atores dá-se a tarefa de perder a vergonha em vez de desenvolver o senso estético, o que seria repugnante para interpretar tipos feios e grosseiros. Cria-se no ator uma qualidade inerente de fotógrafo-amador, capaz de observar os pormenores da vida cotidiana.

Em Khlestakóv,[23] por exemplo, citando o próprio Gógol, "nada é definido bruscamente", e mesmo assim a imagem de Khlestakóv nos é muito clara. *Ao se interpretarem os personagens, os contornos definidos (descrições detalhadas) não são absolutamente necessários para se obter a nitidez da figura.*

"Os esquetes dos grandes mestres geralmente impressionam mais do que os quadros acabados."

"Mesmo sabendo que nas figuras de cera a imitação da natureza alcança o mais alto grau de perfeição, não há nenhuma ação estética. Não se pode considerá-las obras de arte porque elas não dão nada à *fantasia do espectador.*"[*]

O teatro naturalista ensina ao ator a expressão do polido e acabado, do definido; nunca sugere nada, não dá permissão àquilo que conscientemente deixa de ser mostrado. Daí vêm as frequentes atuações forçadas do teatro naturalista. Esse teatro desconhece completamente o jogo da sugestão. Mesmo assim alguns atores, no período de alto maravilhamento com o naturalismo, se utilizaram em cena de momentos de tal atuação: a dança da *tarantella* de Vera Komissarjévskaia em *Nora*, que, por exemplo, nada mais foi do que uma expressão de poses diferentes, uma movimentação de pernas ritmicamente nervosa. Se olhássemos apenas para as pernas, veríamos antes de mais nada uma fuga, não uma dança.

Uma atriz do teatro naturalista, tendo estudado com um coreógrafo, conscienciosamente realiza todos os *pas*, finaliza toda a interpretação e preenche a dança com todo o seu temperamento. Que impressão causaria isso nos espectadores?

O espectador que vai ao teatro possui a habilidade de adicionar imaginação ao que não lhe é mostrado. Muitos gostam de ir ao teatro exatamente por causa desse Segredo e da vontade de descobri-lo.

"As obras da poesia, da escultura e das demais artes contêm em si um tesouro da mais profunda sabedoria, já que nelas fala todo um universo de coisas, das quais o artista apenas clarifica e traduz seus símbolos em língua simples e entendível. No entanto, por si só, presume-se que todo aquele

[*] Schopenhauer.

que ler ou olhar para qualquer obra de arte deve, sozinho, por seus meios pessoais, ser capaz de perceber essa sabedoria. Dessa forma, cada um a percebe apenas de acordo com suas capacidades e desenvolvimento, tal como um marinheiro pode carregar sua rede apenas numa profundidade correspondente ao comprimento dela."[*]

Não resta a menor dúvida: o espectador, ainda que inconscientemente, chega ao teatro sedento desse trabalho da fantasia, que por vez ou outra se transforma dentro dele em criação. Poderiam sem isso existir as exposições de quadros, por acaso?

O teatro naturalista obviamente rompe no espectador a capacidade de completar o desenho e de sonhar, como se faz ao escutar música.

A propósito, o espectador possui, sim, essa capacidade. Na peça *No monastério*[**] de Iártsev, no primeiro ato, ao mostrar-se o interior de uma sala de visitas num monastério, ouvem-se os sinos vespertinos. Não há janelas em cena, mas pelo barulho dos sinos monasteriais o espectador desenha com sua imaginação uma casa rodeada por montes de neve azulada, pinheiros como num quadro de Nésterov,[24] os caminhos percorridos de cela para cela, as cúpulas douradas da igreja. E, aqui, um espectador desenha esse quadro específico; o outro, outro; e um terceiro desenha um terceiro quadro. O Segredo controla os espectadores e leva-os ao mundo dos sonhos. No segundo ato o diretor mostra a janela e, através dela, apresenta ao espectador o prédio do monastério. E este já não possui os mesmos pinheiros, os mesmos montes de neve, o mesmo dourado das cúpulas. E o espectador acaba não só desiludido, mas também irritado: some o Secreto e os sonhos são profanados.

O fato de o Teatro de Arte ter sido consequente e persistente ao exilar cenicamente o mundo do Segredo é evidenciado por meio das circunstâncias presentes na primeira montagem

---

[*] Schopenhauer.
[**] A peça foi montada pelo Teatro de Arte de Moscou.

de *A gaivota*. No primeiro ato, por exemplo, não se podia enxergar para onde iam os personagens quando saíam de cena. Passando pela pontezinha, desapareciam atrás da mancha preta de uma moita, em direção *a algum lugar* (naquele tempo os decoradores ainda não haviam se unido aos pintores); no entanto, quando da remontagem da mesma peça, todos os cantos da cena haviam sido desnudados: construíra-se o coreto com uma cúpula e colunas verdadeiras, havia na cena uma planície, e era perfeitamente visível como as pessoas saíam por essa mesma planície. Durante a primeira montagem, no terceiro ato, a janela havia sido posta na lateral, de forma que era impossível enxergar a paisagem, e quando os personagens entravam na sala de visitas de galochas, tirando os chapéus, bengalas, capas, desenhavam-se o outono, a chuvinha gelada, as poças no quintal e as tábuas rangentes colocadas sobre elas. Já na segunda montagem da peça,[25] num palco tecnicamente aperfeiçoado, as janelas haviam sido cortadas bem de frente para a plateia. A paisagem era desvelada. Nossa imaginação calava, e, não importando o que falassem os personagens sobre a paisagem, era impossível acreditar: a paisagem não poderia nunca ser aquela a que se referiam — encontrava-se claramente delineada e nós a podíamos ver claramente. A partida no final do terceiro ato era sentida, na primeira montagem, através do tilintar dos sinos dos cavalos e se desenhava vivamente na imaginação do espectador. Durante a segunda montagem achou-se necessário mostrar tanto os cavalos como seus sinos, já que era possível enxergar a varanda de onde esses animais partiam.

"As obras de arte podem influenciar apenas por meio da fantasia. Por isso elas devem constantemente despertá-la."* Vejam, exatamente despertar e não "deixá-la na inércia", querendo mostrar tudo. Despertar a fantasia "é a condição imprescindível da ação estética e, por conseguinte, lei

---

* Schopenhauer.

fundamental das Belas-Artes. Daí segue que a obra de arte não deve dar tudo às nossas sensações, mas apenas o tanto quanto for necessário para direcionar a fantasia no caminho certo, deixando para ela a palavra final".[*]

"É possível não dizer muito, o espectador mesmo o completa, e às vezes como consequência disso nele ainda se fortalece a ilusão. No entanto, dizer o supérfluo é a mesma coisa que espalhar os pedaços de uma estátua feita de pedaços ou retirar a lâmpada de uma lâmpada mágica."[**]

Voltaire escreveu em algum canto: *"Le secret d'être ennuyeux c'est de tout dire".*[26]

No dia em que a fantasia do espectador não for dispersa, e, ao contrário, sobressair, aí então a arte será refinada. Por que é que o teatro da Idade Média podia se contentar sem qualquer aparato cênico? Graças à fantasia viva do espectador.

O teatro naturalista quebra no espectador não apenas a capacidade de sonhar, mas também a capacidade de entender diálogos inteligentes em cena.

Daí parte essa análise meticulosa que se faz dos diálogos das peças de Ibsen, transformadora das obras do dramaturgo norueguês em algo tedioso, lento e doutrinador.

É exatamente aqui, durante a montagem das peças de Ibsen, que distintamente se fala sobre o *método* do diretor naturalista e seu trabalho criador.

Quebra-se a obra dramática em várias cenas. E cada uma dessas partezinhas é cuidadosamente analisada. Essa análise cuidadosa é aprofundada pelo diretor nas menores cenas da peça. Então, dessas partezinhas cuidadosa e profundamente analisadas, cola-se o todo.

Essa colagem de partes no todo se relaciona com a arte da direção, mas quando me refiro ao trabalho analítico do diretor naturalista não me refiro à colagem artística do poeta, ator, músico, artista, do próprio diretor em um todo, enfim, não é à arte que me refiro.

[*] Schopenhauer.
[**] L.N. Tolstói, em "O Shakespeare i o drame" [Sobre Shakespeare e sobre o drama].

Pope, famoso crítico do século XVIII, em seu poema didático *Experiência sobre a crítica* (1711), enumerando os princípios que impedem a crítica de analisar corretamente, entre outras coisas, aponta, a propósito, o costume de dar atenção *às partes*, e coloca como primeira tarefa do crítico o desejo de olhar do ponto de vista do autor, para que possa visualizar sua obra como um *todo*.

E o mesmo se pode dizer sobre os diretores.

Mas o diretor naturalista, aprofundando sua análise em diferentes partes da obra, não vê o quadro do todo e, distraindo-se com o trabalho de filigrana — ou seja, através da lapidação de alguma cena isolada, que geralmente não passa de uma "pérola de caráter", material de sua própria fantasia —, cai na destruição do equilíbrio, da harmonia do todo.

Em cena o tempo é muito caro. Se existe uma cena menor que por desígnio do autor deve acontecer rapidamente, e essa cena acaba levando um pouco mais de tempo do que o necessário, o tempo se acumula na próxima cena, que provavelmente é, por sua vez, muito mais importante na concepção do autor. O espectador, assistindo por mais tempo a uma coisa da qual deveria esquecer-se rapidamente, se encontra já cansado quando chega a cena mais importante. O diretor a conduz assim para um quadro gritante. Similar destruição da harmonia do todo na interpretação é a memorável montagem do diretor do Teatro de Arte no terceiro ato de *O jardim das cerejeiras*. Para o autor passe-se o seguinte: o *leitmotiv* do ato são as premonições de Ranévskaia sobre a tempestade que se aproxima (a venda do jardim). Todos ao redor vivem de certa maneira cegos: dançam contentes ao som dos ruídos monótonos da orquestra judaica, e como num redemoinho de pesadelo rodam numa entediante dança moderna, na qual não há nem divertimento, nem azar, nem graça e nem mesmo luxúria. Não sabem que a terra sobre a qual dançam rapidamente desaparecerá debaixo de seus pés. Apenas Ranévskaia prevê a Desgraça e assim a espera, debate-se e num minuto faz parar toda a engrenagem da dança de marionetes de pesadelo em sua quermesse de horrores. Fala a todos sobre seus pecados com um gemido, pedindo apenas que deixem de ser "puritanos", já que por meio do pecado se chega à santidade, mas pela mediocridade não se chega nunca a lugar nenhum. Cria-se então a próxima harmonia do ato: os gemidos de Ranévskaia com sua premonição da Desgraça que se aproxima de um lado (começo fatal do novo drama místico de Tchékhov), a quermesse de horrores das marionetes do outro (não é por acaso que Tchékhov faz com que Charlotta dance entre os "moradores" à paisana, vestida com uma de suas fantasias preferidas do teatro de marionetes: fraque preto e calça xadrez). Traduzindo-se em linguagem musical, essa é uma das partes da sinfonia. Ela contém a melodia melancólica fundamental, com estados de humor que variam de *pianissimo* a notas de *forte*[27] (as preocupações de Ranévskaia), e ao fundo — acompanhamento dissonante — o monótono barulho de uma orquestra provinciana e a dança de cadáveres vivos (os habitantes da propriedade). Tal é a harmonia musical do ato. A cena com os truques de prestidigitação é apenas uma das partes da dissonância explodida pela melodia dessa dança estúpida. Deve, portanto — junto com as cenas de dança —, aparecer rapidamente e sumir de imediato, reaparecer num minuto e depois sumir novamente, se fundindo às danças que, como *fundo*, podem o tempo todo soar nos acompanhamentos surdos, apenas como *fundo*.[*]

O diretor do Teatro de Arte mostrou como a harmonia de um ato pode ser destruída. Ele fez das mágicas uma cena inteira com todos os detalhes e bugigangas. A cena corre longa e dificilmente. O espectador concentra longamente nela

---

[*] As mesmas notas esvoaçantes e dissonantes do *leitmotiv* de fundo do ato se encontram: no funcionário da estação de trem lendo suas poesias, na cena em que Epikhôdov quebra uma bandeja e na queda da escada de Trofímov. E notem em Tchékhov a fusão das duas melodias — do *leitmotiv* e do fundo de acompanhamento:
"ÁNIA (*preocupada*) — Agora mesmo na cozinha um homem veio e disse que o jardim das cerejeiras já foi vendido hoje.
LIUBÔV ANDRÊEVNA — Vendido para quem?
ÁNIA — Não disse, foi embora. (*Dança com Trofímov.*)"

toda sua atenção e perde o *leitmotiv* do ato. E quando o ato termina, na memória restaram apenas a melodia do fundo, mas o *leitmotiv* já se perdeu, desapareceu.

Em *O jardim das cerejeiras*, de Tchékhov, assim como nos dramas de Maeterlinck, existe um protagonista invisível em cena que se faz sentir toda vez que as cortinas baixam. Mas quando as cortinas do Teatro de Arte de Moscou desciam, n'*O jardim das cerejeiras*, sua presença não existia. Restavam na memória os tipos. Para Tchékhov as pessoas do *Jardim* são meios, e não essência. Mas no Teatro de Arte as pessoas se tornaram essência e o lado místico-lírico de *O jardim das cerejeiras* acabou por não ser revelado.

Se já nas peças de Tchékhov aquilo que é *parcial* desvia a atenção dos diretores do *todo*, graças às pinceladas impressionistas na tela de imagens de Tchékhov, que são o material fértil para que o acabamento das imagens aconteça em figuras vívidas e definidas (tipos), então em Ibsen, segundo a opinião dos diretores naturalistas, é necessário *explicar* ao público, não sendo esse autor assim tão fácil de se compreender.

Antes de mais nada, a montagem das peças de Ibsen nos fornece a seguinte experiência: a vivificação das cenas de diálogos "tediosos" com alguma coisa qualquer — comida, limpeza dos quartos, armazenamento de cereais, preparação de sanduíches e assim por diante. Em *Hedda Gabler*,[28] por exemplo, na cena de Tesman e tia Júlia, preparava-se o café da manhã. Recordo-me muito bem de quão habilmente o ator comia, mas sem querer acabei por não escutar a exposição do texto.

Paralelamente ao definido desenho de tipos da cotidianidade norueguesa, o diretor sobressai também nas peças de Ibsen através da ênfase de muitos diálogos *difíceis*, segundo sua própria opinião. Recordo-me de que a essência do drama ibseniano *Os pilares da sociedade*[29] naufragou em meio a um detalhado trabalho analítico que havia enfatizado as cenas de *transição*. O espectador, conhecendo bem a peça escrita, assistia no teatro a um novo espetáculo, do qual ele mesmo não entendia nada, já que lera outro. O diretor trouxe ao primeiro plano muitas cenas introdutórias de segunda importância e abriu sua essência. *Mas vejam, a soma das essências das cenas introdutórias não compõe a essência da peça inteira.* O destaque de um único momento fundamental e convergente do ato já é suficiente para fixar o entendimento do público, mesmo que todo o resto lhe passe batido diante dos olhos.

A tentativa de mostrar tudo custe o que custar, o medo do Secreto e do não dito transformam o teatro em ilustração das palavras do autor.

"Ouço, de novo latem os cachorros", diz um dos personagens. E imediatamente se reproduz o latido de um cachorro. O espectador da segunda montagem de *A gaivota* reconhece a partida não apenas pelo tilintar dos sinos, mas também pela batida dos cascos dos cavalos na ponte de madeira que atravessa o rio. Ouve-se o barulho da chuva no teto de zinco. Passarinhos, sapos, grilos.

Sobre esse assunto, reproduzo um diálogo que teve A.P. Tchékhov com os atores.[*]

Um dos atores do Teatro de Arte de Moscou contava a Tchékhov, que comparecia aos ensaios de *A gaivota* apenas pela segunda vez (em 11 de setembro de 1898), como pretendiam que por detrás do palco coaxassem sapos, zunissem libélulas e latissem cachorros.

"Para que isto?", pergunta Tchékhov com uma voz de descontentamento.

"Pois fica mais real", responde o ator.

"Real...", repete o autor com um risinho, e após uma pequena pausa responde: "A Cena é artificial. Krâmski, por exemplo, possui um quadro de duas pessoas conversando no qual se encontram pintadas magnificamente as faces dos conversantes. O que aconteceria se em uma das faces cortássemos o nariz pintado e o substituíssemos por um nariz

[*] Do meu diário.

de verdade? O nariz continuaria sendo o 'real', mas o quadro estaria destruído".

Alguém orgulhosamente explica que no final do terceiro ato o diretor pretende colocar em cena toda a criadagem e uma mulher com um bebê a chorar. E Tchékov responde:

"Desnecessário. Fazer tal coisa é como estar tocando uma melodia *pianissimo* e repentinamente deixar cair num estrondo a tampa aberta do piano de cauda."

"Mas na vida frequentemente acontece de estarmos em *pianissimo* e de repente vir um *forte*", tenta complementar outro dos atores.

"É", diz Anton Pávlovitch, "mas a cena requer convenções específicas. Não existe quarta parede. Além disso, a cena é artificial, a cena reflete em si a quintessência da vida, e não é necessário trazer para ela nada que seja supérfluo."[30]

É preciso ainda explicar qual foi a sentença proferida pelo próprio Tchékhov ao teatro naturalista nesse diálogo? O teatro naturalista buscou incansavelmente a quarta parede, e isso o levou a uma completa série de *absurdos*.

O teatro se encontrou de repente nos domínios da indústria. Quis que em cena tudo se desse "como na vida" e se transformou numa espécie de vitrine de objetos de museu.

Acreditando em Stanislávski, que o céu do teatro pode se mostrar ao público como o céu de verdade, o trabalho dolorido de toda a direção teatral passa a ser levantar o urdimento o mais alto possível.

Ninguém percebe que em lugar de reformar o palco (que custa tão caro), o melhor é quebrar o *princípio* que se encontra enterrado nas bases do teatro naturalista. Foi apenas ele, esse princípio, que levou o teatro a essa série de absurdos.

Não se pode nunca acreditar, por exemplo, que é o vento que mexe a guirlanda na primeira cena de *Júlio César*, mas sim a mão de um operário, já que os vestidos nos quais se encontram os atores nem sequer se movem.

Os personagens do segundo ato de *O jardim das cerejeiras* andam por "verdadeiras" planícies, pontes e usam relógios "de verdade". Ao mesmo tempo, do céu decaem pendurados dois enormes pedaços de papelão azul embrulhados em tule que não se parecem nem um pouco com qualquer céu ou com nuvens.

Mas bem. Sejam as colinas no campo de batalha (em *Júlio César*) construídas tal como são, diminuindo lentamente conforme o horizonte. Por que então não diminuem os personagens que se distanciam de nós na mesma direção em que diminuem as colinas?

"O plano de palco geralmente aceito, mesmo sendo capaz de mostrar aos espectadores grandes profundidades de paisagens, é incapaz de mostrar a diminuição das figuras humanas na mesma proporção em que diminuem os planos de fundo. E é nesse palco que se pretende mostrar a exata reprodução da natureza! O ator que se distancia da boca de cena uns dez ou mesmo vinte metros continua, para o público, tão grande e com tantos detalhes como quando se encontrava no próprio proscênio. Só que pelas regras da perspectiva cenográfica esse mesmo ator deveria se distanciar cada vez mais e, quando fosse preciso mostrá-lo em proporção às árvores, casas, montanhas, se deveria, então, mostrá-lo por vezes em silhueta, e às vezes como nada menos do que um ponto."[*]

Uma árvore real ao lado de uma pintura parece-nos tosca e artificial porque quebra, com suas três dimensões, a harmonia do quadro pintado, que possui apenas duas.

Seria possível trazer à tona todo um universo de exemplos desses absurdos aos quais chegou o teatro naturalista, ao assumir como fundamento o princípio da exata reprodução da natureza.

Extrair do objeto o racional, fotografar, ilustrar textos dramáticos com pintura decorativa cênica e copiar estilos históricos se tornaram a tarefa principal do teatro naturalista.

E se o naturalismo trouxe ao teatro russo a mais complicada das técnicas, o teatro de Tchékhov — segundo aspecto

---

[*] Georg Fuchs, *Die Schaubuhne der Zukunft* [O palco do futuro], p. 28.

do Teatro de Arte, tendo mostrado o domínio dos *estados de humor* em cena — criou aquilo sem o qual o teatro de *Meiningen* já teria falecido há muito tempo. E além do mais, o teatro naturalista não conseguiu — para o interesse de seu próprio desenvolvimento futuro — tirar vantagem desse novo *tom* ao qual o havia levado a música tchekhoviana.[31] O Teatro de Humores é imprescindível para a obra de Tchékhov. O Teatro Alexandrínski, montando a sua *A gaivota*, não percebeu tais estados de humor, sugeridos pelo próprio autor. Mas onde estaria o segredo? De maneira nenhuma nos grilos, nos latidos ou nas pesadas portas de madeira de lei. Quando *A gaivota* do Teatro de Arte esteve em cartaz no Teatro Hermitage,[32] a *maquinaria cênica* não estava suficientemente desenvolvida e a *tecnologia* ainda não havia metido seu bedelho em todos os cantos do teatro.

O segredo dos estados de humor de Tchékhov estava escondido no *ritmo* de sua linguagem. Foi precisamente esse ritmo o que foi ouvido pelos atores do Teatro de Arte nos dias de ensaio da primeira montagem tchekhoviana, por meio da paixão pelo autor de *A gaivota*.

Se o Teatro de Arte não houvesse captado o ritmo das peças de Tchékhov, não tivesse sido capaz de criar esse ritmo em cena, não haveria nunca desenvolvido esse segundo rosto, que veio a lhe dar a reputação de Teatro de Humores. Tal era o seu verdadeiro rosto, e não a máscara emprestada dos *meiningerianos*.

O próprio Tchékhov — tenho profunda certeza — ajudou muito a encontrar esta circunstância — a reunião, sob um único teto, do teatro naturalista e do teatro de humores — por meio da presença nos ensaios de suas peças e da simpatia de sua personalidade. Outro fator que contou muito foram as frequentes conversas que tinha com os atores, influenciando diretamente em seu gosto e na sua relação com as tarefas da arte.

Essa nova face do teatro foi construída por um grupo específico de atores que ficou conhecido como o grupo dos "atores tchekhovianos". A chave para a realização das peças de Tchékhov se encontrava nas mãos desse grupo, que montou quase invariavelmente todas as peças do autor. Tal grupo de atores deve ser considerado o inventor do ritmo tchekhoviano em cena. Sempre que me lembro da participação ativa desse grupo na criação das formas e humores de *A gaivota*, começo a desconfiar de como apareceu em mim a forte fé em que o principal elemento da cena é o ator. Nem a *mise en scène*, nem os grilos, nem os cascos dos cavalos sobre a ponte, nada disso gerava os humores, além da excepcional musicalidade dos atores, que haviam sido capazes de ouvir o ritmo da poesia tchekhoviana e de fazer brotar sua criação da neblina lunar.

A harmonia não havia ainda sido destruída nas duas primeiras duas montagens (*A gaivota* e *Tio Vânia*) enquanto a arte dos atores era completamente livre. Mas então vem o diretor naturalista e, em primeiro lugar, transforma o *ensemble* em essência; em segundo, perde a chave para a execução das peças de Tchékhov.

Assim que o *ensemble* fora enfatizado como sendo essência, a arte de cada um dos atores se tornou passiva, e o diretor, mantendo para si o papel de maestro, acabou afetando imensamente o futuro do recém-encontrado *novo tom*. Ao invés de aprofundá-lo e fazer com que adentrasse na essência lírica, o diretor do teatro naturalista gerava os humores sofisticando ainda mais recursos externos como os blecautes, os sons, os acessórios e os caracteres.

O diretor, tendo encontrado o ritmo da fala, logo perdeu a chave da regência (no terceiro ato de *O jardim das cerejeiras*) porque não percebeu que Tchékhov passara de um sofisticado realismo para um lirismo misticamente aprofundado.

Encontrada a chave para a execução das peças de Tchékhov, o teatro descobrira em si o modelo que mais tarde começaria a ser utilizado também com outros autores. Começou-se a montar "*tchekovianamente*" Ibsen e Maeterlinck.

Sobre Ibsen nesse teatro já discorremos. A Maeterlinck então se chegou não por meio da música de Tchékhov, mas por meio do método de *racionalização*. Os personagens de *Os cegos* haviam sido divididos por caracteres e a Morte, em *A intrusa*,[33] aparecia na forma de uma nuvem feita de tules.

Tudo era feito da forma mais complicada, como geralmente ocorre no teatro naturalista, mas sem qualquer convenção, quando, ao contrário, tudo é convencionado nas peças de Maeterlinck.

O Teatro de Arte teve sua chance se afastar da beira do abismo: abordar o Novo Teatro através do talento lírico e da musicalidade de Tchékhov. Ele, no entanto, conseguiu subordinar de tal maneira essa musicalidade à técnica e às mais variadas besteiras que por fim perdeu a chave para a execução de seu próprio autor, da mesma exata forma como os alemães perderam a chave para a execução de Hauptmann, que, ao lado das peças cotidianas, começou a escrever uma espécie de material (*Schluck e Jau* e *Pippa dança*) que requeria um outro tipo de abordagem.

III. PROGNÓSTICOS LITERÁRIOS SOBRE O NOVO TEATRO

Li em algum lugar que a *cena cria a literatura*. Isso não é assim. Se é que a cena possui qualquer influência sobre a literatura, essa influência é apenas uma: retém o seu desenvolvimento, criando uma plêiade de autores que se encontram "sob a corrente dominante" (Tchékhov e todos os que estão "sob Tchékhov"). O novo teatro brota da literatura. A literatura sempre manteve a iniciativa no que diz respeito à quebra das formas dramáticas. Tchékhov escreveu *A gaivota* antes que aparecesse o Teatro de Arte para montá-la. Van Lerberg e Maeterlinck também, antes de seus teatros. Ibsen; *As auroras* de Verhaeren; *Terra* de Briússov; *Tantal* de V. Ivánov: onde é que estão os teatros que poderiam montá-las? A literatura sugere o teatro. E sugere não apenas os dramaturgos, criadores das imagens das novas formas que requerem uma nova técnica, mas também a crítica, que passa a rejeitar as formas antigas.

Se nos propuséssemos a juntar todas as resenhas escritas sobre nossos teatros desde o dia da abertura do Teatro de Arte de Moscou até a temporada do ano de 1905 (quando foram feitas as primeiras tentativas de criar um teatro de convenção), e passássemos a ler todo esse material de um só fôlego, certamente restaria em nossa memória um único motivo transversal: o *acossamento do naturalismo*.

Um dos lutadores mais ferrenhos contra o naturalismo cênico foi o crítico teatral Kugel (*Homo Novus*).[34] Seus artigos sempre o mostraram como um profundo conhecedor da técnica teatral, um profundo conhecedor das mudanças históricas das tradições do teatro e um amante exclusivo do teatro. É exatamente nesses aspectos que ele adquire um valor imenso, de forma que, se fôssemos julgar seu papel, então precisamente suas resenhas são o que, em grande medida, ajudaram os futuros criadores do Novo Teatro e os novos espectadores a tomarem conhecimento da situação moribunda em que se encontrava o fascínio pelo *meningerianismo* russo. Os artigos de Kugel, no entanto, embora extremamente valiosos, nos quais ele com todo o ardor tenta vingar o teatro de tudo o que é temporal e desnecessário, de tudo aquilo que Kronek (diretor dos *meningerianos*) pensara para o teatro, não nos permitem ter uma ideia do teatro com o qual sonha o próprio Kugel. Ou a que exatamente ele queria contrapor a complicada técnica do Teatro naturalista. Colocando o ator como fundamento do teatro, Kugel sonha com o renascimento do "interno". Só que constantemente, penso, entende o "interno" como algo independente. Nesse sentido seu teatro se apresenta como algo um tanto caótico, próximo ao pesadelo dos palcos provincianos e extremamente sem gosto.

A corrida dos críticos teatrais contra o naturalismo cria um terreno favorável para a fermentação no meio teatral, com os representantes dos Teatros de Convenção, com suas pesquisas, tendo, por um lado, a obrigação de propagandear as ideias do Novo drama, da mesma forma como fazem os poetas nas páginas de nossas exclusivas revistas artísticas,[*] e, por outro lado, vendo-se obrigado a montar as peças de Maurice Maeterlinck. No decorrer de uma década inteira, Maurice Maeterlinck tem escrito uma série de peças que não causaram absolutamente nada a não ser perplexidade, especialmente quando postas em cena. O próprio Maeterlinck frequentemente diz que montar as suas próprias peças é demasiado difícil. A extrema simplicidade de seus dramas, a linguagem ingênua, as cenas extremamente curtas e passageiras realmente precisam, para sua encenação, de outra técnica. Van Bever, descrevendo o espetáculo da tragédia *Pelléas e Mélisande*, montado sob direção direta do próprio autor,[35] diz: "Os acessórios foram simplificados até o limite, a torre de Mélisande, por exemplo, sendo representada por uma rampa de madeira embrulhada em papel cinzento".[36]

Maeterlinck deseja que seus dramas sejam montados com extrema simplicidade para não atrapalhar a fantasia do espectador, que completa o desenho daquilo que não é dito. E como se fosse pouco, Maeterlinck teme ainda que os atores, acostumados a interpretar nas condições pesadíssimas dos nossos palcos, exagerem excessivamente em suas interpretações, fazendo-as demasiadamente exteriorizadas, o que poderia deixar escondida a parte mais preciosa, sutil e interna de suas tragédias. Tudo isso o leva para a opinião de que suas tragédias requerem extrema imobilidade, quase um marionetismo (*tragédie pour le théâtre de marionnette*).[37]

---

[*] A seguir vou falar apenas de dois poetas (V. Briússov e V. Ivánov), dos quais os artigos sobre arte e teatro, do meu ponto de vista, são os mais valiosos arautos da reviravolta que se prepara. Isso não significa, é claro, que me esqueço das influências exercidas por outros críticos. Por acaso seria possível esquecer nomes como Anton Kraini (pseudônimo da escritora Z.N. Hippius), que em suas notas sobre o teatro (em *Voprôsi Zhizni* e no *Nôvi Put* — a revista *Voprôsi Zhizni*, de 1905, é a continuação da revista mensal *Nôvi Put*, publicada em Petersburgo de 1903-1904) corajosamente rompeu com as velhas tradições do teatro e livremente direcionou seu olhar às novas premonições no campo da arte dramática? Ou mesmo Przybyszewski, com seu entendimento aristocrático da arte em geral e da arte teatral em particular? Notam-se também as páginas maravilhosas do *Livro do grande ódio* de A.L. Volynski (coletânea de artigos críticos, publicados pela editora Trud, Petersburgo, 1904), no capítulo "Velho e novo repertórios".

Há muitos anos as tragédias de Maeterlinck não fazem sucesso nenhum. E aqueles aos quais a obra do dramaturgo belga é cara sonham com um novo teatro, com a nova técnica, sonham com o assim chamado Teatro de Convenção.

Para criar um plano de tal Teatro de Convenção, para dominar tal teatro com a nova técnica, seria preciso partir das insinuações feitas sobre esse mesmo assunto pelo próprio Maeterlinck. A tragédia, em sua opinião, revela-se não no desenvolvimento máximo da ação dramática, não na alma dos gritos de rendição, mas, ao contrário, na forma mais calma, mais estática, e na palavra silenciosamente pronunciada.

É necessário um Teatro Imóvel. Mas não pensemos que tal teatro é algo novo, algo que nunca tenha existido. Esse teatro já existiu. As melhores tragédias da Antiguidade — *Eumênides*, *Antígona*, *Electra*, *Édipo em Colono*, *Prometeu*, *Coéforas* — são todas tragédias imóveis. Não possuem ação psicológica, nem a materialidade do que se chama "enredo".

Aí estão os modelos de dramaturgia do Teatro Imóvel. E neles, o grande eixo da tragédia é constituído pelo Destino e pela posição do homem ante o Universo.

Não havendo movimento no desenvolvimento do enredo e sendo toda a tragédia construída na inter-relação entre o Destino e o Homem, faz-se necessário um Teatro Imóvel. E para a compreensão de sua técnica da imobilidade, que considera o movimento como música plástica, como o desenho exterior da vivência interior (o movimento como ilustrador), requer-se a contenção total dos gestos e a economia de movimentos nos gestos de lugar-comum. A Técnica desse teatro é aquela que teme os movimentos supérfluos, para com eles não distrair o espectador das difíceis vivências interiores, que podem ser ouvidas apenas no sussurro, na pausa, na voz trêmula e nas lágrimas derramadas pelos olhos do ator.

E ainda: em cada obra dramática existem dois diálogos. Um "exteriormente imprescindível", que são as palavras, acompanhantes e explicadoras da ação. O outro, "interior", é aquele diálogo que o espectador deve escutar não nas palavras, mas nas pausas, não nos gritos, mas nos silêncios, não nos monólogos, mas na música dos movimentos plásticos.

O diálogo "exteriormente imprescindível" é construído por Maeterlinck de tal forma que aos personagens é dada apenas a quantidade mínima de palavras no ápice de tensão das ações.

E para revelar ante o espectador o diálogo "interno" dos dramas de Maeterlinck, para ajudá-lo a aceitar esse diálogo, cabe ao artista cênico pesquisar novos meios expressivos.

Penso não me enganar se digo que na Rússia foi Valéri Briússov[*] o primeiro a falar sobre a completa prescindibilidade dessa "verdade" que com todas as forças tentou-se reproduzir em cena durante os últimos anos; foi também o primeiro que apontou os diferentes caminhos da materialização teatral. E faz um chamado da verdade dispensável da cena contemporânea para o *convencionamento consciente*.[**]

Nesse mesmo artigo Valéri Briússov coloca no primeiro plano o ator como elemento mais importante na cena, e fazendo isso ele toca a questão de outra forma, diferente de como o fez Kugel, que coloca o "interno" como algo independente e a interpretação como não estando ligada por laços de sangue à concepção geral da criação do diretor, incrivelmente distanciada do imprescindível disciplinamento.

Ainda que a questão levantada por Briússov sobre o *convencionamento consciente* esteja definitivamente perto da matéria fundamental do meu artigo, para que possa passar à questão do Teatro de Convenção e de sua nova técnica, é necessário deter-me sobre o papel do ator no teatro, tal como o vê Valéri Briússov.

Para Briússov, a fábula, a ideia da obra, é sua forma. O material das obras de arte são formas, cores, sons. Para a arte é válida apenas aquela obra na qual o artista tenha colocado sua alma. O conteúdo da obra de arte é a alma do artista.

---

[*] Briússov, *A verdade desnecessária* (*Mir Iskusstva*), Petersburgo, t. VII, seção 3, p. 67, 1902.

[**] Aqui o itálico é meu.

Prosa, poesia, pintura, argila, anedota — tudo isso, para o artista — são maneiras de expressar sua alma.

Briússov não divide os artistas em artistas-criadores (poetas, escultores, pintores, compositores) e artistas-intérpretes (instrumentistas, atores, cantores, cenógrafos). É verdade que uns, segundo sua opinião, fazem por si mesmos arte permanente (*permanent*), ao passo que os outros devem, para ele, recriar as obras de sua arte de novo e de novo a cada vez, quando querem que sua criação seja acessível a outros. Mas tanto em um quanto no outro caso o artista revela-se *criador*.

"O artista da cena é o mesmo que o escultor ante uma massa de argila de barro: ele deve concretizar de forma tátil o mesmo conteúdo que o escultor — os impulsos de sua alma, seus sentimentos. Ao pianista servem de material os sons do instrumento no qual ele toca, ao cantor, sua voz, ao ator, seu próprio corpo, sua fala, sua mímica, seus gestos. A obra executada pelo artista serve como forma para sua própria criação."

"A liberdade de criação do artista não é impedida pelo fato de que a forma de sua criação seja lhe dada a partir da cabeça do autor da peça... Pintores criam livremente, ilustrando grandes momentos da história dos evangelhos, mesmo que aqui a forma venha de fora."

"A tarefa do teatro é a de conseguir todas as condições para que a criatividade do ator manifeste-se o mais livremente e seja o mais completamente aceita pelo espectador. Ajudar o ator a desvendar sua alma ante os espectadores — esse é o único sentido do teatro."

Descartando as palavras "o único sentido do teatro" e alargando seu significado, digo o seguinte: é preciso com todos os meios ajudar o ator a abrir sua alma, fazendo, assim, fluir a alma do dramaturgo, através da alma do diretor. Exatamente como a liberdade de criação do artista não impede que a forma lhe seja dada pela cabeça do autor, então também não há de impedir a liberdade de criação aquilo que for proposto ao ator pelo diretor.

Arkádina: O. Knípper; Treplev: V. Meyerhold.
A gaivota de A.P. Tchékhov. Teatro de Arte de Moscou, 1898.

Sôrin: V.V. Lúzhski; Treplev: V. Meyerhold; Nina: M.L. Roksânova.

Creonte: V.V. Lúzhski; Tirésias: V. Meyerhold; menino: I.I. Gudkov.
Antígona, de Sófocles. Teatro de Arte de Moscou, 1899.

A morte de Ioann Grósni, de A.K. Tolstói.
Teatro de Arte de Moscou, 1899.

V. Meyerhold no papel de
Ioann Grosni.

Bobo: B.M. Snegirev; Boris
Godunov: A.C. Koshearov;
Ioann Grosni: V. Meyerhold.

A Confraria do Novo Drama. Tíflis, 1906. Meyerhold é o quinto da esquerda para a direita.

V. Meyerhold no papel de Lândovski. *Os acrobatas*, de F. Von Schentan. Grupo diridigo por A.C. Koshevêrov e V. Meyerhold. Khérson, 1903.

Meyerhold no papel de Barden. *A derrota da esperança*, de H. Heiermans. Grupo sob direção de A.S. Koshevêrov e V. Meyerhold, 1902.

V. Meyerhold no papel de Lândovski. *Os acrobatas*, de F. Von Schentan. Grupo dirigido por A.C. Koshevêrov e V. Meyerhold. Khérson, 1903.

Shluck e Jau, de H. Hauptmann. Esboço do cenário.
Cenógrafo: N.P. Uliánov. Teatro-Estúdio. Moscou, 1905.

Balagánchik, de A. Blók. Esboço do cenário. Cenógrafo: N.N. Sapúnov.
Teatro Dramático de V.F. Komissarjévskaia. São Petersburgo, 1906.

Todos os meios do teatro devem existir para a comodidade do ator. Ele deve dominar completamente o público, já que nas artes cênicas a interpretação ocupa um dos lugares principais.

Todo o teatro europeu, segundo a opinião de Briússov, com insignificantes exceções, se encontra num *caminho falso*.

Não discorrerei aqui sobre todos os absurdos dos teatros naturalistas e sobre suas tentativas de fazer a mais real reprodução da vida, tal como sublinha Briússov, uma vez que isso já foi mencionado aqui suficientemente desde um outro ponto de vista, na primeira parte.

Briússov defende manter na cena o convencionamento — não o convencionamento da tela, quando em cena os atores, querendo falar como na vida e não sendo capazes de fazê-lo, artificialmente sublinham palavras, atabalhoadamente gesticulam com as mãos, respiram de forma especial etc., ou quando o cenógrafo, querendo mostrar um quarto tal como é na vida, monta um pavilhão completo de três paredes, não, Briússov não defende esse convencionamento de tela, sem sentido e antiartístico, mas sim a salvaguarda em cena do convencionamento cuidadosamente medido, como método artístico, forma própria da beleza do recurso de montagem. "É convencionado o fato de que as estátuas de mármore e de bronze não sejam coloridas. É convencionada uma gravura na qual as folhas sejam pretas e o céu desenhado por listras, e mesmo assim é possível experimentar puro divertimento estético das gravuras. Em todo lugar, onde há arte, existe a convencionalização." É claro, não há necessidade de destruir completamente a conjuntura atual e retornar à situação do tempo em que os nomes dos objetos cenográficos representados eram pintados em colunas, mas "devem ser trabalhados tipos de situações, inteligíveis a todos, como são entendidas quaisquer línguas inteligíveis, como são entendidas as estátuas brancas, os quadros chapados, as gravuras negras".

Briússov sugere o papel ativo do espectador no teatro. "Já é tempo de o teatro parar de falsificar a realidade. Uma nuvem desenhada num papel é chapada, não se mexe, não muda de forma nem de iluminação, mas nela há algo que nos dá a sensação de uma nuvem real no céu. A cena deve dar tudo o que da forma mais fácil ajuda o espectador a restaurar em sua imaginação a situação requerida pela fábula da peça."

Sobre Viacheslἁv Ivἁnov, falarei da relação com o repertório do Teatro de Convenção.

IV. AS PRIMEIRAS TENTATIVAS DE CRIAÇÃO DE UM TEATRO DE CONVENÇÃO

As primeiras tentativas de criação de um Teatro de Convenção segundo o plano sugerido por Maeterlinck e Briússov pertenceram ao Teatro-Estúdio. E já que com a montagem da tragédia de Maeterlinck, *A morte de Tintagiles*, em minha opinião, esse primeiro Teatro de pesquisa muito se aproximou do Teatro de Convenção ideal, penso não ser supérfluo abrir o processo de trabalho dos diretores, atores e artistas sobre a referida peça, e deitar à mesa a experiência adquirida.

O teatro denota sempre uma desarmonia entre os criadores, que mesmo assim se apresentam coletivamente ante o público. O autor, o diretor, o ator, o cenógrafo e o músico nunca se fundem idealmente em seu trabalho coletivo. Por isso que penso não ser possível a síntese das artes wagneriana.[38] Tanto cenógrafo[39] como músico deveriam dissociar-se: o primeiro criando um Teatro especificamente Cenográfico, em que pudessem ser apresentados quadros que fossem imprescindíveis ao palco, em vez de telas de uma exposição. Quadros que necessitem de iluminação noturna, ao invés de diurna, assim como quadros de muitos planos etc.; já o músico, por sua vez, deveria apaixonar-se apenas pelo tipo de sinfonia a exemplo da qual serve a *Nona* de Beethoven, não restando assim nada para ele no teatro dramático, no qual à música é conferido apenas um papel subserviente.

No entanto, tais pensamentos me vieram à mente apenas quando as primeiras tentativas (*A morte de Tintagiles*) atingiram seu segundo estágio (*Pelléas e Mélisande*).

Mesmo, contudo, quando o trabalho sobre a *A morte de Tintagiles* havia apenas começado, eu me preocupava com a questão da desarmonia existente entre os criadores; se era impossível fundir-se com o decorador ou com o músico — cada um deles, obviamente, tentando puxar a corda para o seu lado, cada um tentando instintivamente dissociar-se —, eu queria, pelo menos, fundir o autor, o diretor e o ator.

Então daí revelou-se que esse trio, que compõe a base do teatro, *pode fundir-se*, mas sob a condição indispensável de que inicie o trabalho da mesma forma como se fizera no Teatro-Estúdio durante os ensaios de *A morte de Tintagiles*.

Percorrendo o caminho usual das "conversas"[40] sobre a peça (haviam sido antecedidas, é claro, pelo trabalho de familiarização do diretor com tudo o que havia sido escrito sobre a obra), o diretor e o ator tentam, na sala de ensaio, ler poemas e excertos dos dramas de Maeterlinck, nos quais haja cenas que se aproximem por atmosfera das cenas de *A morte de Tintagiles* (essa tragédia é colocada então de lado, para que não seja transformada em *étude*, em *exercício*, antes de que saibamos como abordá-la).

Os poemas e excertos são lidos por cada um dos atores de cada vez, e esse trabalho significa para eles o mesmo que o *estudo*[41] significa para o pintor, ou o *exercício* para o músico. Num *estudo* a técnica é polida, e apenas tendo-a refinado o pintor passa para a tela. Lendo os poemas e os excertos, o ator procura novos meios expressivos. A plateia (todos os presentes, e não apenas o diretor) faz seus comentários e direciona o realizador do *étude* para novos caminhos. E toda a criatividade é direcionada para que se encontrem os matizes nos quais possa "soar" o autor. Quando o autor é revelado nesse trabalho coletivo, quando pelo menos um de seus excertos ou poemas tenha ressoado no trabalho de quem quer que seja, então o auditório passa à análise dos meios expressivos com os quais transmitiu-se o estilo, o tom do referido autor.

Antes de enumerar os novos recursos técnicos encontrados por nós intuitivamente, enquanto ainda está fresco na memória de todos o quadro do trabalho conjunto do ator e do diretor nos *études*, demonstrarei *dois métodos da arte da direção* que tratam diferentemente a relação entre o ator e o diretor: um dos métodos inibe a liberdade criativa não apenas do ator, mas também do espectador. O outro liberta não apenas o ator, mas também o espectador, forçando o último a não apenas contemplar, mas a criar (ainda que em um primeiro momento apenas na esfera de sua própria fantasia).

Os dois métodos se abrem, se colocarmos as quatro bases do teatro (autor, diretor, ator e público) em um desenho gráfico, da seguinte forma:

1) Triângulo, em que o vértice superior é o diretor, e os dois vértices da base são o autor e o ator. O espectador experimenta a arte dos dois últimos através da arte do diretor (no gráfico, colocar o "espectador" sobre o vértice superior do triângulo). Esse é um teatro: o "teatro-triângulo".

2) Reta (horizontal, em que as quatro bases são notadas como quatro pontos, da esquerda para a direita: autor, diretor, ator, espectador. Esse é outro teatro (o "teatro de reta"). O ator abre livremente sua alma ante o espectador, tendo

aceitado em si mesmo a arte do diretor, como este último teria aceitado em si a arte do autor.

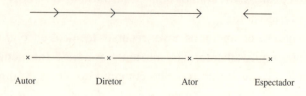

Autor   Diretor   Ator   Espectador

No "teatro-triângulo" o diretor, depois de abrir seu plano em todos os mínimos detalhes, demonstrando as formas tais como ele as vê, indicando todas as pausas, ensaia até que toda sua concepção seja exatamente reproduzida, em todos os detalhes, até que se ouça e se veja a peça da mesma forma como ele a ouviu e viu quando trabalhava nela sozinho.

Tal "teatro-triângulo" faz lembrar uma orquestra sinfônica, em que o diretor revela-se o regente.

O próprio teatro, contudo, que em sua arquitetura não confere ao diretor um púlpito de maestro, aponta as diferenças existentes entre os métodos do diretor e os do maestro.

Sim, mas há ocasiões, me objetam, nas quais a orquestra sinfônica toca sem o regente. Vejamos: Nikisch[42] possui sua orquestra sinfônica fixa, com a qual ele toca já por mais de uma década, praticamente sem fazer mudanças no elenco. Suponhamos que haja uma obra musical que essa mesma orquestra execute de ano em ano por algumas vezes, no decorrer de dez anos.

Poderia Nikisch alguma vez deixar de subir ao púlpito de maestro, para que a orquestra executasse a obra musical sem ele, mas em sua própria interpretação? Sim, poderia, e da mesma forma essa obra musical seria apreendida pelo ouvinte na interpretação de Nikisch. Outra questão é se a obra seria executada da mesma forma como seria com a regência de Nikisch. Na verdade, é claro, a obra seria executada de maneira pior, mas ainda assim ouviríamos a interpretação de Nikisch.

Eu então digo: tudo bem, verdade, uma orquestra sinfônica sem um regente é possível. No entanto, não se pode traçar qualquer paralelo que seja entre tal orquestra sem maestro e um teatro, no qual os atores sempre entram em cena sem o diretor.

Uma orquestra sinfônica sem o regente é possível, mas notem, não importa o quão idealmente tenha sido ensaiada, ela não despertará o público, mas apenas levará ao ouvinte a interpretação deste ou daquele regente, sendo capaz de fundir-se em um todo apenas tanto quanto crie uma outra interpretação.

A arte do ator é tal que possui uma tarefa bem mais significativa do que apenas levar ao espectador a concepção do diretor. O ator apenas será capaz de contaminar o espectador se recriar em si tanto o autor como o diretor, expressando-se em cena.

Ainda: a maior qualidade do artista de orquestra sinfônica é dominar uma técnica de virtuose e preencher exatamente as instruções do regente, anulando-se a si mesmo.

Assemelhando-se a uma orquestra sinfônica, o "teatro-triângulo" deve recrutar um ator com técnica de virtuose, mas indispensavelmente e em grande medida sem individualidade, que esteja em condições de realizar a concepção pensada pelo diretor.

No "teatro de reta", o diretor, tendo filtrado em si o autor, leva ao ator sua criação (autor e diretor aqui se encontram fundidos). O ator, acessando através do diretor a criação do autor, põe-se diante do espectador (estando o autor e o diretor às costas do ator), abre perante ele sua alma *livremente*, de forma que acaba por aguçar a interação entre as duas bases principais do teatro — o saltimbanco e o espectador.

Para que a reta não adquira vontade própria,[*] o diretor deve ser *uno* em sua transmissão do tom e do estilo da obra.

---

[*] A. Blók (*Pereval*, 1906 — refere-se ao artigo de A. Blók, "O teatro dramático de V.F. Komissarjévskaia", publicado na revista *Pereval*, Moscou, n. 2, pp. 61-3, dez. 1906; em edição posterior nas obras completas em oito tomos de A. Blók, tomo 5, Moscou/ Leningrado, Goslitizdat, 1962, p. 95) receia que os atores de tal teatro possam "queimar as naus da peça". No entanto, do meu ponto de

Mesmo assim, a arte do ator no "teatro de reta" continua sendo livre.

O diretor abre seu plano durante a *conversa* sobre a peça. Ele tinge toda a obra com seu olhar sobre a peça. Instigando os atores com seu apaixonamento pela obra, o diretor derrama sobre eles a alma do autor e o seu toque pessoal. No entanto, *após a conversa* todos os artistas se entregam à mais completa independência. Mas apenas depois que o diretor novamente reúne a todos para criar a harmonia entre as diferentes partes. Mas como? Ora, contrabalanceando as partes que tenham sido livremente criadas pelos diferentes artistas em tal criação coletiva. Instaurando a harmonia — sem a qual o espetáculo é impensável —, *ele não atinge a exata reprodução de sua concepção*, a não ser no que diz respeito à harmonia do espetáculo, exatamente para que a criação coletiva não seja quebrada. Então, espera o momento no qual possa se esconder atrás das coxias, instigando os atores a *"queimar as naus"*,[43] caso estes se distanciem do autor e do diretor (e isso acontece quando os atores não pertencem à "nova escola"*), ou a abrir sua própria alma com

---

vista, a "disparidade" e o colapso são admissíveis apenas quando a "linha reta" adquire vontade própria. Tal perigo é contornável se o diretor tiver interpretado corretamente o autor, transmitido corretamente sua interpretação ao ator e se este último tiver entendido o diretor de maneira satisfatória.

* O "Teatro-triângulo" necessita de atores sem individualidade e, no entanto, que sejam excelentes virtuoses, sendo indiferente a escola à qual pertençam. O "Teatro de reta" precisa muito do brilho individual do dom dos atores, sem o qual a criação livre é impossível, e sem o qual a *nova escola* é igualmente imprescindível. *Nova Escola* não é aquela em que se ensinam as novas maneiras de representar, mas sim aquela que aparece uma única vez para dar à luz um novo e livre teatro e, em seguida, morrer.

O "Teatro de reta" cresce uma única vez de uma única escola, assim como uma única planta pode crescer de uma única semente. E assim como para dar à luz uma nova planta é necessário lançar uma nova semente, o novo teatro precisa também a cada vez nascer de uma nova escola.

O "Teatro-triângulo" tolera escolas ao seu redor, escolas anexadas aos teatros, mas a tarefa de tais escolas é apenas criar um grupo de substitutos, candidatos aos lugares vagos, preparando imitadores dos grandes atores do teatro em questão. E estou certo de que são exatamente essas escolas as culpadas pela falta de novos verdadeiros talentos em nossos palcos.

A *escola fora do teatro* deve criar atores tais que sejam imprestáveis para qualquer teatro que não aquele criado por ela mesma. *A nova escola é aquela que cria o novo teatro.*

complementações quase improvisadas, não do texto, é claro, mas daquilo que indicar o diretor, forçando o espectador a aceitar o diretor e o autor através do prisma da arte do ator. *O teatro é a arte do saltimbanco.*

Voltando às obras de Maeterlinck, aos seus poemas e dramas, voltando ao prefácio que fez à sua última edição, voltando ao livro *Le trésor des humbles*, no qual fala do teatro estático, e uma vez imbuídos da paleta geral e do estado de humor geral dessa sua obra, podemos claramente perceber que o próprio autor não deseja despertar em cena o terror, não deseja assustar e despertar no espectador o choro histérico, não quer fazer que o público fuja ante o terrível, mas na verdade o exato contrário: visa despejar na alma do espectador a quiçá ansiosa, e no entanto sábia, contemplação do inexorável, fazer que o espectador chore, sofra e ao mesmo tempo derreta-se e chegue à calma e à bem-aventurança. A tarefa a que se impõe o autor, a tarefa principal, é "saciar as nossas tristezas, semeando a esperança, que ora se extingue, ora se reacende".[*] Assim, a vida humana fluirá de novo com todas as suas paixões logo que o espectador sair do teatro, e as *paixões* então não se mostrarão mais *fúteis*: a vida fluirá com suas alegrias, tristezas e obrigações, mas tudo isso adquirirá sentido, e então teremos obtido a capacidade ou de sair da escuridão ou de *superá-la sem amargura*. A arte de Maeterlinck é saudável e viva. Ele conclama as pessoas à sábia contemplação da inexorabilidade do Destino, e seu teatro ganha a significação de um templo. Não é por acaso que Pastore elogia seu misticismo como o último refúgio dos fugitivos religiosos, aqueles que não desejam se dobrar ao poder temporal das igrejas, mas que também não desejam negar a fé livre no outro mundo. A resolução de questões religiosas pode acontecer em tal teatro. E então não importa o quão sombriamente pinte-se o quadro, uma vez tratando-se de um *Mistério*, ele esconde em si um infatigável apelo à vida.

[*] Anníbal Pastore, Maurice Maeterlinck. *Boletim da Literatura Estrangeira*, set. 1903.

Parece-nos que todo o erro de nossos antecessores foi o de tentar, ao montar Maeterlinck, assustar o espectador em vez de apaziguá-lo quanto à inexorabilidade do destino. "Na base de meus dramas" — escreve Maeterlinck — "está a ideia do deus cristão junto à ideia do *fatum*[44] antigo." O autor escuta as palavras e lágrimas das pessoas como um ruído surdo, como se elas — palavras e lágrimas — estivessem caindo num abismo profundo. Ele vê as pessoas de uma distância de sobre as nuvens, de onde se parecem apenas com pequenas faíscas piscando fracamente. E deseja apenas notar, escutar algumas vozes de mansidão, esperança, sofrimento e paixão em suas almas e nos mostrar como é poderoso o Destino que governa nossa sorte.

Tentamos conseguir que a nossa execução de Maeterlinck causasse na alma dos espectadores a mesma impressão apaziguante desejada pelo próprio autor. O espetáculo de Maeterlinck é um *Mistério*: ou se ouve uma harmonia de vozes, um sussurrante coro de lágrimas, de soluços sufocados e o temor da esperança (como em *A morte de Tintagiles*) ou o êxtase, o chamado à ação religiosa coletiva, à dança ao som de tubas e órgão, ao bacanal do grande triunfo do Milagre (como no segundo ato de *Irmã Beatriz*). Os dramas de Maeterlinck são, "mais do que tudo, a revelação e o expurgo das almas". "Seus dramas são um coro de almas, cantantes a plenos pulmões sobre o sofrimento, o amor, a beleza e a morte." A *simplicidade* é transferida da terra ao mundo dos sonhos. A harmonia anuncia a calmaria. Ou ainda a alegria estática.

E foi com essa percepção das almas no Teatro de Mae-terlinck que chegamos à sala de ensaios para trabalhar sobre os *études*.

Gostaríamos de dizer sobre Maeterlinck o mesmo que disse Mutter sobre Perugino, um dos mais encantadores pintores do *quattrocento*:[45] podem "corresponder ao caráter contemplativo e lírico de seus enredos, à grandiosidade calma e à arcaica triunfalidade de seus quadros apenas aquelas composições nas quais a harmonia não é destruída por um sequer movimento tortuoso, sem qualquer contradição brusca".

Apoiando-nos nessas conclusões gerais sobre a obra de Maeterlinck e trabalhando sobre os *études* na sala de ensaios, os atores e diretores chegaram intuitivamente ao seguinte:

I. No campo da dicção:

1) Era necessária uma estampagem fria das palavras, perfeitamente livre das vibrações (*tremolo*) e das vozes sofridas dos atores. Eram necessários a completa ausência de tensão e um "tom sombrio".

2) O som deveria sempre possuir *apoio*, e as palavras deveriam cair como gotas num poço profundo: seria ouvida a gota da sílaba tônica sem a tremulação do som no espaço. No som não há imprecisão, a palavra não possui terminações barulhentas como na leitura de versos "decadentistas".

3) O temor místico é mais forte do que o temperamento do velho teatro. O último é sempre desenfreado, externamente grosseiro (as mãos gesticulantes, os tapas no peito e nos quadris). A vibração interna do temor místico se reflete nos olhos, nos lábios, no som, na maneira de pronunciar as palavras, e é a calmaria externa que acontece com a experiência interna vulcânica. E tudo sem tensão, leve.

4) A experiência das emoções da alma, toda sua tragicidade, não se encontra separada da experiência interna das formas, que por sua vez é indissolúvel do conteúdo, como era indissolúvel para o próprio Maeterlinck, tendo ele escolhido estas e não outras formas àquilo que era simples e havia muito conhecido.[*]

[*] A prática trouxera a pergunta da qual a solução eu não tomo para mim, mas desejo aqui colocá-la: deve o ator primeiro revelar o conteúdo interno do papel, permitir a explosão do temperamento, para depois suavizar a emoção em tal ou qual forma ou ao contrário? Então utilizávamos o seguinte método: não permitíamos que o temperamento aparecesse até que tivéssemos dominado a forma. E isso me parece correto. Dirão: aí está o porquê de tantas reclamações — a forma limita o temperamento. Não, não é assim. Os velhos atores naturalistas, nossos professores, diziam: se não quer desperdiçar de uma vez o papel para si, comece a lê-lo não em voz alta, mas para si, e apenas quando ele ressoar no seu coração, leia-o em voz alta. Aproximar-se do papel cotidiano por meio da leitura silenciosa

5) Nunca há *trava-línguas*, que são cabíveis apenas nos dramas de tom neurastênico, naqueles em que tão de boa vontade se colocam reticências. A calmaria épica não exclui a emoção trágica. As emoções trágicas são sempre majestosas.

6) A tragicidade com um sorriso no rosto.

Eu vim a compreender esses requerimentos, que haviam sido alcançados pela intuição com todo o meu ser, apenas depois, quando li as palavras de Savonarola: "Não pensem que Maria, diante da morte de seu próprio filho, chorava andando pelas ruas, arrancava os cabelos e se comportava como desvairada. Ela ia atrás de seu filho com mansidão e paz gigantescas. Ela, por certo, derramava lágrimas, mas pela sua aparência externa não parecia triste, mas a um só tempo *triste e alegre*. E aos pés da cruz ela também ficava triste e alegre, mergulhada no segredo da grande bondade divina".

O ator da velha escola, para que pudesse causar no público forte impressão, gritava, chorava, gemia, batia no peito. Que o novo ator então expresse o ápice da tragicidade, assim como a tragicidade ressoava na triste e alegre Maria: externamente calma, quase *fria*, sem gritos e choros, sem notas tremulantes, mas, mesmo assim, profundamente.

II. No campo da plástica:

1) Richard Wagner revela o diálogo interno com a ajuda da orquestra. Somente a frase musical cantada pelo intérprete parece não ser suficientemente forte para expressar a experiência interna dos heróis. Wagner então chama em seu socorro a orquestra, contando com que apenas ela seja capaz de dizer o não dito, de abrir perante o espectador o Segredo. Assim como a frase cantada no drama musical, a palavra no drama não é uma arma suficientemente forte para revelar o diálogo interior. E não seria verdade que, se a palavra fosse a única arma que revelasse a essência

do texto e aproximar-se do papel não cotidiano, tendo dominado inicialmente o ritmo da linguagem e o ritmo dos movimentos, são recursos igualmente válidos.

da tragédia, qualquer um poderia interpretar em cena. Pronunciar as palavras, e mesmo pronunciá-las bem, ainda não significa dizê-las. Aparece então a imprescindibilidade de pesquisar novos meios de expressar o não dito, de revelar o escondido.

Assim como Wagner confere as experiências da alma à orquestra, eu as confiro aos *movimentos plásticos*.

Reparem que no teatro anterior a plástica também consistia num meio expressivo imprescindível. Salvini, em Otelo ou em Hamlet, sempre nos surpreendia com sua plasticidade. A plástica sempre existiu, mas não é a essa plástica que eu me refiro. Essa plástica era fortemente concordante com as palavras pronunciadas. Eu me refiro à "plástica não correspondente às palavras".

Mas então o que significa "plástica não correspondente às palavras"?

Duas pessoas conversam sobre o tempo, sobre arte, sobre apartamentos. Um terceiro, observando-as de lado — é claro, se ele for mais ou menos sensível, afiado —, perceberá, pela conversa dos dois primeiros sobre diferentes assuntos, que por sua vez não diz respeito nenhum à relação de um com o outro, quem são essas duas pessoas: amigos, inimigos, amantes. E poderá percebê-lo pelo fato de que os dois conversantes fazem com as mãos certos movimentos, colocam-se em tais poses, baixam os olhares de tal maneira que conferem ao terceiro a possibilidade de definir sua relação. E isso advém de que, conversando sobre o tempo, a arte etc., essas duas pessoas fazem movimentos que não correspondem às palavras. Por meio desses movimentos não correspondentes às palavras é que o observador percebe quem são os dois conversantes: amigos, inimigos, amantes...

O diretor faz a ponte entre espectador e ator. Levando à cena, pela vontade do autor, o diretor deve, por meio dos movimentos e poses, criar tal desenho que ajude o espectador não apenas a ouvir suas palavras, mas a adentrar o diálogo interno, escondido. E se o diretor, aprofundando-se no tema do autor, ouviu a música dos diálogos internos, ele propõe ao ator movimentos plásticos que, ao seu ver, são capazes de fazer com que o espectador perceba o diálogo interno da mesma forma como o ouviram o diretor e os atores.

Os gestos, poses, olhares e silêncios definem a *verdade* da relação entre as pessoas. As palavras ainda não dizem tudo. Ou seja, é necessário um desenho dos movimentos em cena para levar o espectador à condição de observador aguçado, para entregar-lhe em mãos o mesmo material que entregaram ao nosso terceiro observador os dois conversantes — o material com a ajuda do qual o espectador pode adivinhar as experiências internas da alma dos personagens. Palavras para o ouvido, plástica para os olhos. Dessa forma, a fantasia do espectador funciona sob pressão de duas impressões: a visual e a auditiva. E a diferença entre o velho e o novo teatro é tal que no último a plástica e as palavras se encontram afinadas — cada qual com seu próprio ritmo, enquanto permaneçam não correspondentes.

Claro, não devemos pensar que é necessária apenas a plástica não correspondente às palavras. Pode-se entregar à plástica uma frase que corresponda bastante às palavras, mas isso é tão natural quanto a coincidência das sílabas tônicas lógicas e poéticas nos versos.

2) Os quadros de Maeterlinck são arcaizados. Os nomes são como ícones. Arkel, como no quadro de Ambrogio Bergognone. Cúpulas góticas. Estátuas de madeira, polidas e brilhantes como o jacarandá. E deseja-se uma distribuição simétrica dos personagens, como quis Perugio, já que assim mais ou menos expressa a divindade do mundo.

"As mulheres, os jovens afeminados e os mansos e cansados idosos podem melhor do que tudo servir como expressão das sensações leves e sonhadoras", transmitindo assim aquilo que Perugino desejava. Não é assim em Maeterlinck? Daí o objetivo iconográfico.

A conglomeração incoerente nos palcos do teatro naturalista é substituída no novo teatro pela necessidade de levar aos planos construções que estejam fortemente afinadas com o movimento rítmico das linhas e com a ressonância musical das telas coloridas.

A tarefa iconográfica teve então de ser levada também à esfera da pintura cenográfica, já que ainda não havíamos podido eliminar a última completamente. E tal como era conferida aos movimentos plásticos a função de meio expressivo principal, de busca da revelação do importantíssimo diálogo interior, se desenhou uma decoração tal que não permitisse que esses movimentos se diluíssem. Era preciso concentrar toda a atenção do espectador nos movimentos. E, daí, apenas um telão no fundo de *A morte de Tintagiles*. A tragédia fora ensaiada numa tenda de lona simples e provocava uma impressão muito forte, o desenho dos gestos se esboçando vividamente. Quando então os atores foram trazidos à cenografia montada, onde havia espaço e ar, a peça sofreu uma derrota. Veio, então, o telão. Mas assim que foi feita uma série de experiências com ele (*Beatriz, Hedda Gabler, O conto eterno*), pareceu-nos que se a cenografia espacial, em que se perdiam os movimentos plásticos, em que eles não se destacavam, não se fixavam, era inútil, então da mesma forma era inútil o telão pintado. Nos quadros de Giotto nada quebra a fluidez das linhas, pois ele cria toda a sua arte não em dependência da naturalidade, mas do ponto de vista decorativo. No entanto, se o teatro já não tem volta em relação ao naturalismo, então da mesma forma não existem e não devem existir também pontos de vista "decorativos" (se eles não forem entendidos como no teatro japonês).

O telão decorativo, como uma música sinfônica, possui suas atribuições especiais, e se ele precisa, como quadro, de figuras, então que sejam apenas nele desenhadas, ou, se for para teatro, marionetes de cartolina, e não cera, madeira ou corpos. E isso advém do fato de que o painel decorativo, que possui apenas duas dimensões, requer também figuras que só possuam duas dimensões.

O corpo humano e os acessórios que se encontram ao seu redor — mesas, cadeiras, camas, estantes —, todos possuem três dimensões; por isso, no teatro, onde o mais fundamental é o ator, é preciso se apoiar no que se encontra na arte plástica, e não na pintura. Para o ator deve ser fundamental uma *estatuária plástica*.

Eis o resultado do primeiro ciclo de pesquisas no campo do Novo Teatro. Completara-se o ciclo historicamente imprescindível que deu numa série de experiências sobre a encenação convencionada e que levou à ideia desta ou daquela função da pintura decorativa no teatro dramático.

O ator da velha escola, sabendo que o teatro deseja romper com o ponto de vista da pintura decorativa, fica feliz com essa circunstância, pensando que isso não é nada mais do que uma volta ao velho teatro. Bem, no velho teatro, dirá ele, tínhamos também esse espaço tridimensional. Ou seja, abaixo o Teatro de Convenção!

Desde o momento em que discorri sobre a divisão da pintura decorativa na cena do teatro Cenográfico e do músico na sala Sinfônica, digo que o Teatro de Convenção não apenas não morrerá, mas, ao contrário, caminhará adiante com passos ainda mais ousados.

Rejeitando o telão decorativo, o Novo Teatro não recusa os recursos de convencionamento da encenação, assim como não recusa a interpretação de Maeterlinck sobre os recursos da iconografia. No entanto, os recursos expressivos devem ser arquiteturais em contrapeso aos antigos, de telas pintadas. Todos os planos de montagem de *A morte de Tintagiles*, *Irmã Beatriz*, *Conto eterno* e *Hedda Gabler* permanecem intocados, mas, ao se transferirem para o liberto Teatro de Convenção (e o decorador se coloca nessa dimensão, em que não permite nem o ator e nem os objetos), tornam diferentes as necessidades do ator e as do decorador não teatral.

V. TEATRO DE CONVENÇÃO

"Da verdade desnecessária da cena contemporânea eu faço um chamado ao convencionamento consciente do teatro antigo." — eis o que escreveu Valéri Briússov. O renascimento do teatro antigo é esperado também por Viacheslává Ivánov. A saber, Briússov, destacando no teatro antigo uma interessante forma de convencionamento, menciona-a apenas casualmente. Já Ivánov expõe um sólido plano para a Ação Dionisíaca.

Frequentemente encaramos unilateralmente o fato de o teatro, segundo o plano de V. Ivánov, contar em seu repertório apenas com a tragédia antiga, seja ela original ou mesmo escrita tardiamente, apenas no estilo da Grécia Antiga, como é o caso de *Tantal*. Para que possamos nos convencer de que o projeto de Ivánov não é nem de longe unilateral e inclui um repertório extremamente vasto, claro, é necessário que não deixemos passar nem uma só linha daquilo que foi escrito por ele. Só que infelizmente Viacheslává Ivánov, entre nós, não é estudado. Assim, eu gostaria de me deter brevemente nos planos de Ivánov para que depois, adentrados seus pontos de vista, possa ainda mais definidamente revelar os benefícios da técnica de convencionamento e demonstrar que apenas tal técnica dá ao teatro a possibilidade de receber em seu seio o repertório diferenciado proposto por V. Ivánov e o multicolorido buquê de dramas que tem sido atirado aos palcos do teatro russo pela dramaturgia contemporânea.

O drama passou do polo da dinâmica para o polo da estática.

O drama nasceu "da alma da música, do ditirambo coral, onde existia energia dinâmica". "Do serviço sacrificial extático surgiu a arte dionisíaca do drama em coro."

Depois inicia-se o "isolamento dos elementos da ação inicial". O ditirambo se destaca como gênero independente de lírica. A atenção esmagadora é voltada para o herói-protagonista, do qual a atuação trágica passa a consistir o cerne do drama. O espectador, de antigo cúmplice da ação sagrada, passa a espectador de um "espetáculo" festivo. O coro, dissociando-se do coletivo (o coletivo formado pela orquestra) e do herói, torna-se elemento de ilustração das peripécias da ação heroica. Dessa forma surge o *teatro como espetáculo*.

O espectador passa a viver apenas passivamente aquilo que recebe da cena. "Ergue-se pela primeira vez a barreira enfeitiçada entre ator e espectador que permanece até hoje dividindo o teatro de palco em dois mundos separados e estranhos entre si: o mundo dos que apenas agem e o mundo dos que apenas recebem — e não há canais que liguem esses dois corpos separados com uma veia de circulação de energia criativa comum". A orquestra aproximava o espectador do palco. Cresceu então a rampa teatral no lugar onde havia a orquestra e separou o palco dos espectadores. O palco de tal teatro-espetáculo é "iconostático, distante, severo, e não conclama mais ninguém à união numa celebração festiva comum". É a iconóstase,[46] em lugar do "tablado baixo do antigo altar", no qual era tão fácil entrar em êxtase para se juntar ao serviço.

O drama, nascido do serviço ditirâmbico a Dioniso, foi lentamente se separando de suas fontes religiosas, e a Máscara do herói trágico, em cuja sorte o espectador via o seu próprio destino, Máscara de ação trágica específica, na qual se materializavam todos os Eus humanos, também foi, com o fluir dos séculos, se objetivando. Shakespeare aparece e descobre o caráter. Corneille e Racine põem seus heróis em dependência da moral de determinada época, criando-os através de fórmulas materialistas. O palco se separa de seu início coletivo-religioso. O palco se aliena do espectador por meio de sua objetivização. A cena *não contamina*, a cena *não transforma*.

O Novo Teatro uma vez mais se inclina na direção de seu princípio dinâmico. Esses são os teatros de Ibsen,

Maeterlinck, Verhaeren e Wagner.[*] As pesquisas mais novas se encontram com os preceitos da Antiguidade. Assim como a antiga ação sagrada se dava na forma da "purificação" dionisíaca, também nós demandamos do artista a capacidade de curar e purificar.

A ação é externa no novo drama, e a separação de personagens se faz desnecessária. "Queremos quebrar a máscara e a ação do personagem inteligível, e olhar para a sua 'máscara interior'."

O destacamento do externo em prol do interno no novo drama não acontece para que, com a abertura das profundezas da alma humana, o homem seja levado a se desprender da terra e ascender às nuvens (*théâtre ésotérique*[47]), mas sim para embebedar o espectador no mel dionisíaco do eterno sacrifício.

"Se o novo teatro é dinâmico, então que assim o seja até o final." O teatro deve de uma vez por todas abrir sua essência dinâmica; assim, deve deixar de ser "teatro" no sentido apenas de "contemplação". Nós queremos nos reunir para criar, "agir" em conjunto e não apenas contemplar.

V. Iptvánov pergunta: "de que deve tratar o drama vindouro?", e responde: "para tudo nele deve haver a vastidão: na tragédia e na comédia, no *Mistério* e nos contos de fadas, no mito e na coletividade".

O Drama Simbolista, que deixa de ser solitário e encontra a "ressonância harmônica com a autodefinição da

---

[*] Por que classifico Maeterlinck junto com Ibsen e Maeterlinck junto com Verhaeren (*As auroras*, por exemplo, bem ao lado de *A morte de Tintagiles*)?
O Deus sofredor possui duas faces: Dioniso — a orgia — e Apolo — o sonhar. O cerne de V. Iptvánov tende às peças dionisíacas em seu aspecto orgástico. Isso não significa, contudo, que o drama dionisíaco de V. Iptvánov deva ser imprescindivelmente uma "orgia" no que diz respeito à sua expressão formal. O início em coro é visto em dois quadros diferentes:
"A loucura orgástica do vinho
Faz tremer o mundo, gargalhando
Mas na sobriedade e no silêncio pacífico
Respira também tal loucura.
Silencia nos ramos aflorados
E sedenta espreita da caverna." F. Sologúb
Segundo V. Iptvánov, a dança dos sátiros do bosque e o silêncio imóvel das mênades perdidas equivalem também às dionisíacas.

alma coletiva"; *a tragédia divina e heroica*, parecida com a tragédia antiga (não, claro, na construção arquitetônica das peças. Aqui me refiro ao Destino e à Sátira como bases da Tragédia e da Comédia); *o Mistério*, mais ou menos análogo aos da Idade Média; a *comédia* no estilo de Aristófanes. Eis aí o repertório proposto por Viacheslav Ivánov.

Poderia por acaso o teatro Naturalista dar conta de tão vasto repertório? Não. O teatro modelo da técnica naturalista — o Teatro de Arte de Moscou — tentou receber em seu seio os teatros antigo (com *Antígona*), shakespeariano (com *Júlio César* e *O mercador de Veneza*), ibseniano (*Hedda Gabler*, *Espectros*, entre outros), maeterlinckiano (*Os cegos* e outros)... E apesar de ser encabeçado pelo mais talentoso diretor da Rússia (Stanislávski) e toda uma série de atores magníficos (Knípper, Kachálov, Moskvin, Savítskaia), mostrou-se completamente impotente diante da materialização de tão grande repertório.

Reforço: o que sempre o impediu nisso foi a paixão pela maneira *meiningeriana* de encenar; o que o impediu foi o "método naturalista".

O Teatro de Arte de Moscou, que conseguiu materializar apenas o Teatro de Tchékhov, no final das contas se tornou um "teatro íntimo". Os Teatros Íntimos, bem como todos aqueles que se apoiavam ou no método *meiningeriano*, ou nos "estados de humor" do teatro tchekhoviano, mostraram-se incapazes de alargar seus repertórios e, por consequência, de ampliar o seu público.

O teatro Antigo passou a se diferenciar mais e mais a cada século e os Teatros Íntimos são sua última fragmentação, a última ramificação do teatro Antigo. Nosso teatro se dividiu em Tragédia e Comédia, apesar de o teatro Antigo haver sido Uno. E, da forma como penso, é exatamente essa fragmentação do Teatro Uno nos Teatros Íntimos que impede o renascimento do Teatro de Todo o Povo, do Teatro-Ação e do Teatro-Celebração.

A luta contra os métodos naturalistas, tal como apropriada pelos Teatros de pesquisa e por alguns diretores,[*] não é casual. Ela foi ditada pela evolução histórica. A pesquisa de novas formas cênicas não é um capricho da moda, a inserção de um novo método de encenação (o convencionamento) não é um esquema em favor da massa, sedenta, procurando novas impressões, cada vez mais e mais aguçadas.

O Teatro de pesquisa e seus diretores trabalham na construção do Teatro de Convenção para frear a segmentação do Teatro em Teatros Íntimos, e reascender o Teatro Uno.

O Teatro de Convenção propõe uma técnica tão simplificada que oferece a possibilidade de montar Maeterlinck ao lado de Wedekind, Andréev ao lado de Sologúb, Blók ao lado de Przybyszewski, Ibsen ao lado de Remízov.

O Teatro de Convenção liberta o ator da cenografia pintada, criando para ele espaço tridimensional e lhe dando uma real plasticidade estatuária em ordem.

Graças aos recursos do convencionamento destrói-se a complicada maquinaria teatral, e as montagens ganham tal simplicidade que o ator pode mesmo sair à praça e lá encenar seu material, sem depender da decoração e de acessórios especialmente desenhados para o palco teatral, de tudo aquilo que seja externamente casual.

Na Grécia dos tempos de Sófocles e Eurípedes, os concursos de atores trágicos levavam a uma arte independente do ator. Depois, com o desenvolvimento da técnica cênica, as forças criativas do ator caíram por terra. Daí o acerto de Tchékhov: "atualmente há muito poucos talentos brilhantes, é verdade, mas o ator mediano se tornou muito melhor".[**] Libertando o ator da parafernália causal dos acessórios inúteis e simplificando a técnica ao mínimo possível, o Teatro de Convenção, da mesma forma, coloca novamente em primeiro plano a criação artística independente do ator. Ao

[*] O Teatro-Estúdio em Moscou, Stanislávski (no caminho, desde *O drama da vida*), Gordon Craig (Inglaterra), Reinhardt (Berlim) e eu (Petersburgo).
[**] *A gaivota.*

direcionar todo o seu trabalho ao renascimento da Tragédia e da Comédia (revelando no primeiro o Destino e, no segundo, a Sátira), o Teatro de Convenção foge dos "estados de humor" do teatro tchekhoviano, fenômeno este que envolve o ator em experiência passiva, ensinando-o a ser artisticamente menos interessante.

Quebrada a rampa, o Teatro de Covenção baixa o palco até o nível da plateia; construídos a dicção e os movimentos dos atores no ritmo, aproxima a possibilidade do renascimento da dança, e a palavra em tal teatro facilmente se transformará em grunhido cantado, em silêncio cantado.

O diretor do Teatro de Convenção se impõe como tarefa apenas direcionar o ator e não comandá-lo (em oposição ao diretor *meningeriano*). Ele serve apenas de ponte, ligando a alma do autor com a do ator. Transformando em si a criação do diretor, o ator — sozinho, frente a frente com o público, e a partir da fricção de duas pontas soltas — a arte do ator e a fantasia criativa do espectador — faz com que se incendeiem com chama verdadeira.

E da mesma forma que o ator é livre do diretor, é livre o diretor do autor. As indicações deste último são apenas as mais imprescindíveis, indícios da técnica pertencente ao tempo no qual a peça foi escrita. Escutando o diálogo interno, o diretor livremente revela-o no ritmo da dicção e da plástica do ator, considerando apenas as indicações autorais que não se encontram no plano da imprescindibilidade técnica.

O método do convencionamento, por fim, enxerga ainda um quarto criador no teatro, depois do autor, do diretor e do ator — o espectador. O Teatro de Convenção cria a encenação, na qual o espectador necessita, com sua fantasia, *completar* criativamente *o desenho* dos *esboços* gerados pela cena.[*]

O Teatro de Convenção é tal que o espectador não se esquece nem por um momento sequer que diante dele está um

---

[*] Cito minha nota na revista *Vêsy*, n. 6, 1907, "Das cartas sobre o teatro", na antologia *Do teatro* está publicada com o título de "Max Reinhardt (Berliner Kammespiele)", na segunda parte.

ator, que interpreta, e o ator, de que diante dele se encontra uma audiência, aos pés do palco, e aos lados, cenário. Assim como num quadro nem por um minuto se esquece que se olha para tintas, tela, pinceladas e ao mesmo tempo consegue-se uma sensação de vida superior iluminada. E isso acontece frequentemente: quanto mais *quadro*, mais forte a sensação de *vida*.[48]

A técnica do convencionamento luta contra os recursos ilusionistas. Ela não precisa da ilusão como um sonho apolíneo. O Teatro de Convenção, fixando a plasticidade estatuária, reforça na memória do espectador diferentes agrupamentos, para que se passem ao lado das palavras as notas fatais da tragédia.

O Teatro de Convenção não procura a diversidade na *mise en scène*, da forma como isso sempre se faz no teatro Naturalista, em que a riqueza dos cenários planejados cria um caleidoscópio de poses que se modificam rapidamente. O Teatro de Convenção almeja dominar as linhas, a construção de grupos e a paleta dos figurinos, e em toda sua estaticidade possui mil vezes mais movimento do que o teatro Naturalista. O movimento em cena se faz movimento não no sentido literal da palavra, mas através da divisão de linhas e cores, e da mesma maneira faz que essas linhas e cores leves habilmente se sincretizem e vibrem.

Se o teatro de Convenção quer a destruição da decoração colocada no mesmo plano que os atores e acessórios, se não quer as rampas, se a interpretação do ator se encontra afinada com o ritmo da dicção e com o ritmo dos movimentos plásticos, se ele espera o renascimento da dança — e coloca o espectador em participação ativa na ação —, não levaria esse Teatro de Convenção ao renascimento do Teatro Antigo?

Sim.

O Teatro Antigo é, por sua arquitetura, o mesmo teatro no qual há tudo de que precisa o nosso teatro atual: não há decorações, o espaço é tridimensional e possui a plasticidade estatuária.

Na arquitetura de tal teatro, claro, existirão correções insignificantes de acordo com as necessidades dos nossos dias, mas exatamente o teatro Antigo com sua simplicidade, com seu arranjo em ferradura de lugares para o público, com sua orquestra — esse teatro verdadeiro, que é capaz de admitir em seu seio a desejada diversidade de repertório: *Balagánchik*, de Blók; *A vida de um homem*, de Andréev; as tragédias de Maeterlinck; as peças de Kuzmin; os *Mistérios* de Remízov; o *Dom dos ombros sábios*, de F. Sologúb, e muitas outras peças maravilhosas da nova dramaturgia, que ainda não encontraram o seu Teatro.

NOTAS DA PRIMEIRA PARTE

CONTRIBUIÇÃO À HISTÓRIA E À TÉCNICA DO TEATRO (1907)

[1] Sobre o ensaio geral de *A morte de Tintagiles*, V. Briússov escreveu sob o pseudônimo de "Aurélio" no artigo "Pedras. Pesquisas da nova cena", *Vêsy*, Moscou, n. 1, pp. 72-4, 1906. (N.R.R.)

[2] Confraria do Novo Drama: Trupe teatral composta pelo próprio Meyerhold ao sair do Teatro de Arte de Moscou. Tinha, como objetivo principal, excursionar pela província russa levando teatro de qualidade à população do interior. É a Confraria o palco das primeiras experimentações de Meyerhold com a dramaturgia dos simbolistas, e a subsequente divulgação de seus trabalhos na *Vêsy* e *Mir Iskusstva* é a responsável, em grande parte, pelo reconhecimento inicial de seu nome, já que tais experiências aconteciam um tanto longe das duas capitais, Moscou e São Petersburgo. No entanto, devido ao caráter experimental de montagens como *Neve*, de Przybyszewski (1903), as temporadas da Confraria atingem um sucesso mediano de público, e em 1905 Meyerhold aceita voltar com a trupe para Moscou e fundi-la ao Teatro-Estúdio proposto por Stanislávski. (N.T.)

[3] *Vêsy*, n. 4, p. 75, 1905. (N.R.R.)

[4] Referência ao espaço na rua Povarskaya (número 8/1 pela rua Vorobskogo. Atualmente parte do edifício foi destruída). Esse edifício em 1904 pertencia a V.V. Grish, membro da Sociedade de Ajuda aos Estudantes Carentes da Universidade de Moscou, em 1905 — O.A. Titovaya. (N.R.R.)

[5] *Nôvosti Dniá*, Moscou, 13 de maio de1905. (N.R.R.)

[6] *Rússkie vêdomosti*, Moscou, 10 de abril 1905. (N.R.R.)

[7] *Iskússtvo*, Moscou, n. 3, p. 63, 1905. (N.R.R.)

[8] Haviam sido cogitadas para a montagem no Teatro-Estúdio *As sete princesas*, de M. Maeterlinck; miniaturas sobre os contos de Górki "Chelkash" e "Amiguinhos"; *Neve*, de S. Przybyszewski; *A comédia do amor*, de H. Ibsen; *As auroras*, de E. Verhaeren, entre outras. (N.R.R.)

[9] O Teatro Nóvi (Novo) existiu na qualidade de filial dos teatros imperiais de Moscou de 1898 a 1907. Estava fortemente ligado ao Máli e os artistas que interpretavam nos palcos do Nóvi eram dirigidos por A. Lênski e A. Kondrátiev. Lênski tentara, com todas as forças, fazer que o Nóvi fosse um teatro popular, dotado de um repertório mais progressista. No entanto, a direção burocrática dos teatros

imperiais impedia o desenvolvimento do teatro nessa direção e por fim Lênski se afastou do Teatro Nóvi. (N.T.)

[10] Citação do discurso proferido por K.S. Stanislávski na primeira reunião com os fundadores do Teatro-Estúdio, em 5 de maio de 1905. (N.T.)

[11] Planos de direção: Presentes no Teatro Russo desde a fundação do Teatro de Arte de Moscou, os planos de direção eram planos escritos de todos os aspectos da concepção artística do espetáculo: cenário, figurino, iluminação e mesmo de interpretação. Até o Teatro-Estúdio, apenas com a definição desses planos podia-se passar aos ensaios de montagem do espetáculo. O verbo que geralmente acompanha o plano é *reshit*: "resolver", "solucionar". Um plano, portanto, é resolvido, solucionado. Trata-se de uma noção muito importante do ponto de vista das tarefas da direção: solucionar cenicamente os problemas propostos pela dramaturgia. (N.T.)

[12] Referência aos séculos XVII-XVIII, quando estava em moda o uso indiscriminado do pó de arroz. (N.R.R.)

[13] *Ouvrage* (francês): Revista riquíssima, em formato ampliado, de um livro de gravuras. (N.T.)

[14] *Voprôssi Zhízni*: Revista mensal literário-social. Publicada em São Petersburgo durante o ano de 1905. (N.T.)

[15] Birô literário: Presente no teatro russo desde a sua constituição como Teatro de Repertório, o birô literário era o responsável por conseguir, artística e legalmente, para os teatros, as peças que entrariam em seus repertórios. Alguns exemplos notáveis de diretores de birôs literários incluem Vladimir Nemiróvitch-Dântchenko nos primeiros anos do Teatro de Arte de Moscou, V. Briússov no Teatro-Estúdio e, mais tarde, nos anos 1960, Ludwik Flaszen no Teatro-Laboratório de Jerzy Grotówski, na Polônia. (N.T.)

[16] Meiningen, meningerianismo: Refere-se à trupe de teatro austríaca do duque de Saxe-Meiningen, considerada fundadora do estilo "realista histórico" de representação. Para maiores explicações pelo próprio Meyerhold, ver o tópico seguinte: "Teatro Naturalista e Teatro de Humores". (N.T.)

[17] Pré-rafaelitas: Escola de pintura e literatura inglesa da metade do século XIX que imitava a arte do início do período Renascentista (antes de Rafael) em termos de estilização. (N.R.R.)

[18] Escola anexada ao teatro: Meyerhold se refere a uma formação de escolas teatrais que perdurou durante a época da União Soviética e que perdura até hoje na Rússia. Muitos teatros (assim como o Teatro de Arte), tendo fundado uma "maneira" específica de representar, fundaram, anexados às suas trupes, escolas onde reuniam turmas de jovens aprendizes dos próprios atores e diretores integrantes das trupes desses teatros. Assim, o Teatro Imperial Alexandrínski possuía a sua escola anexada, o Teatro Máli de Moscou, a sua e, mesmo o Teatro de Arte, a sua própria. (N.T.)

[19] Por "Teatro de Tipos" entende-se o teatro onde se representam tipos extraídos da vida cotidiana. Aqui, precisamente, tem-se em conta o trabalho do Teatro de Arte de Moscou. (N.T.)

[20] Teatro de Humores: A expressão original, *Teatr Nastroiênia* (literalmente "Teatro de Humores"), foi cunhada pelo próprio Stanislávski para designar o tipo de encenação necessária às peças escritas por Anton Tchékhov. Stanislávski aponta a dramaturgia tchekhoviana não como realista, nem como simbolista ou como impressionista, mas como "uma mistura de todos esses gêneros"; portanto, necessitava de um novo tipo de encenação para tais peças. A expressão "Teatro de Humores" refere-se à atmosfera criada coletivamente pelos atores, em que visualmente muito pouco se podia ver, mas na qual se fazia com que a plateia flutuasse pelos estados de humor instaurados pelo jogo entre os atores. Na presente edição optou-se por

manter o termo original, de acordo com sua precisão significativa, mesmo em nossa língua. (N.T.)

[21] Jan Styka (1858-1925): Pintor polonês de panoramas religiosos e históricos, famoso pela riqueza de detalhes e pela precisão histórica com que retratava as cenas. (N.T.)

[22] A estreia da tragédia de Shakespeare, *Júlio César*, no TAM, aconteceu em 2 de outubro de 1903. (N.R.R.)

[23] Personagem principal da comédia *O inspetor geral*, de Nikolái Gógol. (N.R.R.)

[24] Mikhail Vassílievich Nésterov (1862-1942): Pintor russo e, mais tarde, soviético, famoso por sua pintura de paisagens e representações da vida cotidiana no campo. Ganhador do prêmio Stálin em 1941. (N.R.R.)

[25] *A gaivota* foi remontada no TAM em 1905. Durante um curto período, Meyerhold fez o papel de Treplev. (N.R.R.)

[26] Em francês no original: "O segredo de ser entediante é dizer tudo". (N.T.)

[27] *Pianissimo* (italiano): Muito suavemente, com pouca sonoridade. *Forte*: intenso, com muita sonoridade. (N.T.)

[28] O drama de H. Ibsen *Hedda Gabler* estreou no TAM em 19 de fevereiro de 1899. (N.R.R.)

[29] O drama de H. Ibsen *Os pilares da sociedade* estreou no TAM em 24 de fevereiro de 1903. (N.R.R.)

[30] O excerto de diário com a conversa entre A. Tchékhov e os atores apareceu, antes da publicação do presente artigo, publicado por Meyerhold sob o título de "A.P. Tchékhov, sobre o naturalismo", na revista *V Mire Iskusstva*, Kiev, n. 11, p. 24, 1907. (N.R.R.)

[31] *A gaivota* fora montada inicialmente no Teatro Alexandrínski (com estreia em 17 de outubro de 1896). O teatro, no entanto, não compreendeu o caráter inovador da peça e o espetáculo fracassou. (N.R.R.)

[32] O Teatro Hermitage (em Moscou) foi sede do Teatro de Arte durante suas quatro primeiras temporadas (de 1898 a 1902), época em que o próprio Meyerhold ainda fazia parte da trupe. (N.R.R.)

[33] Três peças de Maeterlinck — *Os cegos*, *A culpada* e *Lá dentro* — eram apresentadas pelo TAM em uma só noite, tendo estreado em 2 de outubro de 1904. (N.R.R.)

[34] Aleksandr Kugel (1864-1928): Crítico teatral e ensaísta, escrevia sob o pseudônimo de *Homo Novus*. Fundador do teatro Krivôe Zêrkalo, em São Petersburgo. Consta no verbete sobre Kugel da enciclopédia, *Brockhause e Efron*, editada por ele mesmo:
"Tendo sido um dos representantes da 'fé antiga' sobre as questões do teatro e tendo considerado como os mais importantes e essenciais em cena a 'coragem, o brilho e a força' do ator, ou seja 'a capacidade de expressão e expressividade'", Kugel se pronunciava veementemente no final do século XIX contra 'o simbolismo, o decadentismo e as fábulas fantásticas no teatro', que, a seu ver, eram 'completamente alheias tanto às questões artísticas em geral quanto à nossa sociedade nacional'." Relacionando-se brusca e negativamente com as "novas tendências" da vida teatral, Kugel é, dessa forma, um dos mais enfáticos inimigos ideológicos do Teatro de Arte de Moscou. (N.R.R.)

[35] A primeira montagem da peça de M. Maeterlinck *Pelléas e Mélisande* ocorreu, sob direção do próprio autor, no palco do teatro Bouffes Parisiens (com estreia em 16 de maio de 1893). (N.R.R.)

[36] A. Van Bever, Maurice Maeterlinck. *Ensaio crítico-biográfico*, São Petersburgo, *Skorpion*, 1904, p. 6. (N.R.R.)

[37] Em francês no original: "tragédia para o teatro de marionetes". (N.T.)

[38] Sobre o assunto, ver no mesmo volume o artigo "Contribuição à montagem de *Tristão e Isolda* no Teatro Mariínski". (N.R.R.)

[39] A palavra cenógrafo, em russo (*stsenógraf*) é relativamente pouco usada. O próprio Meyerhold usa mais frequentemente *khudôzhnik* ("pintor, artista") ou *dekorator* ("decorador"). Na versão em língua portuguesa, no entanto, preferi manter a palavra associada à prática teatral brasileira, escolhendo o termo cenógrafo. (N.T.)

[40] "Conversas sobre a peça" (*becêdy o piéce*): Expressão específica do vocabulário teatral russo, existente desde antes da Grande Reforma. As conversas sobre a peça eram originalmente o que "antecedia" a montagem, ou seja, a decoração da marcação proposta. Geralmente eram conduzidas por um ator mais velho e mais experiente, que "explicava" aos novatos o conteúdo da dramaturgia e como ela deveria ser encenada, antes de passar à marcação da movimentação de fato. Vale lembrar que durante a época referida (1905), mesmo Stanislávski usa o termo "conversas" para definir o período que antecede o trabalho de mesa: a troca das primeiras impressões sobre o material a ser encenado. (N.T.)

[41] Estudo: A palavra russa этюд (*etyúd*) deriva realmente do francês *étude*. Na tradução em língua portuguesa, preferiu-se traduzir a palavra para o português dado que, ao que tudo indica, Meyerhold deseja num primeiro momento traçar um paralelo entre os processos criativos e os treinamentos técnicos em diferentes ramos da arte e a necessidade de seu desenvolvimento na Arte Dramática. Dessa forma, nessa comparação, preferiu-se utilizar o termo recorrente nas artes plásticas em língua portuguesa: o *estudo*. Sempre que o termo é utilizado no contexto de argumentações relativas à Arte Cênica, optou-se por manter a palavra específica *étude*, dada sua importante e específica significação nesse meio. É muito importante notar também que o termo "*étude*" desenvolvido a partir daí vai, ao longo das duas primeiras décadas do século XX, assumir significações bem diferentes, tanto para Stanislávski quanto para Meyerhold. Vale lembrar que a concepção final de Meyerhold era a dos *études* biomecânicos: partituras corporais canônicas destinadas a treinar e aperfeiçoar a técnica do ator. (N.T.)

[42] Artur Nikisch (1855-1922): Maestro húngaro de grande prestígio, considerado o melhor intérprete da música de Tchaikóvski e Bruckner. Foi regente da Ópera de Leipzig e responsável pela primeira gravação comercial de uma sinfonia completa, a *Quinta Sinfonia* de Beethoven, com a Orquestra Filarmônica de Berlim. Morreu em Leipzig, Alemanha. (N.T.)

[43] Queimar as naus: Em russo, como em português, a expressão "сжечь корабли" (*zhêtch korábli*) é equivalente. De cunho militar, é empregada desde a Antiguidade, quando queimavam-se os navios para que as tropas não tivessem outra saída senão lutar. (N.T.)

[44] *Fatum* (latim): Destino. (N.T.)

[45] *Quattrocento* (italiano): O século XV na história da cultura italiana. (N.R.R.)

[46] Iconóstase, na tradição da ortodoxia católica, é a parede que separa a nave da igreja do santuário, inacessível aos fiéis. É, na quase totalidade dos casos, decorada com ícones dispostos de acordo com uma ordem específica. (N.T.)

[47] Em francês no original: "teatro esotérico". (N.T.)

[48] L. Andréev (a correspondência de Meyerhold com L.N. Andréev não foi encontrada). (N.R.R.). [O leitor encontrará o artigo citado mais tarde neste livro, junto com os cinco parágrafos que o precedem. Decidimos explicá-lo pois a nota, sobre "Max Reinhardt", da citação das cartas de L. Andrêev apareceu na imprensa antes dos artigos inclusos em "Contribuição à história e à técnica do teatro", e em parte serviu de material para a confecção deste último. (N.T.)]

CONTRIBUIÇÃO À MONTAGEM DE
TRISTÃO E ISOLDA NO TEATRO MARIÍNSKI
30 de outrubro de 1909[1]

I

Se retirarmos da ópera a palavra, apresentando-a em cena, teremos, em essência, o gênero da pantomima.

Na pantomima, cada episódio, cada movimento de determinado episódio (suas modulações plásticas), bem como os gestos dos personagens individuais e os agrupamentos do coro, são precisamente predefinidos pela música — através da modificação de seus tempos, de suas modulações e, em geral, através de seu desenho.

Na pantomima, o ritmo dos movimentos, gestos e o ritmo dos agrupamentos são fundidos ferreamente com o ritmo da música, e somente quando se alcança essa fusão do ritmo, daquilo que é mostrado em cena, com o ritmo da música é que a pantomima pode ser considerada idealmente executada.

Por que é que então os artistas de ópera, em suas movimentações e gestos, não seguem o tempo da música e o desenho tônico da partitura com precisão matemática?

Por acaso o cantar, quando adicionado por artistas de pantomima, altera em algo a relação existente na pantomima entre a música e a encenação?

Isso acontece, penso, pelo fato de que, em sua interpretação, o artista de ópera cria, na maior parte das vezes, a partir do material que é extraído por ele não da partitura, mas do libreto.

Tal material é, na maioria dos casos, tão corriqueiro que possui certa afeição a recursos que lembram os recursos de interpretação utilizados pelo teatro cotidiano. E olhando através do tempo: se a cena operística vive junto com o teatro dramático um tempo em que reina o gesto de beleza convencionada, que faz lembrar marionetes, às quais se manipula apenas para que pareçam vivas, então a interpretação dos artistas dessa ópera é também convencionada, como era convencionada a interpretação dos atores franceses da época de Racine e Corneille; se no entanto a cena operística vive, junto com o teatro dramático, um tempo de paixão pelo naturalismo, então a interpretação dos atores se torna próxima à vida real, e o lugar dos "gestos operísticos" convencionados é tomado pelo gesto-autômato, muito real; tais gestos são de natureza reflexiva, e nos acompanham em nossa vida cotidiana durante nossos diálogos.

No primeiro caso, a discordância entre o ritmo ditado pela orquestra e o ritmo dos gestos e movimentos é praticamente imperceptível. Mesmo que tais gestos sejam terrivelmente doces, bonitos ou toscamente marionetescos, eles acompanham o ritmo; a única discordância entre eles são a consciência e a intensa expressividade demandadas por Wagner, que não se entregam ao movimento. No entanto, no segundo caso a diferença é insuportável: em primeiro lugar, porque a música entra em desarmonia com a realidade do gesto-autômato, do gesto cotidiano, e a orquestra, tal como nas pantomimas ruins, se transforma num acompanhamento tocando os *ritornelli* e os refrões; em segundo, porque aparece a dualidade fatal do espectador: quão melhor a interpretação, o mais inocente a própria essência da arte operística; na verdade, a própria circunstância de que pessoas, comportando-se em cena como o fazem na própria vida, de repente desandem a cantar, óbvio, parece absurdo. A perplexidade de L.N. Tolstói perante esse gênero de pessoas cantantes[2] se explica muito simplesmente: o canto de uma parte operística acompanhada da execução real de um papel causa inevitavelmente o riso num espectador sensível. Na base da arte operística está o convencionamento — as pessoas cantam; e por isso não se pode inserir na interpretação o elemento da realidade, caso contrário, nesse mesmo exato momento o convencionamento se torna desarmônico com o real e demonstra sua alegada insustentabilidade, ou seja, caem as bases da arte. *O drama musical deve ser executado de tal forma que o ouvinte-espec-*

tador nem por um segundo levante a questão de por que neste drama os atores cantam, em vez de falar.

A arte de Chaliápin[3] pode ser considerada o modelo de tal interpretação de papéis em que o ouvinte-espectador não se pergunta "por que o ator está cantando, e não falando".

Ele era capaz de se manter na corda bamba, pendendo para os dois lados, sem cair nem para o lado do naturalismo nem para o lado do convencionamento operístico que chegou até nós da Itália do século XVI, quando para o cantor o importante era mostrar à perfeição a arte de reproduzir *roulades*, quando não existia ainda nenhuma ligação entre o libreto e a música.

Na interpretação de Chaliápin sempre havia uma *verdade*, e no entanto não a corriqueira, mas sim a teatral. E era sempre levantada acima da vida — tratava-se da bela verdade da arte.

Em Benois,* no *Livro sobre o Novo Teatro*, encontramos: "o herói pode morrer, mas em sua morte é importante que se sinta a doçura do sorriso da divindade".[4] Esse sorriso pode ser sentido nas tramas de algumas tragédias de Shakespeare (em *Rei Lear*, por exemplo); em Ibsen, no momento da morte de Solness, Hilda ouve "harpas tocando no ar"; Isolda, por sua vez "derrete-se em suspiros dos mundos sem fronteiras". É essa mesma "doçura do sorriso divino" que se sente durante a morte de Boris Godunov em Chaliápin. Bem, é por acaso apenas nos momentos de morte que se sente o dito "sorriso divino" em Chaliápin? É suficiente lembrarmos da cena na igreja (em *Fausto*), em que o Mefistófeles-Chaliápin revela-se não a alma criativa do mal, mas um verdadeiro pastor-acusador, como um confessor enlutado de Margarita — a voz da vergonha. Dessa forma, o indigno, horrendo, chulo (no sentido schilleriano), se revelam através da imagem de Chaliápin, objeto de diversão estética.

Mais ainda: Chaliápin é um dos poucos artistas da cena operística que, seguindo precisamente as marcações do gráfico de notas do compositor, cria com seus próprios mo-

---

* Sempre que é citado este nome, fala-se de Aleksándr Ivánovich Benois.

vimentos um desenho. E esse desenho plástico é sempre harmoniosamente fundido com o desenho tônico da partitura.

Como exemplo ilustrativo da síntese entre rítmica plástica e rítmica musical, pode servir a interpretação de Chaliápin do sabá de Brocken (na ópera de Boito[5]), em que são rítmicos não apenas os movimentos e gestos de Mefistófeles, mas também a própria regência do coro; mesmo durante o tenso enraivecimento imóvel (quase petrificado), o ouvinte-espectador adivinha o ritmo, ditado pelo movimento orquestrado.

A síntese das artes, proposta por Wagner na base de sua reforma do drama musical, evoluirá. Grandes arquitetos, pintores, regentes e diretores, constituindo-se em seu elo, vão despejar no Teatro do Futuro todas as suas novas iniciativas artísticas. No entanto, sabemos bem que essa síntese não poderá ser realizada sem o advento do *novo ator*.

Um fenômeno como Chaliápin mostrou pela primeira vez, ao ator do drama musical, o único caminho à grande construção proposta por Wagner.

Mas a maioria das pessoas negligenciava em Chaliápin exatamente aquilo que deveria valorizar como o *ideal* de um artista de ópera; a verdade teatral de Chaliápin era encarada como verdade corriqueira — e parecia a todos que se tratava de naturalismo. E por que isso aconteceu? Pois a estreia de Chaliápin no palco (na ópera privada de Mamontov) coincidiu exatamente com o reinado do Teatro de Arte de Moscou em seu primeiro período (o *meningerianismo*).

A luz de tão significativo fenômeno — o Teatro de Arte de Moscou — teve tamanha intensidade que, sob os raios da sua maneira meningeriana, a arte de Chaliápin era considerada como mero recurso naturalista trazido à ópera.

O diretor e os atores do teatro de ópera acreditavam piamente seguir os passos de Chaliápin quando, em *Fausto*, Margarita utilizava um regador para derramar água num canteiro de flores durante a canção sobre o Rei de Thul, ao fundo da orquestra e onde por acaso podia-se ouvir o barulho de uma roca...

Mas o ator do teatro musical apenas se tornará um grande elo da síntese wagneriana quando entender a arte de Chaliápin sem a influência dos raios emanados pelo Teatro de Arte de Moscou, em que a interpretação dos atores baseia-se nas leis da μίμησις,[*] mas sob os raios do todo-poderoso ritmo.

Passando então ao movimento dos atores do drama musical,[6] em ligação com a sua característica, observo que em minhas anotações não entrou uma detalhada análise da interpretação de Chaliápin, a quem me referi apenas para que se compreendesse melhor sobre qual arte dos atores operísticos se fala aqui.

Começo falando dos movimentos dos atores porque a encenação do drama musical não deve ser criada a partir de si mesma, mas em ligação com esses movimentos, assim como estes últimos devem ser distribuídos em consonância com a partitura.

No método de encenação é mister diferenciar dois grandes gêneros. Tomando-se Gluck como pai do drama musical, possuímos duas segmentações, duas linhas: uma, Gluck — Weber — Wagner; a outra, Gluck — Mozart — Bizet.

Considero necessário dizer que a encenação sobre a qual se fala abaixo é a que pertence ao drama musical do estilo de Wagner, ou seja, aquelas nos quais o libreto e a música são compostos sem escravidão mútua.

Para que a concepção dramática dos dramas musicais possa adquirir vida, não se pode deixar espaço demais para a esfera musical, especialmente pelo fato de ela se encontrar nos domínios do mundo secreto de nossas percepções; ora, o mundo de nossa Alma tem forças para revelar-se através da música e, inversamente, apenas a música tem forças para revelar o mundo da Alma em toda sua força.

Bebendo sua arte do cálice da música, a imagem concreta dessa arte é vivificada pelo autor do drama musical em palavras e tons, e assim surge a partitura — um texto oral-musical.

Appia (*Die Musik und die Inszenierung*)[7] não vê outra possibilidade de chegar à concepção dramática que não a de

---

[*] Grego antigo — mimese.

se dobrar inicialmente ao mundo das emoções — à esfera musical.

Appia não considera possível o caminho da direita, a concepção dramática criada sem passar pela música resulta num libreto inútil.

E mais, como Appia graficamente define a inter-relação de elementos do teatro de ópera:

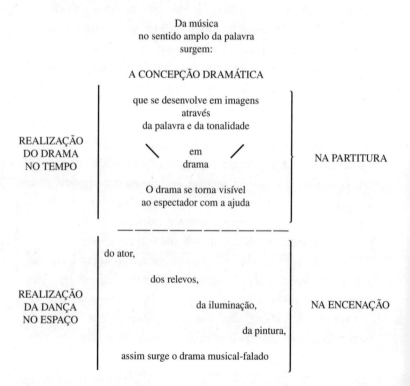

A música, que define o tempo de tudo o que acontece em cena, dá o ritmo que, por sua vez, não possui absolutamente nada em comum com a cotidianidade. A vida da música não é a vida da realidade ordinária. "[...] Mostrar a vida não como ela é e nem como deveria ser, mas aquela que se revela nos nossos sonhos." (Tchékhov)[8]

O ritmo cênico, toda sua essência, é antípoda da essência da vida cotidiana, corriqueira.

Por isso, todo o revestimento cênico do ator deve se revelar pensado cenicamente, e às vezes pode até ser baseado no tom realista, mas, ainda assim, no final das contas, revelando uma forma, sem ser, de longe, idêntico àquilo que vemos na vida. Os movimentos e os gestos do ator devem ser *dépendants*[9] do diálogo-canto convencionalizado.

A arte do ator no drama naturalista está na observação da vida e na intersecção dos elementos de observação em sua arte; a arte do ator do drama musical não pode se afinar apenas com a experiência de vida.

A arte do ator do drama naturalista se encontra, na maioria dos casos, em conformidade com a arbitrariedade de seu temperamento. A partitura, escrita de acordo com determinada métrica, liberta o ator do drama musical de entrar em conformidade com uma arbitrariedade de temperamento dispensável.

O ator do drama musical deve alcançar a essência da partitura e traduzir todas as sutilezas do desenho orquestral na língua do desenho plástico.

Também cabe ao ator do drama musical alcançar a arte da flexibilidade física.

O homem, junto com a conjuntura harmônica e o ritmo da música já é, por si só, uma obra de arte.

Onde é então que o corpo humano, flexível para o serviço cênico, flexível em sua expressividade, alcança seu desenvolvimento máximo?

Na dança.

Pois a dança é o movimento do corpo humano dentro da esfera rítmica. A dança é para nosso corpo aquilo que a música é para nossas sensações: uma criação artificial, que não se relaciona com a ação do conhecimento da forma.

Richard Wagner definiu o drama musical como "uma sinfonia que se torna visível, que se torna compreensível em sua visibilidade e ação entendível" ("*ersichtlichgewordene Thaten der Musik*"[10]). A sinfonia é, para Wagner, valiosa pela base dançada que contém. "A dança harmonizada é a base da sinfonia contemporânea", nota Wagner. A *Sétima* (em Lá maior) de Beethoven, é chamada por Wagner de "apoteose da dança".

Assim, a "ação visível e entendível" revelada pelo ator é a ação da dança.

Uma vez que a raiz dos gestos para o drama musical é a dança, os artistas de ópera deveriam então estudar seu gestual não com atores do teatro cotidiano, mas sim com um coreógrafo.*

"A arte musical e a poética se tornam entendíveis... apenas através da arte da dança" (Wagner).

No ponto em que a palavra perde sua força expressiva começa a linguagem da dança. No teatro japonês antigo, o chamado teatro *Nô*, no qual se interpretavam peças parecidas com as nossas óperas, o ator era também obrigatoriamente dançarino.

Ao lado da flexibilidade, que faz do ator operístico um dançarino em seus movimentos, ainda uma outra particularidade diferencia o ator do drama musical do ator do drama falado. O ator deste último, desejando mostrar que as lembranças causam dor, pantomima de forma a mostrar ao público essa sua dor. No drama musical, quem fala ao público sobre essa dor é a música.

Dessa forma, o artista operístico deve aceitar o *princípio da economia dos gestos*, pois com os gestos ele precisa apenas completar as batidas da partitura ou terminar de desenhar o que fora começado ou proposto pela orquestra.

---

* Refiro-me aqui, é claro, ao coreógrafo de novo tipo. O coreógrafo ideal da nova escola se encontra, para mim, no contemporâneo teatro de M.M. Fókin.

No drama musical, o ator não é o único elemento responsável pela ligação entre o poeta e o público. Aqui ele é apenas um dos meios expressivos, não mais nem menos importante do que todos os outros meios de expressão, e é por isso que ele deve se encaixar ao lado de seus irmãos-expressivos.

No entanto, é claro que, antes de mais nada, é através do ator que a música traduz a medida de tempo em espaço.

Antes da encenação a música criava ilusoriamente um quadro que existia apenas no tempo, e dentro da encenação ela ganha também o espaço. O ilusório torna-se real através da mímica e dos movimentos do ator, conformados com o desenho musical; materializa-se no espaço aquilo que antes só pairava no tempo.

II

Falando sobre o "teatro da época futura", teatro que deveria ser a "união de todas as artes", Wagner chama Shakespeare (o Shakespeare que ainda não havia deixado a "confraria") de "Téspis da tragédia futura" ("o teatro de Shakespeare se relacionará com o teatro futuro, assim como a carroça de Téspis se relacionava com os teatros de Ésquilo e Sófocles"); e sobre Beethoven,[*] diz: "eis quem encontrou a linguagem do artista futuro".

Wagner, dessa forma, enxerga o Teatro Futuro num lugar onde os poetas se encontrariam de braços abertos uns aos outros.

E mais ainda, Wagner, de maneira particularmente clara, colocou nas páginas de suas cartas o sonho: "o poeta encontrará sua redenção" quando "as criações de mármore de Fídias se vestirem de *carne e sangue*".

No teatro shakespeariano, que era tão caro a Wagner, em primeiro lugar a trupe consistia na confraria, que se convertia

---

[*] Para Wagner, Beethoven é o fundador da sinfonia, na base da qual se encontra a "dança harmonizada", tão importante para Wagner.

em διασος[11] no sentido platônico, (*"eine besondere Art von ethischer Gemeinschaftsform"*,[12] pelas palavras de Theodore Lessing, *Theater-Seele*, "Studie tiber Bühnenästhetik und Schauspielkunst"[13]). Em segundo lugar, Wagner enxergava no teatro shakespeariano uma aproximação com o modelo da arte de todo o povo: "O drama de Shakespeare fornece uma imagem do mundo tão correta que na reprodução artística das ideias não é possível diferenciar nelas o lado subjetivo do poeta". Na obra de Shakespeare, para Wagner, soava a alma do povo.

Já que lancei como tema fundamental o plano técnico, faço em seguida, sobre as considerações de Wagner (ao lado de sua paixão pelo mundo antigo) acerca de Shakespeare, as seguintes notas, como num modelo digno de imitação.

A simplicidade arquitetônica da cena shakespeariana agradava a Wagner pois os atores do teatro de Shakespeare interpretavam no palco rodeados de espectadores por todos os lados. Wagner chama (muito apropriadamente e com muito humor) o primeiro plano do palco do teatro inglês antigo de *"der gebarende Mutterschofi der Handlung"*.[14]

Mas não seria então o proscênio do teatro renascentista, tão largamente utilizado pelos cantores italianos, considerado por Wagner uma mera repetição da forma curiosa do palco antigo inglês?!

É claro que não. Em primeiro lugar, Wagner reverencia as formas do teatro antigo, e faz com que esse plano, que poderia em algo vagamente lembrar o nosso proscênio atual (orquestra), esteja ocupado por uma orquestra escondida;[*] e em segundo, propondo erigir um verdadeiro culto ao homem, sonhando com sua transfiguração plástica em cena, Wagner, claro, não poderia considerar o proscênio de nossos teatros atuais como um lugar propício às marcações, baseadas no *princípio da transfiguração plástica*. Vejam como Wagner formulava tal transfiguração:

---

[*] Cito "Wagner e a ação dionisíaca", no livro de Viacheslàv Ivánov, *Com as estrelas*, Petersburgo, Ory, 1909.

"Quando o homem alcançar um maravilhoso desenvolvimento de seu próprio corpo, então se tornará objeto da arte o homem *vivo*, perfeito. E a arte desejada para isso é o *drama*. Por isso, a redenção da plástica será a *transformação mágica da pedra em carne e sangue humanos, a transformação do imóvel em vivificado, monumental, em contemporâneo*. Apenas quando esses desafios artísticos passarem à alma do dançarino, do mímico, do cantor e do ator dramático é que se poderá contar com a satisfação desses objetivos. A verdadeira plástica existirá quando a escultura acabar e se transformar em arquitetura, quando a solidão terrível desse único homem, feito de pedra, for substituída por uma infinidade plural de verdadeiros homens vivos, quando formos capazes de nos lembrar das queridas e inertes esculturas na carne e no sangue eternamente espiritualizados e renováveis, e não no cobre e no mármore mortos, quando nos prepararmos para construir de pedra os andaimes teatrais para a obra de arte viva e já não nos esforcemos por expressar esse homem vivo em pedra."

Wagner rejeita não apenas a escultura, mas também a pintura de retratos: "não possuirá função nenhuma quando o maravilhoso homem, em molduras artísticas livres, sem pincel e tela, se tornar o próprio objeto da arte".

E então faz um chamado à arquitetura. Que seja o arquiteto a impor a tarefa de construir o edifício do teatro tal que o homem seja "objeto da arte para si". Como é apenas a forma viva do homem que se transforma em unidade plástica, imediatamente estala a questão do novo palco (no sentido de sua arquitetura).

No decorrer de todo o século XIX esse problema tem aparecido, de tempos em tempos, especialmente na Alemanha.

Eis o que diz o cabeça da escola romântica, Ludwig Tick, em carta a Raumer (transcrevo o conteúdo, sem citar): já não é a primeira vez que lhe digo pensar ser possível encontrar os meios para a reconstrução do palco de forma a aproximá-lo arquitetonicamente do palco inglês antigo. Mas para isso nossos palcos deveriam ser pelo menos duas vezes mais largos do que aqueles com os quais nos acostumamos. Já há muito deveríamos ter abandonado a profundidade dos palcos, uma vez que ela torna a cena antiartística e antidramática.

Para as "saídas" e "entradas" deveria ser usada não a profundidade da cena, mas as coxias laterais — em outras palavras, o palco deveria ser girado com o outro lado para o público, colocando de perfil tudo aquilo que nos é apresentado *en face*.[15]

"Os teatros são profundos e altos, em vez de serem largos e rasos como um baixo-relevo." Tick assumia que *o palco inglês antigo possuía alguma semelhança com o grego*. Agradava-o o fato de que, em primeiro lugar, esse palco apenas aludia, e, em segundo, que o palco (no sentido estrito da palavra) se encontrava à frente; tudo o que se passava onde hoje se poderia chamar de coxia acontecia para o espectador com uma proximidade incrível; as figuras dos atores, que se encontravam nos andaimes, nem por um segundo saíam do campo de visão dos espectadores, lembrando figuras de uma arena circense.

A questão sobre como arranjar a cenografia e as figuras humanas em diferentes planos ocupou, entre outros, o famoso arquiteto clássico Schinkel (1781-1841), que propunha modelos de palco que coincidiam com o sonho de Wagner de ver em cena a "pintura de paisagens", como um longínquo plano de fundo, similar à paisagem helênica (que era, por sua vez, o próprio plano longínquo de fundo no teatro grego). "A natureza era para os gregos apenas uma moldura para o homem — os deuses personificados, forças da natureza, na concepção grega, eram exatamente deuses humanos. O grego tentava vestir todos os fenômenos naturais com tecido humano, e a natureza constituía para ele nada mais do que uma infindável diversão sob a forma humana..."

"A pintura de paisagens deverá se tornar a alma da arquitetura; ela nos ensinará a construir os palcos para os dramas do futuro, no qual ela mesma se constitui moldura da natureza para o homem vivo, e não para o homem copiado."

"Aquilo que os *escultores e os pintores históricos* tentaram criar em pedra e tela, o ator criará em si mesmo, em sua figura, nos órgãos de seu corpo, e imprimirá com as marcas de seu rosto para criar a vida artística consciente. Os mesmos motivos que antes guiavam os escultores, transmissores das formas humanas, agora guiarão os atores — através de sua mímica. O olhar, que ajudou historicamente o pintor histórico a encontrar o melhor, mais entusiasmante e característico num desenho, nas cores, nas roupas e no planejamento de uma tela, agora regulará o planejamento dos homens vivos." (Wagner)

De todo o exposto por Wagner acerca do lugar ocupado pela pintura em cena — sobre entregar a construção do primeiro plano nas mãos do arquiteto, sobre o pintor, chamado ao teatro não mais para realizar uma única pintura (que tem lugar apenas como *Hintergrund*[16]), mas para a própria direção; daquilo que em outros lugares escreve sobre *Stimmung*[17] em tudo o que diz respeito à iluminação, linhas, cores, da total imprescindibilidade de ver a realização dos movimentos e gestos do ator, sua mímica, sobre as condições acústicas, vantajosas à declamação do ator — de tudo isso fica muito claro que o palco de Bayreuth[18] não podia satisfazer tal espécie de necessidades que possuía Wagner, pois falhara em romper definitivamente com as tradições do palco renascentista e, mais importante ainda, os diretores que encenaram Wagner não consideravam necessário focar sua atenção no olhar fundamental desse reformador, na cena como *pedestal para a escultura.*

III

Foi Georg Fuchs, em Munique (no "Kunstlertheater") quem tomou para si realizar os sonhos de Tick, Immermann, Schinkel e Wagner — o sonho do renascimento das particularidades características dos palcos da Antiguidade e dos antigos palcos ingleses.[*19]

A particularidade desse tipo de palco é a seguinte: o primeiro plano conta apenas com *relevos*.

Por "relevos" entendem-se *praticáveis, mas num sentido amplo* (em tradução literal do francês *praticable* e do alemão *pratikabel*, "ou seja, o que serve à prática"); em outras palavras, não apenas as partes da decoração pintadas e destacadas do telão, que servem apenas aos objetivos da pintura para acentuar a sensação de perspectiva ou a luz incidente na perspectiva (quando atrás dos praticáveis colocam-se terminações elétricas). O termo "relevo" aqui é utilizado não no sentido estreito e limitado como se refere a ele o Teatro de Arte de Moscou, que chama de "relevo" as partes em relevo adicionadas ao telão pintado para aumentar a ilusão do real.

Os praticáveis-relevo são aquela parte do material somado à cenografia que não é ilusória aos olhos do espectador, mas sim materializada: dão ao ator a possibilidade de tocá-los, servem como pedestais para a escultura. Dessa forma, o primeiro plano, transformado em "cena-relevo" e fortemente destacado da pintura (colocada em segundo plano), dá a possibilidade de fugir daquele comum incômodo, para o gosto estético do espectador, que se sente quando o corpo humano (tridimensional) chega perto da pintura (bidimensional), e que se torna ainda maior quando se tenta suavizar a contradição entre a essência fictícia da decoração e o "real" levado à cena pelo ator, com seu corpo colocando relevos na própria tela. Ou seja, naqueles casos em que a pintura, revelando-se não apenas *Hintergrund* mas se encontrando também no primeiro plano, entra para o mesmo plano dos relevos. "Colocar relevos num quadro, tocar música para uma leitura ou pintar uma escultura são golpes tão grandes no 'bom gosto' que acabam encaixotando a sensação estética." (Benois)

---

[*] Citam-se: a) *Anais dos Teatros Imperiais*, 1909, terceira edição; Cartas ao estrangeiro, terceira carta; "O Teatro dos artistas de Munique"; e b) *Apollon*, n. 2, 1909, G. Fuchs, *O Teatro de Arte de Munique*.

Para que pudesse demonstrar esse princípio dos "relevos-cena", Georg Fuchs teve de levantar um teatro uma vez mais.

Nós, tendo de trabalhar num palco do tipo renascentista de teatro e desejando experimentar um método de divisão do palco que fosse ao menos um pouco cabível para a montagem dos dramas wagnerianos (a "cena-relevo" como primeiro plano e a "pintura" como segundo), imediatamente deparamos com um obstáculo enorme, que nos obrigou a detestar com todas as nossas forças a construção do palco renascentista.

O proscênio, que servia nos bons e velhos tempos para que os artistas entrassem em cena e saíssem dela depois de suas árias (exatamente como num tablado de esquetes, em que a execução de um número romântico por um cantor não tem necessariamente nenhuma conexão com os números a serem apresentados em seguida, ou com os que foram apresentados antes), tornou-se lugar dispensável depois do desaparecimento dos cantores *castratti* e das cantoras de *roulades ginásticas* (me desculparão as *soprano-coloratura* por não as ter incluído na lista do teatro de drama musical do futuro, sobre o qual discorro agora). Bem, tal proscênio é descartado também pelos cantores de ópera contemporâneos, da forma exata com que é descartado o libreto, que já não mais existe independentemente (como nas velhas óperas italianas) e obriga-nos a tecer uma rede de ações cênicas junto com seus parceiros. Esse proscênio, que foi tão fortemente empurrado para a frente, já não pode mais infelizmente servir de "palco-relevo", pois tendo sido colocado à frente das cortinas impede que o utilizemos como um lugar planejado de antemão.

Tal incômodo forçou-nos a criar um "palco-relevo"[*] não no proscênio, mas no primeiro plano, de forma que ele já não se encontrasse na proximidade desejada com o público, para que o jogo mímico e os movimentos plásticos dos atores pudessem ser ainda mais notados.

---

[*] Fizemos experiência com o palco-relevo nos atos II e III de *Tristão*.

O palco do teatro renascentista é uma caixa com uma "janela" aberta no lugar de uma das paredes, virada para o público (a parte inferior da caixa é o chão do palco, as laterais são as laterais dele, escondidas pelas coxias, e o teto da caixa é o teto do palco, invisível para o espectador).

Não há largura suficiente (as paredes laterais da caixa não são bem afastadas da janela) para que não se precise esconder os lados do olhar do público, pendurando nas laterais pedaços de pano (coxias); não há altura suficiente para que não se utilizem portais de pano e "bambolinas".

Os atores que se encontram nesse palco-caixa, com panos suspensos (pelos lados e por cima) e praticáveis fedendo a tinta fresca espalhados pelo chão, perdem-se nele como "miniaturas num enorme quadro" (E.T.A. Hoffmann).

No entanto, se colocarmos um tapete no proscênio, localizado à frente das cortinas, dando-lhe significação de decoração colorida, combinando-o com os panos laterais; se transformarmos o plano adjacente ao proscênio num pedestal para agrupamentos do coro, construindo nesse plano um "palco-relevo"; se, afinal, o telão de fundo for colocado no fundo, e se conformar exclusivamente com a realização das tarefas da pintura de fundo, funcionando como um fundo útil para os corpos humanos e seus movimentos — então as insuficiências do palco renascentista se tornam, em boa medida, suavizadas.

Ainda que a construção do proscênio em Bayreuth tenha sido significativamente inferior àquele construído por Fuchs (Kunstlertheater), Wagner notou que as figuras em tal proscênio se apresentavam em tamanho aumentado.

E é exatamente essa circunstância — de que as figuras crescem — que torna o "palco-relevo" tão atraente para os dramas wagnerianos. E isso acontece não pelo fato de querermos ver diante de nós gigantes, claro, mas porque as curvas corporais de um indivíduo ou de um grupo do coro em tal palco se tornam plásticas.

A construção do "palco-relevo" não é um fim em si mesmo, mas apenas o meio; o fim é a ação dramática, e ela surge na imaginação do espectador, que se intensifica graças às ondas rítmicas da movimentação física. As ondas, por sua vez, devem se espalhar pelo espaço, fazer com que o espectador perceba as linhas dos movimentos, dos gestos, poses...

Uma vez que o palco deve resguardar o princípio do movimento corporal no espaço, precisa ser construído de tal modo que as linhas das identificações rítmicas se mostrem precisamente. Daí vem tudo o que serve de pedestal ao ator, tudo em que ele pode se apoiar, o que pode tocar — tudo que é escultural, ficando a indistinção da pintura relegada ao fundo.

O maior de todos os incômodos é o chão do palco, sua superfície plana. Tal como o escultor molda a argila, que também se arranje da mesma forma o chão do palco e transforme o largo e plano solo numa série compactamente junta de dimensionalidades com diferentes alturas.

[Linhas ilegíveis.]

Pessoas que se agrupam em ondas delicadas e mais próximas umas das outras.

A ação é levada à cena com uma certa unidade. Para o espectador, torna-se fácil identificar a todos e a tudo numa bela harmonia. O ouvinte-espectador não se dispersa em impressões visuais e auditivas. Tal recurso, e somente ele, dá a possibilidade de enfatizar a particularidade artística de Wagner, que criou modelos de grandes linhas, expressivamente, de contornos ágeis. Não é à toa que Lieschtenberge[20] compara as figuras de Wagner com os afrescos de Puvis de Chavannes.[21]

O ator, figura que até então não conseguira se fundir com os telões decorativos — agora levados realmente ao plano de fundo (*Hintergrund*) —, torna-se objeto de atenção como uma obra de arte. E cada gesto do ator, com a condição de que não tire a atenção do público concentrada no desenho musical, para que esteja sempre cheio de significação, se faz essencial, simples, distinto, relevante e rítmico.

O trabalho dos cenógrafos nas montagens cênicas geralmente se esgota através dos desenhos de perspectivas e praticáveis.

No entanto, é importante criar a harmonia entre o plano no qual se movem as figuras dos atores e suas formas e os desenhos daquilo que está estampado nos telões.

A busca pelas cores e linhas em função do todo (na cenografia) ocupa o cenógrafo, deixando o próprio todo (ou seja, todo o *entourage* da cena) para o diretor. No entanto, essa é uma tarefa inacessível para um não pintor, ou seja, para um diretor que não possua conhecimentos especiais de desenho (quer tenham sido aprendidos em aulas de pintura ou mesmo intuitivamente). No diretor devem ferver tanto o escultor quanto o arquiteto.

Considero válidas as linhas de Maurice Denis:[22] "Eu observei como ele (referindo-se ao escultor Maillol[23]) alternadamente, quase sistematicamente mudando das formas redondas para as cilíndricas, tentava executar o ensinamento de Ingres:[24] 'belas formas são superfícies com arredondamentos'".

Ao diretor dá-se a horizontalidade (o chão do palco), e às suas ordens se encontra a madeira, com a qual é necessário, como faz o arquiteto, criar uma imprescindível reserva de praticáveis. O diretor recebe também o corpo humano (o ator) e aí se encontra sua tarefa: combinar todos esses dados de maneira tal que se consiga uma obra de arte inteira e harmônica — um quadro cênico.

No método de trabalho do diretor há uma grande proximidade com o do arquiteto, no método do ator uma completa identificação com o método do escultor, pois cada gesto do artista, cada virada de cabeça, cada movimento, são a substância da forma e da linha do retrato esculpido.

Se arquitetos chamassem Maillol para trabalhar consigo enfeitando os Palácios do Futuro com estátuas, ninguém mais do que ele seria capaz, segundo a opinião de Maurice Denis, de dar às suas estátuas o lugar devido, aquele pertencente às esculturas num edifício, de modo que não pareça desordenado com elas.

Por meio das ideias de quem é que são criados os planos cênicos, com suas formas e cores? Do cenógrafo? Se fosse, então este teria de se tornar arquiteto pois não apenas haveria pintado as telas, mas também combinado todo o espaço do palco num todo harmônico. E esse arquiteto deveria despertar Maillol no ator, de tal forma que a escultura realizada por este último (com seu corpo) soprasse vida na pedra morta (os praticáveis), o poder do pedestal, capaz de segurar a grande escultura do corpo vivo, forjado pelo ritmo.

"Como são poucos os arquitetos atuais que possuem um trabalho digno de um estilo como era o de Maillol!", exclama Maurice Denis.

No palco se dá o contrário. Já existem os arquitetos, e quão poucos Maillols, ou seja, atores-escultores! Os arquitetos estão presentes naqueles casos em que o espaço cênico está preparado para o ator como um pedestal de escultura com fundo de pintura. E aqui se revelam arquitetos ou pintores de formação, ou o diretor-arquiteto, ou o cenógrafo que, tendo em suas mãos o diretor não cenógrafo, mistura em si diretor, arquiteto e escultor, como Gordon Craig. Mas onde estão os Maillols, atores-escultores que sabem o segredo de como soprar na pedra inanimada a vida e como derramar em seu corpo a harmonia da dança? Chaliápin, Ershov... E que nomes mais colocar aí? O palco ainda não conhece a magia de Maillol.

E ainda mais uma coisa: quando os atores quiserem passar à interpretação dos modelos de Wagner, que por favor nem pensem em estudar com os atores-cantores alemães!

Vejam o que escreve Georg Fuchs (um alemão! Ainda mais valioso!) em seu livro *Der Tanz*: "O fato de que o alemão ainda não reconheceu a beleza do corpo humano se nota mais claramente por aqui, onde se faz insuportável olhar para suas risíveis perversões: Siegfrieds com barrigas empapadas de 'cerveja', Siegmunds com pernas de linguiça enroladas e esticadas em tricô, Valquírias que, pelo visto, passam seu tempo livre nas cervejarias de Munique atrás de pratos de comida quente e de canecas de cerveja espumante, Isoldas, cujo propósito é atuar numa imensa barraca de feira com apelos irresistíveis à imaginação dos comerciantes e açougueiros".

IV

Ainda nos anos de 1840, procurando nas "páginas do grande livro da história" por algum acontecimento dramático, Wagner depara com o episódio da conquista do reino da Sicília por Manfred, filho do imperador Frederico II. Wagner vira, por essa época, a gravura que mostrava Frederico II em meio a um palácio supostamente árabe rodeado por esposas árabes dançantes. A gravura o ajudou a formular uma concepção cênica incrivelmente apaixonante e brilhante, que ele acabou por recusar apenas pelo fato de o drama por ele projetado lhe parecer "cheio de brilho e de tecido histórico-poético, mas que, no entanto, abrigava, como por debaixo de uma maravilhosa roupa, *uma forte forma humana*, que não conseguiria senão sozinha conquistar o seu olhar." (Lieschtenberge)

Wagner rejeita os enredos históricos; em sua opinião, as peças não deveriam ser criações separadas, individuais do subjetivo de um poeta, que dispõe à sua própria maneira o material que detém em mãos; Wagner deseja que as peças levem em si o máximo possível a marca do imprescindível, forma pela qual se diferenciam as obras advindas da tradição popular.

E é aí que Wagner, tendo rejeitado os enredos históricos, passa a se dirigir apenas aos mitos.

Lieschtenberge expôs da seguinte forma as concepções de Wagner sobre as vantagens dos mitos sobre o enredo histórico:

"Mitos não encerram em si as marcas de uma época histórica fortemente determinada;[*] os fatos sobre os quais

---

[*] Aqui todos os itálicos são meus.

discorrem realizam-se em algum lugar longínquo, no passado distante, e os heróis sobre os quais se canta são *demasiado simplórios e fáceis de ser representados em cena*, já que se encontram vivos na imaginação popular que os criou. Com muito poucos traços claros que os definam, seus sentimentos são emoções arbitrariamente elementares, antigas preocupações do coração humano; são todos almas completamente jovens, *primitivas*, que carregam em si o princípio de ação, e sobre as quais não há preconceitos posteriores e nem opiniões convencionadas. Eis quais heróis, que tipo de narrativa devem servir aos dramaturgos."

O cenógrafo e o diretor, trabalhando na montagem desta ou de outra obra dramática, devem lidar corretamente com o que se encontra na base do drama a ser encenado — um enredo histórico ou o mito, já que a encenação dos dois tipos de peça (seja de aparência histórica ou mitológica) deve, é claro, se diferenciar claramente uma da outra no que diz respeito ao tom a ser utilizado. Ora, se deve existir um enorme penhasco separando uma peça histórica encenada e uma sala histórica de um museu, deve haver um penhasco ainda maior separando uma peça de enredo histórico e uma peça-mito.

A autoridade de Bayreuth quanto ao modelo das encenações wagnerianas consolidou uma maneira de dar à aparência externa dos dramas de Wagner o gênero teatral daquilo que é conhecido como peças históricas. Capacetes e escudos metálicos brilhantes como samovares, barulhentas malhas de aço, maquiagens que lembravam os protagonistas das crônicas históricas de Shakespeare, peles nos figurinos e nos cenários, braços nus nas atrizes e nos atores... E quando esse descolorido fundo historista, monótono, desprovido de mistério e de curiosidade se encontra com a pintura musical da orquestra, ocultada pela névoa da fábula, os dramas wagnerianos nos forçam ouvir a música sem olhar para o palco. Não seria por isso que Wagner, como contam seus amigos íntimos, durante as apresentações em Bayreuth, chegava aos conhecidos e lhes tapava os olhos com suas próprias mãos, para que pudessem se entregar completamente aos encantos da sinfonia pura?

Wagner aponta para o fato de que o cálice sagrado, em seu drama, se parece com a tocha de Eros dos antigos helenos. Não é o profundo simbolismo de significado enfatizado por Wagner na tocha o que nos interessa, afinal, quem não o adivinha? O que nos interessa dentro dessa indicação da preocupação intuitiva de Wagner é criar tal atmosfera do todo em que tanto a tocha, a feitiçaria da mãe de Isolda, os truques covardes de Melíodas, o cálice dourado cheio de poção do amor, como tudo o mais ressoe do palco de maneira crível, para que não se pareçam com um amontoado de atributos banais de ópera.

Desconsiderando o fato de o próprio Wagner haver mergulhado "total e conscientemente" apenas nas profundezas do mundo espiritual de seus heróis e desconsiderando também o fato de ter fixado toda sua atenção apenas no lado psicológico do mito, o cenógrafo e o diretor que abordem a encenação de *Tristão e Isolda* devem certamente se preocupar com a revelação de um tom que não faça a montagem perder o elemento de fábula da peça, para que o espectador imediatamente se transfira para a atmosfera desse ambiente. E isso não deve de maneira nenhuma se tornar um empecilho à tarefa fundamental de Wagner — destacar da lenda seu elemento moral. Como o que transmite a ambientação não está de maneira nenhuma refletido nos objetos do cotidiano e sim, mais do que tudo, no ritmo da língua dos poetas e nas linhas e cores dos mestres do pincel, o cenógrafo, então, entra em cena para preparar um ambiente de fábula, para vestir amavelmente os personagens em roupas criadas apenas por sua imaginação, roupas que se pareçam com telas coloridas que poderiam lembrar os andrajos mofados de velhos foliões. E assim como Giotto, Memling, Brueghel e Fouquet são capazes de nos transportar à atmosfera de época muito mais do que o historiador, o cenógrafo, retirando de sua fantasia todos esses vestidos e acessórios, nos faz acreditar que tudo aquilo realmente aconteceu algum dia, de maneira muito mais crível do que aquele que queira reproduzir em cena as roupas e acessórios dos quartos de um museu.

Alguns biógrafos de Wagner ressaltam que não se pode negar a influência que tiveram sobre o jovem Richard as aulas de desenho que lhe tentou ministrar seu padrasto Geyer. Como se sob a influência dessas aulas de desenho e pintura tivesse se desenvolvido em Wagner a imaginação do artista. "Para ele, cada ação se materializa como uma série de quadros grandiosos." A recepção de hóspedes na sala de Wairtburg, a aparição e a partida de Lohengrin em seu barco puxado por cisnes, a brincadeira das três filhas do Reno nas profundezas do rio... tudo isso são quadros "dos quais até hoje não há equivalentes na arte". Geyer, como pintor, era especialista apenas em retratos, e não podemos esquecer que, além do mais, era ator. Os irmãos de Wagner também eram atores, e o jovem certamente assistia aos espetáculos nos quais tomavam parte junto com Geyer. Não teriam tido então os bastidores, entre os quais zanzava Wagner, grande influência sobre sua imaginação, tão rica em concepções decorativas? Eu pessoalmente não enxergaria na partida de Lohengrin para o barco puxado por cisnes quadros dos quais "até hoje não há equivalentes na arte", mas diria antes que "neles está impressa a marca da coxia de uma cidadezinha alemã provinciana de gosto medíocre".

O pintor Anselm Feuerbach nos deixa as seguintes linhas sobre o teatro contemporâneo a Wagner: "Detesto o teatro contemporâneo pois meus olhos são aguçados e não aguento ver todo esse ouropel de acessórios e toda essa argamassa de maquiagens. Odeio do fundo de minha alma o exagero no campo da arte decorativa. Ela corrompe o público, afugenta os últimos resquícios de sentimento do belo e apoia gostos bárbaros; a arte não apenas se desvia de tal teatro, ela passa longe e finge que nem mesmo o viu".

O talento de "pintor de afrescos" atribuído a Wagner por muitos pode ser desafiado, e para isso basta apenas entrar mais a fundo nas instruções do compositor, que denotam que Wagner foi muito mais um criador auditivo que visual.

"A essência do espírito alemão se encontra no fato de que ele cria desde dentro: um verdadeiro deus eterno vive nele desde muito antes de se haverem erguido templos em sua honra." (Wagner)

Os dramas de Wagner, construídos desde dentro, pegaram do "deus eterno" de sua inspiração os melhores sucos para aquilo que é *interno* e que jaz na música e na palavra, fundido em um só com a partitura. E o *externo* de seus dramas, o que se chama de forma da obra (e neste caso falo sobre a concepção cênica de seus dramas para a encenação), acabou aborrecido pelo deus de sua inspiração. Böcklin[25] não pôde de jeito nenhum entrar em acordo com Wagner sobre uma questão na montagem de *O anel dos Nibelungos* e terminou por entregar a Wagner apenas um esboço da maquiagem de Fafnir.

Wagner, requerendo para seu *Bühnenfestspiele*[26] um teatro de nova arquitetura, afundou a orquestra num poço, tornando-a invisível e mantendo o palco da mesma forma tecnicamente imperfeita que possuía até então.

As rubricas do autor dependem do nível em que está a técnica cênica na época em que se escreve a peça. Mudando a técnica cênica, a rubrica deve também ser revista, através do prisma da técnica cênica contemporânea.*

Que o cenógrafo e o diretor — ao começarem a trabalhar na montagem de *Tristão* — ouçam na orquestra os motivos para seus quadros. Que único é o colorido medieval na canção de Kurwenal, nas vozes do coro de marujos e no misterioso *leitmotiv* da morte, nas fanfarras dos caçadores com seus berrantes, nas fanfarras de Mark, quando encontra o navio de Tristão trazendo Isolda! E que importante é também para Wagner a tradicional caixa de ópera em que Isolda deve ficar deitada durante o primeiro ato, e em que fica o Tristão

---

* Refiro-me às indicações que dizem respeito ao roteiro, e não àquelas que são tão inspiradoras em Wagner, quando ele desnuda toda a essência interior da sinfonia.

moribundo do terceiro ato! E ainda a *Blumen bank*,[27] na qual Tristão deve sentar Isolda no *intermezzo* do dueto de amor. E como é impressionantemente ilustrado pela orquestra o jardim do segundo ato, onde o sussurro das folhas é fundido com o som dos berrantes! Pensar em representar essas folhas em cena seria a mesma imensa e tosca afronta que tentar ilustrar as páginas de Edgar Poe. Nosso cenógrafo coloca, no segundo ato, nada mais que uma enorme parede ascendente do castelo ao fundo do palco, e no centro, queimando, o fogo místico que desempenha papel extremamente importante no drama.

K. Immermann escreve o seguinte sobre o *Campo de Wallenstein* (de Schiller): "Nas montagens de peças desse tipo, o objetivo é que se explore a fantasia do espectador de tal forma que ele chegue a acreditar naquilo que não existe".

Pode-se atulhar um palco enorme com todos os detalhes possíveis e ainda assim não se acreditar que se está diante de um navio. Ah, que tarefa mais difícil representar em cena o convés de um navio em movimento! Bem, então que só uma vela fechando toda a cena construa o navio na imaginação do espectador. "Dizer muito com pouco — este é o objetivo. A sábia economia em grande riqueza é tudo para o artista. Os japoneses desenham um ramo florido e têm a primavera. Nós desenhamos toda a primavera e não temos nem sequer um ramo florido!"*

O terceiro ato, no qual, para Wagner, o palco se encontra atulhado com as altas construções do castelo, com um parapeito e com uma torre de vigia ao centro, com portões ao fundo da cena e cal espalhada por todo lado, foi expresso por nosso pintor apenas pela triste vastidão do horizonte e pelas depressivas falésias nuas da Bretanha.

---

* Peter Altenberg.

Chamo a atenção, dos que desejam tomar conhecimento da literatura concernente às questões exploradas neste artigo, para as referências bibliográficas abaixo:

1) Richard Wagner, *Gesammelte Sehriften und Dich-tungen*, Leipzig, Siegel's Musikalienhandlung (R. Linnemann), 4. Auflage. Em meu artigo cito Wagner nas traduções de A.P. Koptiáev — em *Rússkaia Musikálnaia Gazéta*, 1897-1898, K.A. Sunnenberg (também são dele as traduções das citações de Fuchs e Feuerbach) —, e de V. Meyerhold.
2) *Nachgelassene Schriften und Dichtungen von R. Wagner*, Leipzig, Verlag V. Breitkopf und Hartel, 1902; Adolphe Appia, *Die Musik und die Inszenierung*, München, Verlagsanstalt F. Bruckmann, 1899.
3) A Lieschtenberge, *R. Wagner como poeta e pensador*, tradução de S. Solovev.
4) G. Fuchs, *Revolution des Theaters*, bei G. Miiller, München-Leipzig, 1909.
5) G. Fuchs, *Der Tanz. Flugblatter fur kunstlerische Kultur*, Stuttgart, Strecker und Schroder, 1906.
6) Hagemann, *Oper und Szene*, Berlin-Leipzig, Verlag Schuster und Loeffler, 1905.
7) J. Savjts, *Von der Absicht des Dramas*, München, Verlag Etzold, 1908.
8) *Japans Buhnenkunst und ihre Entwickelung* von A. Fischer, "Westermanns illustrierte deutsche Monatshefte", Jamjar 1901.
9) *Kunstler-Monographien von Knackfuss*, XXXVIII, Schinkel.
10) Dr. Th. Lessing, *Theater-Seele*, Berlin, Verlag von Priber und Lammers, 1907.
11) Houston Stewart Chamberlain, *Richard Wagner*, München, F. Bruckmann, 4. Auflage, 1907.
12) Maurice Denis, *Aristide Maillol, Kunst und Kunstler*, Almanach, Berlin, Verlag Bruno Cassirer, 1909.
13) Wolfgang Golther, *Tristan und Isolde*, Leipzig, Verlag von S. Hirzei, 1907.
14) G. Craig, *The art of the theatre*.
15) Max. Littmann, *Das Miinchener Kunstlertheater*, Verlag L. Werner, 1908.

NOTAS DA PRIMEIRA PARTE

CONTRIBUIÇÃO À MONTAGEM DE *TRISTÃO E ISOLDA* NO TEATRO MARIÍNSKI

[1] "Sobre a montagem de *Tristão e Isolda* no Teatro Mariínski em 30 de outubro de 1909" foi publicado primeiramente nos *Anais dos Teatros Imperiais*, São Petersburgo, 5. ed., pp. 12-35, 1909. (N.R.R.)

[2] A citação é do primeiro capítulo do tratado de L.N. Tolstói, "O que é a arte". (N.R.R.)

[3] Fiódor Ivánovich Chaliápin (1873-1938): Cantor de ópera (baixo grave) e o primeiro a receber em 1918 o título de Artista Popular da República. Filho de camponeses, chegou a ser solista dos teatros Bolshói e Mariínski, em épocas diferentes. De 1918 a 1921 foi nomeado diretor artístico do teatro Mariínski. Ficou famoso pela reputação de ser um artista com uma "musicalidade nata, capacidades vocais maravilhosas e um incomum talento para a atuação". (N.T.)

[4] Tem-se em mente o artigo de Aleksándr Benois, "Conversa sobre o teatro", na coletânea *Teatro. Livro sobre o novo teatro*, Petersburgo, Ed. Shipôvnik, 1908, p. 108. (N.R.R.)

[5] Ópera do italiano Arrigo Boito, *Mefistófeles*, na qual Chaliápin desempenhou brilhantemente o papel principal. (N.R.R.)

[6] Drama musical, ópera. (N.R.R.)

[7] O teórico do teatro sueco Adolf Appia trabalhou muito sobre as questões da cenografia e da música em cena. Seu livro em alemão *Die Musik und die Inszenierung* [A música e a encenação] foi publicado em Munique em 1899. (N.R.R.)

[8] Paráfrase de uma das réplicas de Treplev do primeiro ato de *A gaivota*. (N.R.R.)

[9] Em francês no original: "dependentes". (N.T.)

[10] Em alemão no original: "que faz visíveis os elementos da Música". (N.T.)

[11] Comunidade (grego antigo). (N.R.R.)

[12] Em alemão no original: "gênero específico de forma ética da comunidade". (N.T.)

[13] T. Lessing. *A alma do teatro*, "Estudo sobre a estética cênica e a arte do ator" (alemão). (N.R.R.)

[14] Em alemão no original: "o ventre que pare a ação". (N.T.)

[15] Em francês no original: "de frente". (N.T.)

[16] Em alemão no original: "plano de fundo". (N.T.)

[17] Em alemão no original: "estado de humor". (N.T.)

[18] R. Wagner pensava em criar um teatro de novo tipo — o teatro como festividade ou como "Casa das representações solenes". Tal teatro, liberto dos condicionamentos do palco tradicional, foi construído em Bayreuth (Bavária) para as apresentações das óperas de Wagner. Foi aberto em 1876. (N.R.R.)

[19] O Kunstlertheater de Munique (Teatro de Arte ou Teatro dos Artistas) foi organizado em 1908 por Georg Fuchs, junto com os artistas que à epoca se pronunciavam contra o palco-caixa, contra o naturalismo e contra os princípios do ilusionismo ótico. Esse teatro reformou a construção do palco e da plateia. No entanto, o Teatro de Munique acabou se distanciando da literatura e sua reforma se limitou apenas às questões cênicas. O livro de Fuchs, dedicado a esse teatro (e Meyerhold o cita ainda mais adiante) foi publicado em tradução russa em 1911 (Georg Fuchs, *A revolução do teatro. História do Teatro de Arte de Munique*, Petersburgo, Ed. Griadúshi Dên). (N.R.R.)

[20] Daqui em diante tem-se em conta o livro de A. Lieschtenberge *Richard Wagner como poeta e pensador*, Moscou, Ed. Tvórcheskaia Mísl, 1905. (N.R.R.)

[21] Pierre Puvis de Chavannes (1824-1898): pintor francês e cofundador da Societé Nationale des Beaux-Arts. (N.T.)

[22] Maurice Denis (1870-1943): pintor e escritor francês, simbolista e, mais tarde, membro do movimento Les Nabis. Deu importante contribuição teórica para o nascimento do cubismo, do fauvismo e da arte abstrata. (N.T.)

[23] Aristide Maillol (1861-1944): escultor e pintor catalão que tem como foco de suas escultura a forma feminina, através de uma abordagem clássica das formas estáveis. (N.T.)

[24] Jean-Auguste Dominique Ingres (1780-1867): pintor neoclássico francês, famoso por sua defesa militante do ortodoxismo clássico contra o jovem romantismo. (N.T.)

[25] Arnold Böcklin (1827-1901): pintor sueco, considerado um dos dois maiores representantes do simbolismo nas artes plásticas europeias do século XIX. (N.T.)

[26] Em alemão no original: "apresentação solene". (N.T.)

[27] Em alemão no original: "banco florido". (N.T.)

.SEGUNDA PARTE

DO DIÁRIO DO AUTOR (1907-1912)

I. MAX REINHARDT
(BERLINER KAMMERSPIELE, 1907)

Max Reinhardt, construtor dos espetáculos "de câmara", tem tentado mudar a técnica cênica que se encontra fortemente instaurada. No entanto, na época em que Reinhardt montou em seu teatro *Pelléas e Mélisande* de Maeterlinck, ainda não era possível dizer que a alma de suas ideias como diretor era reformadora. Escrevia-se sobre esse espetáculo: "A cenografia era realmente grandiosa, feita por uma série de quadros artisticamente acabados, nos quais o mar e o céu, as escarpas e a floresta criavam uma *completa ilusão de vida*. A clareira da floresta, por exemplo, não se constituía de duas ou três árvores no proscênio e de uma tela pintada em perspectiva ao fundo, mas de uma fileira inteira de troncos de tamanho real e de comprimento proporcional à altura do palco" e assim por diante.[*] E assim era. Reinhardt realmente se preocupava com a ilusão de vida, e com o real em cena, não obstante os berlinenses dizerem que ele lutava contra o naturalismo em cena e se utilizava em suas montagens de recursos do convencionamento.

Pelléas foi montado por Reinhardt há cinco anos, época em que produziu a necessidade de realizar um salto ao trágico ritmo do plástico de *Pelléas*, em relação às "paródias" cômicas (*Shall und Rauch*[1]) de autoria própria que haviam dado início às atividades independentes de Reinhardt como diretor e empresário. Depois de *Pelléas* viriam: *Beatriz, Salomé,*

---

[*] Correspondência da senhora Max-Leigh, "Revisão dos teatros berlinenses". [Revista *Pravda*, n. 3, pp. 286-300, maio 1904. (N.R.R.)]

Sonho de uma noite de verão, *Premonição*, *A comédia dos erros*, *Hedda Gabler*, *Conto de inverno*... E se não levarmos em conta as tentativas de montar peças shakespearianas "nos panos",[2] Reinhardt ainda não rompera com as formas grosseiras da velha técnica naturalista do teatro de Brahm (antigo Deutsches Theater) e possuía apenas vagas ideias sobre os recursos da técnica convencionada. E mesmo quando chamou, para ajudá-lo, o artista Louis Conrinth, o escultor Max Kruse e, em uma palavra, todo o seu *Beirat*,[3] seu teatro introduziu apenas corretivos aos antigos recursos da técnica de direção.

Mas então vêm as montagens de *O despertar da primavera*, de Wedekind, e *Aglavaine e Sélysette*, de Maeterlinck, e parece que Reinhardt sabe concretamente o que é de fato o "teatro de convenção".

A expressão "Teatro de Convenção" deve ser utilizada de forma completamente diferente de quando se diz "teatro antigo", "teatro dos mistérios medievais", "teatro renascentista", "teatro de Shakespeare", "teatro de Molière", "teatro de Wagner", "teatro de Tchékhov", "teatro de Maeterlinck" e "teatro de Ibsen". Todas essas nomeações, a começar pelo "teatro antigo" e terminando no "teatro de Ibsen", encerram um entendimento que abraça o estilo literário das obras dramáticas em ligação com o entendimento de cada progenitor de determinada época teatral, a essência do trágico e do cômico, as tarefas do teatro e assim por diante. O nome "teatro de convenção" define em si apenas uma técnica de montagem cênica. Qualquer um dos teatros citados pode ser construído segundo as leis da técnica das convenções, tornando-se, então, esse teatro um "teatro de convenção"; porém, se qualquer um desses teatros for construído segundo as leis da técnica naturalista, então será transformado em "teatro naturalista".

Entre nós se costuma, ao dizer "teatro naturalista", assumir imediatamente uma literatura corriqueira e tendenciosa; e ao dizer "teatro de convenção", certamente costuma-se lembrar Maeterlinck e o drama simbolista. Mas será que o "teatro naturalista", ao montar em seus palcos, pelo método de seu diretor, *Os cegos* de Maeterlinck, ou qualquer outro drama simbolista que seja, deixa de ser "naturalista" e se torna "de convenção"? Ou não seria o "teatro de convenção" aquele que, apresentando Wedekind junto a Maeterlinck e Leonid Andréev junto a Sófocles, encena tais peças através do método da técnica convencionalizada?

Os teatros do tempo de Shakespeare e os teatros da Grécia antiga nasceram "convencionalizados", e no entanto *Júlio César* e *Antígona* podem (ainda que não devam) ser montados "naturalmente", *meiningerianamente*. *O drama da vida* e *Hedda Gabler*, possuindo única e perfeitamente dados para serem tratados a partir dos dois pontos de vista como peças cotidianas ou não cotidianas, podem ser montados tanto convencionada como não convencionadamente. Aquele que lute contra o teatro naturalista deve aceitar a técnica das convenções, assim como, inversamente, a técnica das convenções será inútil àquele que defenda os recursos da escola naturalista para apresentações cênicas.

E qualquer que venha a ser o Teatro do Futuro em relação ao seu repertório; quer faça renascer a tragédia antiga (como nos planos de Viachesláv Ivánov), quer tome para si o ápice do neorrealismo de K. Hamsun, F. Wedekind, V. Briússov, L. Andréev e A. Blók —, qualquer que venha a ser o Teatro do Futuro, estará colocada à parte a questão do método da técnica cênica nas encenações de suas peças.

Se reconhecermos que como método verdadeiro deve-se encarar aquele que possa satisfazer às necessidades arquite-tônicas de peças dos diferentes estilos, começando pelas antigas e indo até as ibsenianas, então o método das convenções, sem sombra de dúvida, vence os recursos naturalistas.

O método das convenções põe no teatro um quarto criador — depois do autor, do ator e do diretor —: o espectador. O teatro de convenção cria uma encenação tal que o espectador, com sua imaginação, vem a *completar artisticamente* os desenhos das *sugestões* fornecidas pelo palco.

E o teatro de convenção é tal que o espectador "nem por um minuto se esquece de que diante de si estão atores que *atuam*; os atores, de que diante de si há uma plateia, sob seus pés, palco e pelas laterais, decoração. Como num quadro: olhando, nem por um minuto se esquece de que se olha para tinta, tela, pincel, mas ainda assim obtém-se uma sensação superior e iluminada de vida. E frequentemente é assim: quanto mais *quadro*, mais forte a sensação de *vida*".[*]

* * *

Max Reinhardt fez uma tentativa corajosa ao montar Maeterlinck de forma completamente convencionada até o fim.

É possível que Reinhardt tenha chegado ao recurso utilizado na montagem do *Aglavaine* maeterlinckiano sem nem mesmo saber das experiências interessantíssimas feitas nesse campo em um palco inglês. É possível que Reinhardt não tenha lido o curioso livro sobre a técnica de direção do reformador cênico inglês — já que ao assistir aos espetáculos "de câmara" de *Aglavaine*, lembramos apenas involuntariamente de Gordon Craig.[**] Não pelo fato de que *Aglavaine*, talvez tenha acidentalmente montado craigianamente "nos panos" — mas pelo fato de que, nas montagens convencionadas, os mais pavorosos são precisamente os erros nos quais incidiu Reinhardt.

O diretor não domina o desenho.

[*] L. Andréev.

[**] Gordon Craig é um jovem cenógrafo-decorador inglês. Ele nasceu e cresceu no teatro. Filho de uma das mais famosas atrizes inglesas, Ellen Terry, é ator, pupilo de Henry Irving, e trabalhou em sua trupe. Craig observou como o grande diretor Irving fundou sua fama sobre os truques advindos de princípios temporários e instáveis, fáceis de serem passados para trás. Via como algumas materializações cênicas tornavam-se inalcançáveis para Irving de tal ponto de vista, e observava que ele não queria seguir os conselhos e as ideias de Craig apenas por mesquinharia, por não querer dar o braço a torcer com sua fama. E então G. Craig deixa o palco de Irving, escolhe uma trupe para si e vai para a província. Depois deixa a atuação, torna-se diretor e, mais importante ainda, torna-se, como diretor, cenógrafo-decorador. Voltando para Londres, começa a construir apresentações segundo o método descrito no livro de sua autoria *The Art of Theatre* (*A arte do teatro*, red.).

Isso significa que não é capaz de criar linhas e ângulos válidos artisticamente para as figuras animadas (não as marcações, as *mise en scènes*) em ligação com as linhas e os ângulos da concepção conceitual geral, significa que não consegue lidar com os movimentos das figuras animadas em ligação com os segredos da estaticidade, e não sabe que a mudança frequente das agrupações, antes "necessária" quando reinava o princípio da riqueza dos "lugares planejados" (e por eles movimentavam-se os atores em razão da diversidade das impressões visuais simples), agora é reconhecida como artisticamente sem tato, especialmente pelo fato de que as frequentes "transições" dos personagens são criadas pelas próprias agrupações curiosas, e não em nome da imprescindibilidade plástica de um ou de outro momento psicológico.

Doravante pode ser proposto, para a distribuição de pessoas no palco, o método da simplificação (ligado ao primitivo painel decorativo, como fundo) ou ainda o método "escultural" ("sem decoração", como em *A vida de um homem* em minha encenação). A decoração desenhada condicionalmente ainda não significa uma cena convencionada. A agrupação dos personagens deve consistir em maior trabalho para os diretores da cena convencionada. Nisso, é claro, devem ajudar aos diretores em grande medida os próprios atores, dos quais o tato plástico passa a ser então mais e mais requerido.

Reinhardt realizou uma experiência muito corajosa ao substituir as decorações desenhadas por simples "panos" e tules monotônicos (*intérieur* e *extérieur*, respectivamente). No entanto, é terrível quando no palco sopram os reconhecíveis motivos das revistas "modernistas" como *Die Kunst*, *The Studio*, *Jugend*.[4] É bem apavorante que a *art nouveau* e o *modern style*, que atualmente estão em todos os lugares — em bengalas, casas, nas confeitarias e em cartazes —, vazem para a cena, ainda que sob as formas mais nobres.

A primeira das três decorações em *Aglavaine* é um "tecido" que substitui paredes e teto, portas e janelas. Mas estes se encontram pendurados como os panos "drapeados" de um fotógrafo iniciante que fotografa decadentemente sobre tal fundo pessoas em vestidos *modernes*.

Sem se apropriar do desenho, sem saber que os "tecidos" devem ser pendurados de tal forma que o espectador possa imediatamente esquecê-los, Reinhardt agrupa as pessoas ao gosto de um fotógrafo, e não de um pintor, enfastiada e frequentemente mudando-as, como se o movimento externo capacitasse o movimento interno. Assim, em sua montagem as pessoas se movimentam da mesma forma como no teatro naturalista se movimentam pelos quartos e paisagens verdadeiros.

Passarei ao largo do aspecto da dicção do espetáculo, que pertence aos domínios dos atores, mas não posso sem horror lembrar os movimentos levemente atormentados de Sélysette, do sorriso às lágrimas, exatamente como supostamente deveria acontecer no papel de Kate em *Os solitários*; Meleandre, gesticulando com as mãos como todos os neurastênicos provincianos das peças de Przybyszewski; Aglavaine em figurinos decadentes, posando contra o fundo dos "tecidos", como se desenha nos cartazes "decadentes".

No lugar de uma floresta desenhada, Reinhardt dispõe apenas de uma série de tules, arranjados de tal forma que toda a composição denota ser isso o *extérieur*. No meio, através de um arco cortado nesses mesmos tules é visível o céu, que muda suas cores em consonância com o andar da tragédia (recurso japonês).

Há uma Torre muito boa no que diz respeito à sua concepção e realização (não sob todos os aspectos, principalmente no tocante à iluminação). Se Reinhardt tivesse se utilizado desse plano num desenho correto, distribuindo sobre ele figuras, teríamos um acontecimento gigantesco na área das descobertas de novas formas cênicas. Descrever tal decoração é impossível. Aí reside todo o segredo: nas linhas e na simplicidade incomum dos meios expressivos.

A simplicidade sublime é a tarefa para o diretor do teatro convencionado.

O "modernismo" barato no estilo dos figurinos, das agrupações, nos motivos decorativos e na maneira decorativa é um perigo. E um verdadeiro mar de dificuldades.

Como alcançar a unidade de ideias decorativas em todos os atos, a unidade no método do desenho decorativo e na maneira de distribuição das figuras, a harmonia do colorido da decoração e dos figurinos, a estampagem fria das palavras não inclinadas à vibração das vozes choronas dos atores e o temor místico nessa estampagem através de acentuações místicas e muito, muito mais daquilo que nem sequer passou pela cabeça de Reinhardt!

II. EDWARD GORDON CRAIG (1909)[5]

E.G. Craig é um ator de puro-sangue.

Sua mãe foi uma das mais famosas atrizes inglesas, Ellen Terry. Sobre seu pai[6] lembra Max Osbourne, dizendo que era muito próximo do teatro e o fascinava a ideia de reformar a arte da encenação. E.G. Craig era inicialmente um ensaísta, depois intérprete de pequenos papéis no teatro de Henry Irving, famoso crítico teatral e ainda mais famoso ator. Por fim, Craig se tornou o diretor de uma trupe itinerante, junto à qual viajou pela província durante nove anos.

E.G. Craig não é apenas um ator, mas também um decorador nato.

Quando Craig, depois de suas andanças pela província, é apresentado ao pintor Nicholson, famoso por seu trabalho com madeira, a Pride, que juntamente com Nicholson criou uma série de cartazes para pedra litográfica, quando entra para o círculo de jovens artistas New English Art Club,[7] ao qual pertencia também Berdsley, essa inclinação para a pintura, que dominava Craig desde a infância, toma seu ser de forma que o ator Craig decide servir ao teatro por outros meios.

Colocando todas as suas habilidades a serviço da pintura, Craig deseja se tornar decorador não apenas para trabalhar com pincéis e tintas. Ele pensa que apenas aquele que junte em si autor,* diretor, pintor e músico poderá criar em cena a harmonia de linhas e tintas, a rigidez de proporção, de partes — apenas assim poderá coletivamente reunir os criadores em cena à todo-poderosa lei do ritmo.

É notável que já no primeiro ano do novo século E.G. Craig tenha abandonado a chamada ao teatro naturalista — em 1900 ele encena *Didone*, de Henry Persell, compositor inglês do século XVII, e, depois, a peça de Ibsen *Heróis nórdicos*, de maneira que esse jovem inglês pela primeira vez coloca a marca da primeira etapa no novo caminho do Teatro.

Nossos cronistas teatrais não comunicavam a tempo sobre tal fenômeno significantíssimo para as novas experiências cênicas de Craig. (É verdade, se assume que o movimento revolucionário teatral na Rússia tenha surgido dessa vez livremente, sem influência ocidental, já que não se conhecia o livro de Craig** no Teatro-Estúdio,*** por exemplo; também livre da influência das ideias craigianas é a experiência de N.I. Vashkevich, em Moscou, com as decorações musicais de N.N. Sapúnov e S.I. Sudêikin). Nossos vizinhos alemães ajudaram aos que se interessavam e aos que não se interessavam pelos destinos do novo teatro a conhecer os novos recursos de encenação de E.G. Craig. Mas foi preciso que aparecesse o teatro de Reinhardt para que, depois dos sucessos de seus "espetáculos de câmara", se chegasse ao nome de Edward Gordon. Durante a temporada de 1904 e 1905 assistimos a Craig em Berlim. Aqui ele assina as decorações da peça de Hofmannsthal no Lessing Theater, e, mais importante, expõe uma série de desenhos, esboços de decorações e rascunhos em "Kunst und Kunstgewerbe-Etablissement",[8] com seu livro *The art of theatre*, alcançando em curto tempo a segunda edição em tradução alemã.

---

* Craig montou *Masques* [Máscaras] — uma mistura de pantomima, balé e *féerie* —, uma peça segundo as formas das peças do tempo dos Tudor.

** *The art of the theatre*.

*** Moscou, 1905.

E aí está uma curiosidade: em Berlim, E.G. Craig fica ao lado de Otto Brahm — que engraçado! —, ao lado do chefe do movimento naturalista alemão. Na verdade, Brahm tinha sob sua responsabilidade a corredação da revista *Palco Livre*, com H. Barr, que colocara pela primeira vez em moda as palavrinhas *décadence* e *fin de siècle*[9] (e dele Brahm pôde conhecer algo sobre o simbolismo). Ainda sobre Brahm, por ter ficado tanto tempo na direção do *Palco Livre*, que através de A. Holz e I. Schlaff — os mais zelosos imitadores de Émile Zola — se empenhava em cultivar a árvore da arte contemporânea a partir das raízes do naturalismo, pode ser considerado o último homem, para aqueles jovens, do meio do quais surgiram reformadores da cena como E.G. Craig, M. Reinhardt e G. Fuchs.

Àquele que leia Craig deseja-se advertir sobre os erros de entender o livro colocando Craig *contra o ator em cena*, em função das marionetes. Craig, vendo que o grandioso diretor Irving fundara sua fama nos efeitos incertos, deixa sua trupe. O teatro de Irving é o teatro de um inglês de aspecto americano. Aquilo que Knut Hamsun escreve sobre o teatro americano[*] poderia ser uma resenha sobre os espetáculos de Irving. E que compatibilidade tem essa resenha com Craig!

"A decoração na cena americana tem tamanho significado que sobre ela se imprime em letras garrafais nos anúncios e cartazes; e a isso se chama 'montagem real'... Assim como a decoração nos palcos americanos possui tamanho significado, e tendo em vista que a técnica alcançou a mais completa perfeição com os americanos, deveríamos esperar que em termos de decoração eles nos pudessem apresentar alguma espécie de milagre sobre o qual nunca se ouviu falar. Mas não é nem um pouco assim. Eles possuem muito pouca intuição artística para conseguir trazer à harmonia os efeitos exteriores diferentes da montagem com o conteúdo das peças; falta-lhes mesmo gosto (de harmonizar entre si as diferentes partes da

---

[*] "A vida espiritual da América", *Obras escolhidas*. Petersburgo, Shipôvnik, 1909.

decoração). No melhor palco de Nova York assisti a uma peça de situação, verdadeiro triunfo da arte decorativa. Existiam escarpas em nada piores do que as que vi na Noruega, uma floresta de cartão, animais de cartão, pássaros de cartão, um elefante de cartão — não mais pesado do que uma mola de relógio. E todo esse mundo de cartão era iluminado por um verdadeiro sol, real milagre da técnica americana. Ele transmitia completamente a força da luz do sol americano e fazia que o espectador se esquecesse de onde se encontrava: transmitia as lentas mudanças de cor dos entardeceres com uma naturalidade enganadora... E era esse mesmo sol que batia sobre a paisagem de cartão, nas montanhas e rios que tremiam e ondulavam ao menor golpe nas coxias. Uma contradição antagônica! A paisagem era completamente sem vida; o único ser nela vivo além do sol era um homem." "A única coisa que falta ao teatro americano é a alma da arte", escreve K. Hamsun.

"A única coisa que falta ao teatro inglês é a alma da arte", disse possivelmente Craig, ao deixar de vez sua pátria. E penso que o Craig-pintor, ao deparar com os "atores-senhores", fala não sobre o Irving-Hamlet, mas sobre Irving-empresário e diretor.[*]

"Um diretor-pintor, mesmo que seja multidisciplinarmente educado, não é necessário no teatro da forma como não é necessário no hospital o carrasco!"

III (1908)

O teatro, no curso de três anos (1905-1908), teve de fazer aquilo que a literatura fez em uma década. E mesmo que a

---

[*] E.G. Craig, "Etwas fiber den Regisseur und die Bfihnen-Ausstattung", *Deutsche Kunst und Dekoration*, jul. 1904-5. Ou a minha tradução "Algumas palavras sobre a direção e as montagens cênicas", *Revista da Sociedade Artístico-Literária*, Petersburgo, n. 9, 1909-1910 (Craig não incluiu esta nota em seu último livro, *A arte do teatro*, publicado por N.I. Vutkóvskaia. Na revista [de 1909-1910] cito a minha tradução para outra interessante nota de Craig, "Para a conjuntura teatral").

literatura tenha mais uma vez saído à frente, sem que o teatro pudesse mais alcançá-la, é claro, o teatro atualmente se encontra mais próximo da literatura das novas ideias do que estava três anos atrás.

É ainda muito cedo para entender o tamanho do papel que a propaganda das novas ideias teatrais jogou nos destinos do teatro contemporâneo, mas estou certo de que o caminho das reformas posteriores será escolhido sem suficiente cautela se não se souber propriamente o que representam em si os teatros dos dias atuais e em que podem eles se transformar na presença das forças *atorais* contemporâneas. Por melhores que sejam as intenções dos diretores-cenógrafos e dos decoradores-escultores, se estes, passando ao trabalho, não reconhecerem os agrupamentos das forças atorais que, em minha opinião, claramente se destacaram no tempo das pesquisas, não farão nada além de estuprar a individualidade dos atores, perpetuando a dissonância que reina no teatro dos últimos anos. Considerando que o teatro dos dias de hoje já chegou mais perto do novo drama, mais fortemente ainda se destacaram os caminhos pelos quais é possível e necessário que o teatro siga para que se mantenha em equilíbrio harmônico.

Três elementos se destacaram claramente no topo do turbilhão borbulhante das reformas teatrais depois das experiências do Teatro-Estúdio: 1) os portadores do passado, 2) as figuras cênicas contemporâneas e 3) os iniciadores do futuro.

Tanto os portadores do passado quanto os contemporâneos (e a única intersecção que farei será entre esses dois grupos) são elementos do "grande teatro". Assim chamamos o teatro para o grande público. As concepções e a maneira de interpretação desses dois grupos é tal que já é hora de as novas pessoas (os iniciadores do futuro) entenderem que não há lugar num único templo para duas castas esfomeadas, pertencentes a diferentes seitas!

Estou certo de que, a partir de agora, o iniciador do Teatro do Futuro não pegará mais em picaretas para quebrar o teatro contemporâneo, nem em partes e nem no todo. Deveria estar já há séculos consagrada a expressão "não despejar vinho novo em garrafas velhas". Não contradiria essa sábia expressão a quebra do teatro em partes? E não seria a demolição total o maior crime em relação à antiguidade, à linda sobrevivência com a qual devemos nos relacionar com tão grande cuidado? O iniciador do futuro deve sagradamente saber que é grosseiro afogar os acordes do outono dourado com o convulso alarido da primavera.

Novos sumos na terra fresca e cheirosa. O novo homem não começará a cultivar suas couves nos "grandes teatros". São nas "hortas" ("estúdios") que nascerão as novas ideias. Daí sairão os novos homens. A experiência mostrou que o "grande teatro" não pode se tornar um teatro de pesquisa, e as tentativas de encaixar sob um só teto um teatro completo para o público e um teatro-estúdio se mostraram um verdadeiro fiasco.

É chegada a hora: os estúdios devem viver sua vida por conta própria, independentemente, começando seu trabalho sem estar anexados a um teatro, mas revelando novas escolas, das quais brotarão os novos teatros.

As formas que terá o Teatro Futuro serão definidas, dependendo dos dons dos representantes das escolas nascentes, de suas ideias, maneiras, reveladas em experiências artísticas. Pode ser que se fale "o teatro de tal escola" como se fala "a pintura de tal escola".

Deixo em aberto, ainda a ser adivinhado, o rosto do Teatro Futuro, falando apenas dos representantes do passado e dos contemporâneos.

Da mesma forma que é perigoso no plano teórico, ao falar do Teatro do Futuro, escrever apenas sobre o teatro-utopia, é perigoso deixar o teatro atual numa condição em que todos lhe acenem com os braços, se toda a energia das novas pessoas for direcionada somente para a criação de teatros-estúdios.

Se o teatro contemporâneo não morre, significa que há nele algum elixir da vida. Mate-o, se já não trouxer esperanças; faça-o viver, se for viável.

Gostaria de mostrar o erro crasso que cometem os teatros contemporâneos ao não conhecer as suas próprias forças. Nisso, penso, jaz o motivo da desordem que espanta o espectador do teatro contemporâneo e o colapso que reina nos bastidores.

* * *

Todo um exército de nomes brilhantes.[*] Grandes talentos educados em Ostróvski, nas tragédias dos clássicos, nas peças de caráter e no *páthos* romântico. Cada simples aparição desses veteranos da cena no repertório dos tempos há muito idos causa verdadeiro furor nos espectadores. A fascinação por esses ecos do passado é a todos cara, ninguém deseja que esses antiquíssimos atores troquem suas máscaras rachadas pelo tempo por outras, novas. Apenas o rosto da antiguidade se deixa arrebatar pelo brilhantismo de talento dos velhos atores. Qualquer apresentação em outro repertório a eles estranho ofende sua bela harmonia. Tais "portadores do passado", essa antiguidade, são tão belos em sua sobrevivência que qualquer inclinação aos elementos da nova vida quebra a harmonia do outono dourado.

Em vez de levar em conta o caráter das forças criativas desse grupo, sabendo que seu poderoso núcleo está apenas naquilo que se chama de repertório "clássico"; em vez de isolar a antiguidade pelo repertório e por sua peculiar encenação, em vez de salvar todo o "teatro velho" (e eu o chamaria de "antigo") em sua unidade harmônica, esse "teatro antigo", afastando-se de sua única tarefa — a contínua ressurreição da antiguidade —, por algum motivo inunda-se do ensopado dos modernos dramaturgos-cotidianistas ou com peças modernistas ao gosto de Przybyszewski.

---

[*] Uma das "Cartas sobre o teatro" na *Zolotoe Runô* (n. 7, 1908) começava da seguinte forma esse parágrafo: *Os Grandes Teatros. Os Teatros Imperiais nas capitais.*

Enquanto estão vivos os representantes da antiguidade, o teatro onde representam deve viver deles (e não pode não viver deles). O repertório deve se apoiar apenas nas peças que encontrem uma resposta nos corações dos velhinhos. O velho teatro russo ama Shakespeare, Schiller e Goethe, mas seu maior centro de gravitação se dá, é claro, no entorno de Ostróvski, Griboêdov e Gógol.

Seria, contudo, errôneo pensar que toda a questão está no repertório quando se fala da imprescindibilidade dos velhinhos em manter o repertório por eles desejado. A questão de "o que" interpretar não pode, em nossos dias, não levantar consigo a questão de "como" encenar.

Os reformadores do teatro contemporâneo fizeram do lado pitoresco do espetáculo um dos centros de sua atenção. Pensa-se ser completamente significativo o papel dos pontos de cor, o jogo da relação entre as linhas, a expressividade dos agrupamentos. A ideia da obra pode ser dada não apenas pelo diálogo entre as imagens habilmente criadas pelos atores, mas também pelo ritmo de todo o quadro, posto em cena em cores pelo decorador, e do diretor que define a distribuição de praticáveis, o desenho dos movimentos, a relação entre os agrupamentos.

Em se tratando da imprescindibilidade de salvar as velhas máscaras dos velhos atores, não se pode, claro, conciliar com a salvação das velhas encenações.

E, então, os interesses dos atores antigos facilmente se fundem com as tarefas dos novos artistas.

O inspetor geral, *A desgraça de se ter espírito*, *O baile de máscaras*, *Hamlet* e *A tempestade* nunca foram apresentadas nas luzes de suas próprias épocas (não me refiro aqui ao sentido da reconstrução de detalhes etnológicos, das montagens "arqueológicas"); essas peças nem uma vez se apresentaram a nós na beleza das reflexões que despertam pela simples menção de seus títulos. Que área para o "grande teatro"!

Os famosíssimos atores fenomenais do antigo teatro russo contêm em si os modelos dos repertórios de Gógol,

Griboêdov, Ostróvski, Shakespeare e Goethe. Na Rússia há uma verdadeira fileira de cenógrafos-decoradores que sabem sutil e amorosamente reproduzir o aconchego das velhas casas e o encanto dos jardins abandonados. Existem tentativas de iluminar de maneira nova as obras que tenham conseguido se desvencilhar do padrão das opiniões que se aplicava a elas; dessa forma, Merezhkóvski, em um emotivo artigo chamado "Gógol e o Diabo", entrega nas mãos dos atores uma característica bem original das imagens de *O inspetor geral*, que poderia facilmente levar os velhos a fazer correções no tratado dos personagens gogolianos.

Por que é que não se podem fundir sob novas formas e num único acorde o nobre realismo dos atores antigos, a poeira grisalha das velhas casas, as decorações dos novos artistas e as linhas proféticas dos livros antigos, sob a influência do empurrão de formas cênicas ao gosto de Merezhkóvski?

E digo ainda: assim como são necessárias galerias de arte e museus, são necessários os teatros em estilo imperial, com seus veteranos da cena impregnados até a boca das tradições legadas por Mochálov, Shúiski, Shépkin e Karatíguin. E se um verdadeiro artista substituir por obras-primas todas essas maquetes de decorações desses decoradores-cenógrafozinhos sem gosto da velha escola (em que nós, mais de uma vez, pudemos ver representados Ostróvski, Griboêdov e Gógol), obras-primas condizentes com os caprichos e rococós dourados da plateia, com os relevos aveludados de poltronas e camarotes e, mais ainda, com esses ecos do passado na interpretação dos veteranos de palco, se esses magníficos talentos não se apresentassem na fervura do repertório contemporâneo — cotidiano ou em estilo moderno —, mas amorosa e incansavelmente representassem Ostróvski, Goethe e Shakespeare num estilo de decoração que lhes cabe, e ainda assim com a nova profundidade do realismo, com que novas cores não brilharia o "grande teatro"!

Eu chamaria a esse teatro de "*Écho du temps passé*".[10] Sua tarefa fundamental é o contínuo renascimento da Antiguidade.

Não se trata de um "teatro antigo" no sentido da interpretação de peças antigas da forma como eram interpretadas nos bons e velhos tempos. E também não se trata do teatro em que se transformaria se interpretasse como o Teatro de Arte de Moscou interpretou *A desgraça de se ter espírito*, atulhando o palco com móveis e acessórios "de antigamente" (em que a tarefa do cenógrafo era a tarefa de um arqueólogo). Trata-se do teatro que passará a linha da sucessão, desde o teatro da Antiguidade clássica e dos mistérios medievais, passando por Shakespeare, Calderón, Molière, para o teatro russo dos anos 1830 com Gógol à frente, e assim por diante, dele à contemporaneidade. Trata-se do realismo que, sem fugir da cotidianidade, trata de superá-la, uma vez que busca apenas o símbolo das coisas e sua essência mística.[*]

---

[*] A escrita está incompleta. Em meu plano havia: após classificar os teatros existentes nas capitais, fazer uma descrição dos melhores teatros pertencentes aos dois grupos — os "grandes teatros" e os "teatros de pesquisa". Ao primeiro grupo relaciono o Teatro de Arte de Moscou, o chamado Teatro Suvôrinski de Petersburgo, o teatro de Korsha e Nezlôbin em Moscou. Ao segundo grupo adiciono: *O Dom Intermedii*, o *Stariny*, o *Vesêly*, *Lukomôrie* e *Krivôe Zêrkalo* (pelo fato de este último haver seguido num primeiro momento a linha do *Lukomôrie* e agora tenta às vezes escutar os comentários de N.N. Evrêinov, o que muito infelizmente dá lugar às experiências com o "monodrama"). O Teatro de V.F. Komissarjévskaia quis juntar o impossível: ser ao mesmo tempo um "teatro de pesquisa" (quando eu fui o diretor e, depois, com N.N. Evrêinov) e um teatro para o grande público. É aí que se deve procurar o motivo da morte precoce do Teatro de V.F. Komissarjévskaia. Stanislávski age sabiamente ao criar agora um laboratório de pesquisa fora das paredes do Teatro de Arte de Moscou. Obviamente ele percebeu finalmente que as tendências modernistas de seu "grande teatro" nunca foram capazes de mudar nada, em essência, nas bases bem estabelecidas do teatro sobrevivente.

V. Meyerhold, 1902.

IV. (1909)

Quando o povo, empenhado na construção da vida, deposita a força na base de suas ações, surge o problema: *A revolução e o teatro*. O Wagner do primeiro período[*11] tentara resolver esse problema teoricamente, mas, como penso, já o tinha resolvido havia muito a própria vida. Na França do século XVIII o teatro se convertera numa cátedra de pregações, deixando de ser a Casa da Arte. Por meio da cena os dramaturgos levavam ao público aquilo que não se podia comunicar nos livros, brochuras ou artigos periódicos, e apenas uma pequena e limitada minoria de escritores tentava lutar contra a tendência do debate cênico de ideias e de acontecimentos políticos.

Quando um país tenta cunhar o rosto de uma nova sociedade pela via da criação cultural pacífica, ergue-se diante de nós um outro problema: *O teatro como Festividade*. Então a Casa da Arte deixa de ser um meio e se torna um fim.

Se tanto as pesquisas religiosas dos poetas e filósofos russos contemporâneos quanto a persistência dos grupos sectários, a inclinação de dois ou três "desconhecidos" dos nossos dramaturgos "ao rico desabrochar do drama elevado com grandes paixões, ações de emergência e um profundo fluxo de ideias"[**] encontrarem acontecimentos significativos, então o "povo"[***] que romper para si o caminho da nova cultura através do grito (e não da dinamite) não precisará de um teatro que conspire na plateia, como se

---

[*] R. Wagner, *Die Kunst und die Revolution*. Gesammelte Schriften und Dichtungen, B. Ill (R. Linnemann, Leipzig, 1907, 4. Auflage).

[**] A. Blók, "Sobre o Teatro", *Zolotoe Runô*, n. 5, p. 55, 1908.

[***] Dois grupos sociais não chegam ao teatro contemporâneo: um porque ele lhe é inacessível financeiramente; o outro, porque recusa-se a ouvir e aceitar a pregação feita no palco. "Nicht Wissen, sondern *Geschmack*, nicht kritische Dialektik, sondern machtbewusstes *Handeln* sind die Maßstab unserer Lebensfiihrung" [Não o conhecimento, mas o gosto, não a dialética crítica, mas a ação cognitiva de nossas Forças é que são a medida do direcionamento de nossas vidas], diz esse grupo junto com G. Fuchs (*Revolution des Theaters*, bei G. Müller, München und Leipzig, 1909).

fazia no tempo em que esta se comportava quase como uma "reunião política organizada, tipo particular de câmara baixa, inclusive com um programa de ação definido".*

Ligar o destino da Casa da Arte aos destinos das preocupações sociais é tarefa para o historiador da cultura e da arte. Desejo apenas ressaltar que o traço característico da *crise* em nosso teatro é o de que o dramaturgo tem se tornado servidor da sociedade. A sociedade, atravessando momento de construção político-social, acostuma-se a olhar para o teatro não como um fim, mas como um meio: bem, não foi o teatro um meio de propaganda nos "dias de liberdade", e não o foi da mesma forma um meio de diversão nos dias da repressão política? A *intelligentsia* espera da cena, por costume, apenas dois padrões: ou a tendenciosidade ou a diversão. Os dramaturgos — que fale por mim um dos meus poetas favoritos — "caíram em nossos conceitos... desaprenderam de nos despertar... embotaram os sentimentos elevados na ação teatral e se afundaram numa psicologia sem saída" (A. Blók[12]). Caiu o teatro russo. Aquilo que em nossos dias se apresenta nos palcos, com pequenas exceções, não passa de antiarte, "literatura" pode até ser, mas não arte. Aparece um gênero específico de peças sobre o qual se diz: "drama literário". Como então não repetir a exclamação de Wagner: "Se fez possível o nunca antes ouvido: começaram-se a criar dramas para a leitura".

* * *

O dramaturgo e o público estão sempre em luta pela posição de influência. Quando ganha o público, a sociedade cultural de uma época — a Cidade possui o teatro que deseja.

---

* I. Ivánov, *O papel político do teatro francês em relação à filosofia do século XVIII*, Moscou, 1895.

A irmã Beatriz, de M. Maeterlinck. Segunda cena: V.F. Komissarjévskaia no papel de Beatriz. Teatro Dramático de V.F. Komissarjévskaia, 1906.

N.P. Uliánov. V. Meyerhold no papel de Pierrô, 1908.

A vida de um homem, de L.N. Andréev. Esboço do cenógrafo V.K. Kolenda segundo o plano de Meyerhold. Teatro Dramático de V.F. Komissarjévskaia, 1907.

Irving: N.N. Khodotov; Kareno: V. Meyerhold. *Aos portões do Imperador*, de K. Hamsun. Teatro Alexandrínski, 1908.

V. Meyerhold no papel de Lord Henry.
Filmagem de *O retrato de Dorian Gray*, baseado em Oscar Wilde, 1915.

Esboço de cenário para o espetáculo *Petrúshka*.
Cenógrafo: M.V. Dobuzhínski. Teatro Lukomôrie, 1908.

V. Meyerhold com os atores do espetáculo *Adoração da cruz*, de
Pedro Calderón de la Barca. Teatro-Torre, São Petersburgo, 1910.

Mas acontece também o contrário. E quando algum Wagner com sua energia gigante ganha da inércia do gosto público, surge o teatro de *Bayreuth*. É o que acontece em nossos dias, ao passo que o gênio de um indivíduo é agora substituído pelos esforços de toda uma geração. E apenas pelo fato de se haver sobreposto por décadas à cultura de Munique, graças à influência de artistas e poetas avançados, é que pôde surgir o *Kunstlertheater*, verdadeira Casa da Arte.

O que se passou entre nós? A "minoria cultural", agrupada ao redor das *Mir Iskusstva*, *Nôvy Put* (depois das *Voprôsy Zhizni* e *Fákel*), não educou as massas, não criou nela aspirações elevadas, e por isso, em essência, não possuímos teatro, teatro contemporâneo — nem um teatro de gosto refinado e nem um teatro de ações e paixões. Não foi o dramaturgo quem conquistou a posição de influência. Foi o público. E ele mesmo criou para si o seu teatro, ou melhor ainda, tantos teatros quanto há grupos sociais. E quando, dessa forma, o teatro se tornou afinado com seu público, o dramaturgo se fez servidor de seu amo. A literatura dramática contemporânea, imprescindivelmente examinada, é composta ou de *thèse*[13] ou de ruminação literária, ou mesmo dramas sociais com o objetivo de propaganda e agitação, de comédias escritas para fazer o espectador rir das curiosas posições dos personagens ou ainda de pesquisas psicopatológicas em forma dramática, de peças tão corriqueiras que beiram a etnografia. Nosso teatro é aquele de que se precisa na rua: retalhado e insosso como anúncios e cartazes.

Depois disso, existe alguma coisa de original no teatro russo contemporâneo? Não. Ele é todo uma costura de empréstimos. E esse internacionalismo não é a comunicação com a dramaturgia europeia, não é a aspiração à pan-humanidade. Esse internacionalismo é uma marmita carregada na cabeça pelas pessoas de todo o globo terrestre. E a carregamos todos, nós inclusive. Mas nas cabeças em que os mesquinhos traços nacionais ainda não tenham sido apagados, na típica cabeça russa, ainda é repulsiva uma marmita. São repulsivos todos esses dramas russos sob influência de Ibsen, Przybyszewski, Maeterlinck.

E mesmo no punhado de fenômenos independentes há muitas falhas: quando já acabava o tempo da vida russa criada por Tchékhov, aparecem dramaturgos que tentam escrever com os recursos de Tchékhov, sem entender que o tom tchekhoviano está inextricavelmente ligado às preocupações sociais dos anos 1880 e 1890, e que o teatro dos "estados de humor" para nós já é passado, e que podemos apreciar sua criação somente através de uma perspectiva histórica. Nós não possuímos um teatro verdadeiro, contemporâneo!

Três ou quatro vozes fizeram a tentativa de falar na língua da arte original, mas por enquanto não passam de um paradoxo audaz. Bem, ainda que estejam as obras desses dramaturgos longe da perfeição, seus dramas e comédias têm em vista o "Teatro como Festividade" e a "Casa das Artes", ou seja, aquele teatro atrás do qual deve ir o público e não aquele que se encontra cultivado pelo público. Abriu-se um precipício gigantesco entre esses "novos" e o público teatral.

"O público inteligente dos nossos dias" e o seu dramaturgo serviçal, dramaturgo este que foi acusado da obrigação de divertir o seu senhor, fazem parte de um fluxo. Aqueles dentre os atores, diretores, cenógrafos que, em união com os dramaturgos desconhecidos, tentam arrancar o teatro do espectador, que o pegou para cultivo, constituem outro fluxo. A crise do teatro russo é um redemoinho que se formou no lugar de encontro dessas duas correntezas.

Existe uma circunstância que fortalece ainda mais a crise: é a de que entre os nossos diretores, cenógrafos e atores ocorre uma luta por todos os problemas estéticos possíveis.

* * *

O teatro contemporâneo não possui um único público. Nosso teatro chegou ao último grau da diferenciação. Como se fosse uma enorme máquina, montada ao longo dos séculos, que de repente parou e foi desmontada, distribuindo-se as diferentes partes para diferentes consertos.

Mas, se a premonição não nos engana, chegará enfim o tempo em que o teatro novamente se fará de fragmentos em um inteiro! Somente com essa esperança, esperança de que nos atuais teatros diferenciados criaremos as bases do Teatro do Futuro, vale trabalhar no campo do teatro. Não saber isso significa ser lacaio do público, e só. Assim como um determinado mestre, trabalhando na criação de uma grande máquina, recebe do engenheiro todas as orientações e desenhos, assim é imprescindível a cada um dos teatros existentes saber que parte do Teatro do Futuro ele domina, que esfera do Teatro do Futuro ele aperfeiçoa. Apenas desse ponto de vista os palcos contemporâneos têm direito à existência. São as forjas nas quais se cunham as partes constitutivas de um futuro gigante — o Teatro de Todo o Povo.

V. (1910)

O teatro russo contemporâneo adquiriu sua fisionomia apenas no plano da técnica cênica. Foi encontrada uma nova chave para a encenação com o surgimento de novos diretores, e a nova geração de cenógrafos trouxe à cena motivos frescos para a pintura decorativa. É verdade que entre diretores e cenógrafos corre uma briga pela dominação da batuta de maestro. Essa briga, atualmente escondida e surda, cedo ou tarde se intensificará e abrirá novos horizontes para as funções de construção do novo teatro. No entanto, tal disputa se dá apenas em nome da técnica.

O espectador, a serviço do qual estão hoje em dia a estrada de ferro elétrica e o telégrafo sem fio, amanhã terá a seu serviço o avião, tão exaltado pelos entusiastas do cinema. Esse espectador deseja que Maeterlinck lhe seja levado com ajuda das mais novas e aperfeiçoadas tecnologias. A aparência do espetáculo chegou ao seu grau de diferenciação máxima. É preciso analisar a aspiração de uma grande parte do público de se alegrar nos teatrinhos criados à imagem dos cabarés e *Uberbrettles*[*] ocidentais, como uma reação contra as peças chato-entediantes dessa dramaturgia russa "contemporânea" que constrói suas peças à maneira de Hauptmann, Ibsen e Tchékhov. Os teatros alemão e escandinavo, assim como o teatro tchekhoviano dos "estados de humor", são o padrão incansavelmente repetido pelo dramaturgo contemporâneo, que enche de si toda a cena russa. A reação contra as peças não russas do repertório russo novamente reforça no espectador o gosto pelas peças do assim chamado repertório clássico. As duas aspirações do público: 1) a "diversão" nos teatrinhos tipo cabaré, e 2) a inextinguível fascinação pelo repertório clássico, que logo esmagará o "repertório contemporâneo".

A máxima diferenciação dos teatros íntimos é um fenômeno típico do momento de crise que, no caso, se encontra escancarada, quando se fala sobre o teatro russo. O teatro russo contemporâneo, delineando seu rosto no plano da técnica cênica, acaba ficando *sem peças* e as novas técnicas adquiridas pelas experiências dos diretores, testadas em *peças* do repertório clássico, fazem que esses construtores do novo teatro momentaneamente pareçam ser "sucata".

É na ausência de um repertório nacional (e apenas um verdadeiro repertório russo pode forjar a cara do novo teatro russo) que se pode encontrar o motivo da apatia do ator russo, que não participa em nada da construção do novo palco. A propósito, sua ação ativa nos negócios da nova construção poderia ajudar a tirar o teatro do círculo amaldiçoado da discórdia generalizada (num tempo em que a disputa entre os diretores e os cenógrafos está próxima da intensificação, a briga entre os atores e os diretores já se encontra intensa: os movimentos de ambos na direção da evolução da técnica cênica não acontecem em uníssono).

---

[*] *Uberbrettle* pode ser traduzido como superbar. Era como se chamavam os primeiros cabarés literários da Alemanha.

De onde surgirá o novo dramaturgo russo, único que poderá fácil e simplesmente tirar o teatro da situação de crise e colocá-lo no caminho da cura subsequente?

Por que não esperar que ele surja da mitogenia nacional?

VI. DRAMATURGOS RUSSOS

(experiência de classificação com proposição de um esquema do desenvolvimento do drama russo — 1911) [*]

O repertório é o coração de qualquer Teatro.

A verdade dessa constatação foi enfatizada pelo Século de Ouro dos Teatros da Espanha, Itália e França. O teatro dos séculos XVI e XVII se desenvolveu brilhantemente porque seu coração (repertório) bombeava sangue saudável.

O repertório em si já é o Teatro.

Conhecemos o teatro espanhol do século XVII porque ele nos deixou as peças de Tirso de Molina, Lope de Vega, Calderón e Cervantes.

Conhecemos o teatro francês do século XVII porque ele nos deixou a farta biblioteca de Molière.

Não me refiro apenas à força do talento dos referidos mestres da dramaturgia.

Mostra sua face o repertório, essa totalidade de peças unidas por um plano de ideias comum e recursos técnicos também comuns.

As peças do teatro espanhol estão até a essência impregnadas do sentimento natural da força nacional, frequentemente levantando as questões da honra, tanto nacional como individual. Os dramaturgos espanhóis do século XVII andam

---

[*] Esse rascunho foi escrito por mim como resultado da correspondência amigável com o observador inglês do teatro russo George Calderon sobre as novíssimas tendências nos teatros russo e inglês da atualidade. P.S.: Calderon foi quem traduziu maravilhosamente para o inglês duas das peças de A.P. Tchékhov, em *Two plays by Tchekhoff. The seagull. The cherry orchard.* Translated, with an introduction and notes, by George Calderon. London, Grant Richards, 1912. Sobre o teatro russo: "The Russian stage", de George Calderon, *The Quarterly Review*, n. 432, jul. 1912.

pari passu com o movimento religioso de seu povo. No teatro espanhol aparece originalmente a aspiração à libertação do indivíduo em relação à escolástica medieval.

Isso no plano das ideias.

No plano técnico, o repertório do teatro espanhol está unido numa única tarefa: concentrar rapidamente a ação que se desenvolve em *intriga*. Assim, uma ponta está firmemente amarrada ao centro da circunferência e a outra gira em seu entorno. Esse teatro aspira elevar-se às mais altas notas do *páthos* trágico, sem ter medo de quebrar a harmonia pela introdução do grotesco cômico, que se desenvolve até a extrema particularidade original da caricatura.

As peças do teatro francês estão ligadas por uma relação única ao indivíduo em luta por sua libertação do caminho da calcificação religiosa. Estão unidas também pelos humores progressivos gerais do pensamento filosófico. Isso no plano das ideias. No plano técnico, o teatro francês segue as tradições dos teatros espanhol e italiano.

* * *

Durante o reinado da czarina Anna Ioannovna,[14] o público russo teve a alegria de assistir a verdadeiras peças de *commedia dell'arte* executadas por maravilhosos atores italianos.[*]

Por meio da dramaturgia do século XVIII e do início do XIX, pode-se notar o quão fortemente se enraizou a linha de influência desses italianos que por aqui passaram. Kniajnin, por exemplo, utiliza-se dos enredos italianos. No entanto, os ecos mais altos das comédias italianas que foram apresentadas à corte de Anna Ioannovna até hoje ressoam nas feiras da Rússia central. As tradições da *commedia dell'arte*, que foram completamente rejeitadas pelo ator russo, firmemente se enraízam nas feiras do povo russo. E mesmo se Kniajnin não encontrar para si um sucessor, o tea-

---

[*] Entre os integrantes da trupe que se apresentou à corte de Anna Ioannovna estavam Constantini, Pedrillo, Casanova, Vulcani.

tro italiano não deixará de ter sua influência na futura sorte do teatro russo.

Traços da *commedia dell'arte* chegam até nós refletidos nos franceses e ingleses, tão fortemente ligados aos elementos do Teatro de Máscaras.

Mesmo que o teatro russo não tenha conhecido um florescimento como o que experimentaram os teatros do século XVII, ainda assim conheceu um período de levante significativo. Esses levantes sempre ocorreram quando os dramaturgos resolveram focalizar o retorno aos elementos do passado histórico e à repetição iluminada pela experiência secular como condição inevitável para o movimento progressivo.

O teatro russo do século XIX inscreve em seus anais três nomes gloriosos: um deles já alcançou o reconhecimento público — Gógol; o outro (no plano do teatro) foi ainda muito pouco descoberto — Púchkin; e o terceiro continua completamente desconhecido — Lérmontov.

Gógol estabelece a relação com o teatro francês do século XVII, trazendo instintivamente à comédia russa a natureza do humor e da mística peculiares de Molière.

Púchkin, pensando dramas, estuda com Shakespeare e, ao passar ao elogio de seu mestre, se apressa em dizer que não leu Calderón ou Vega. No entanto, quando começa a escrever seus dramas, vai para muito além de seu mestre no caminho do teatro tradicional, acabando por intuitivamente seguir os ensinamentos dos espanhóis.

Sempre houve, para os espanhóis, a aspiração de subordinar a criação dramática às regras do drama antigo. "A história da literatura nos diz que à época do Renascimento, no início do século XVI, Bartolomeu de Torres Navarra cria na Espanha a aspiração de subordinar a criação artística às regras do drama antigo. Mas essas aspirações se esfacelam tanto contra o espírito da Idade Média como contra o direito do gosto popular, demasiadamente forte para que os ensinamentos dos reformadores pudessem concretizar seus objetivos. A Espanha

152

possuía, nessas condições, Lope de Vega e Calderón. Já na França essas aspirações se realizaram, e ali estavam Racine e Corneille, grandes talentos que teriam trazido, na opinião de alguns (ou seja, de Sepet, autor de *Le drame chrétien au moyen âge*[15]), muito mais utilidade à arte nacional se não houvessem estado subordinados à opressão despótica da teoria e guardassem mais ligação com a *transmissão nacional da arte dramática.*"[*]

O que é que Púchkin poderia ter feito ao teatro se tivesse conhecido os espanhóis quando, estudando com Shakespeare, substituiu o Teatro de Caracteres em nome do Teatro de Ações? "É possível tragédia sem ação?", pergunta-se Averkíev, respondendo: "Não". E sem caracteres, seria possível? "Sim, sem eles a tragédia ainda é possível."

Averkíev,[**] comparando Púchkin e Shakespeare, diz: "Shakespeare é um dramaturgo; Púchkin é um poeta, no mais amplo sentido da palavra, e eram-lhe igualmente acessíveis todos os gêneros de poesia. Shakespeare desenha o homem na sua obsessão pelas paixões que o arrebatam: os heróis shakespearianos nos despertam para o medo da luta impossível contra a paixão".

"Nesse aspecto", continua, "será em vão tentar buscar nos antigos trágicos algum ponto de semelhança; estes entendiam o trágico de forma diferente": ao despertar o medo trágico, despertam também a compaixão, que é, segundo Averkíev, onde reside a única significação da tragédia. Em Púchkin, o motivo da luta contra a paixão encontra sua expressão poética sob a forma de Tatiana. A particularidade de Púchkin é a contemplação pacífica da realidade, e o poeta que domine a contemplação pacífica pode mais clara e completamente do que os outros expressar as ideias nas quais a pacificidade seja aspecto imprescindível. Já em *Boris Godunov*, Púchkin, em vez de delinear o caráter com a ajuda da paixão, à maneira de

---

[*] *Coletânea sobre o distanciamento entre a língua russa e a literatura da Academia Imperial de Ciências*, t. 58, Petersburgo, 1895, p. 25. Itálico meu.

[**] *Do drama, avaliação crítica de D.V. Averkíev*, com a introdução-artigo: "Três cartas sobre Púchkin", Petersburgo, 1893.

Shakespeare, o faz com a ajuda do destino fatal e inexorável, invocado pelo grave pecado de Bóris. E é precisamente esse motivo que aproxima a tragédia de Púchkin das tragédias dos trágicos gregos antigos e dos espanhóis, porquanto os últimos, nesse sentido, tentaram seguir as leis da tragédia antiga.

Lérmontov tenta — no *Baile de máscaras*, que a censura veta pelo excesso de paixões —, antes de mais nada, criar um Teatro de Ação. Na esfera saturada de demonismo de seus dramas, ele desenvolve, em cenas que substituem rapidamente uma a outra, tragédias de homens que se batem pela vingança da honra insultada, inquietados pela loucura do amor, no círculo fatal dos jogadores, nos assassinatos acompanhados de lágrimas e risos. O vórtex trágico de Lérmontov remonta ao *Castigo sem vingança* de Lope de Vega e traz lembranças das melhores páginas de *Condenado por desconfiança*, de Tirso de Molina. *Dois irmãos*, peça que muitos dos respeitáveis editores de Lérmontov retiram das obras completas do poeta, considerando-a uma obra de seu período de juventude, é o melhor drama de Lérmontov depois do *Baile de máscaras*, e nos conduz à natureza do teatro espanhol pelo nítido contorno de caracteres dramáticos e pela intensidade de intrigas. E assim Lérmontov começa seu teatro, com a tentativa de escrever uma tragédia espanhola.

Esses três dramaturgos — Gógol, Púchkin e Lérmontov — fundiram em metal firme o elo da corrente que sustentará a ponte para a união dos teatros ocidentais do Século de Ouro com o Teatro do Futuro.

Nos anos 1860 Ostróvski também cunha um novo elo dessa corrente e forma com suas peças — junto às comédias e aos dramas de Púchkin, Gógol e Lérmontov — a base do repertório russo. (Ostróvski torna-se o criador do teatro cotidiano, que será mais tarde erroneamente utilizado por seus sucessores na evolução do teatro russo.)

Ostróvski, assim como Gógol, Púchkin e Lérmontov, fortalece suas forças originais por meio da apresentação de modelos das grandes épocas teatrais do Ocidente. Ostróvski traduz do espanhol os *intermezzos* de Cervantes, e quando comparamos o Teatro Cotidiano de Ostróvski com o Teatro Cotidiano de Lope de Vega, podemos entender claramente o quanto Ostróvski aprendeu com o espanhol.

O repertório torna-se então o coração do teatro russo. Um repertório do mesmo tipo daquele que no período do rico desabrochar dos teatros ocidentais no século XVII toma para si como necessários: no plano das ideias — pulsar no tempo das preocupações populares; no plano técnico — criar um Teatro de Ações com música de *páthos* trágico (Lérmontov) e um Teatro do Grotesco, criador de diversos "tipos" de máscara tragicômica, no espírito de Leonardo da Vinci ou de Goya (Gógol).

* * *

Ignorando as firmíssimas bases criadas para o Teatro russo por Gógol, Púchkin, Lérmontov e Ostróvski, seus seguidores não quiseram ou não puderam construir sobre elas o grandioso edifício do Drama Russo.

Na forma do teatro dos "estados de humor", Tchékhov como que constrói sobre o Teatro Cotidiano de Gógol um segundo piso, que logo mostra toda sua instabilidade.

O teatro tchekhoviano cresce das raízes do Teatro de Turguêniev. Este, quase contemporâneo a Ostróvski, foi quem começou o segundo (e mais ou menos paralelo) fluxo do Teatro Cotidiano, trazendo ao drama cotidiano russo um novo elemento — a musicalidade; esse traço permaneceu durante muito tempo nas sombras e apenas recentemente encontra para si brilhante desenvolvimento na arte de Tchékhov; no entanto, aquilo que em Turguêniev era apenas um leve enfeite, Tchékhov desenvolve ao grau máximo.

O teatro de Turguêniev é demasiado íntimo, como se tivesse sido criado apenas para os palcos domésticos das casas antigas ou para os tablados teatrais de jardim, rodeados por bosques, lá pelos anos 1850 e 1860.

Sob as bétulas das alamedas abandonadas e em cima dos palcos se tricota preguiçosamente uma malha de diálogos intermináveis, sem qualquer movimento, sem qualquer comicidade. E assim surge o épico lírico do grande beletrista. Mas seria isso teatro?

É precisamente esse o tão afamado Teatro dos "estados de humor".

Tchékhov, não obstante, compartilha a culpa de que durante um longo tempo os elementos verdadeiros do teatro russo foram substituídos por outros, estranhos a ele. Compartilha-a com uma época de profunda estagnação das forças espirituais na Rússia. Os anos 1890 impuseram sua impressão fatal no destino do teatro de Tchékhov.

A ligação do teatro tchekhoviano com a tradição de Turguêniev ajuda-o ainda mais a permanecer acorrentado à época em que foi criado. Portanto, não é de surpreender que o teatro de Tchékhov morra junto com a apatia social que leva consigo para o túmulo o ano de 1905. E, assim como o teatro de Turguêniev, ao unir uma de suas extremidades aos princípios da teatralidade tradicional, deixando a outra despreparada para fazer a ligação com o Teatro do Futuro, da mesma forma, o teatro de Tchékhov não pôde soldar o elo forjado por si com a corrente da grande tríade (Gógol, Púchkin e Lérmontov), ou então, se o fez, o metal por ele utilizado enferrujou após a primeira década. Turguêniev e Tchékhov não foram capazes de fundir suas peças ao repertório nascido do subsolo da verdadeira teatralidade.

O Teatro dos "estados de humor", graças à propaganda enérgica feita pelo Teatro de Arte de Moscou, domina de tal forma a cena russa que, após Tchékhov, começou a aparecer no teatro russo toda uma série de imitadores, tendo à frente Máximo Górki. Esses dramaturgos se mostram copiadores do teatro dos "estados de humor", quebrando, contudo, sua unidade por meio da tendência de ligar externamente as particularidades do teatro turgueno-tchekhoviano com o teatro de Ostróvski (típico de Naídenov).

Tais dramaturgos, além de não terem sido capazes de adicionar novos elos à corrente iniciada do teatro russo, ainda por cima deixam que comecem a aparecer nela os primeiros pontos de uma terrível ferrugem (a apropriação, pelo teatro, de elementos da literatura), e os dramaturgos de nova formação põem-se ao trabalho de aumentar esses pontos ou de romper a corrente sagrada.

A morte para a grande causa do teatro russo, construído com as forças dos melhores dramaturgos dos anos 1830-1860, foi o notório Viktor Krilov.

Como se urgisse fazer naufragar o teatro russo o mais profundamente possível, esse frutífero dramaturgo surpreendentemente inunda a cena russa com seus produtos. Escreve dramas, comédias, *vaudevilles* e farsas, traduz e falsifica comédia francesa da época da revolução, fazendo estacionar por muito mais tempo o movimento do teatro na Rússia. E é ajudado em sua tarefa por toda uma falange de seguidores, que não se diferenciam de seu chefe nem por sua fecundidade nem pela força de seus "dons".

Aí então vêm os copiadores do teatro Cotidiano. Dramaturgos moscovitas cantarolam temas de Ostróvski, e em Petersburgo reinam os que seguem os ensinamentos de Krilov, ou ainda aqueles que entendem a forma de escrita cotidiana de Ostróvski como uma maneira de fotografar a vida.

E aí estão as bases do teatro russo abaladas, o gosto do público imundo até o último grau e a perda de conexão do ator russo com seus antecessores: os grandes atores da metade do século XIX.

E, por mais corajosas que sejam as tentativas no caminho da pesquisa que faz a talentosa juventude da nova corrente literária e aqueles que casualmente a ela se juntem, o teatro continua bloqueado por uma névoa de gigantesca insalubridade e pela completa falta de princípios.

TEATRO COTIDIANO

I. A. N. Ostróvski (anos 1850-1970)
III. Plêiade ostrovskiana (anos 1850-1870):
  1. Písemski (anos 1850 e 1860)
  2. Sukhóvo-Kobýlin (anos 1850)
  3. N. Potekhin (anos 1860-1870)
  4. A. Potekhin (anos 1850-1870)

II.L.N. Tolstói
(anos 1880 e 1890)

V. Viktor Krilov
(anos 1870 e 1890)

I. I. S. Turguêniev (anos 1850-1870)

VI. Moscovitas
(dos anos 1880 em diante):
Shpazhinski
Boborikin
Nevêzhi
B.I. Nemiróvitch-Dántchenko
A.F. Fedótov
V. Alexándrov
Timkóvski
Goslávski e outros

EPÍGONEAS:

VII. Peterburguenses
(anos 1880 em diante):
Gnéditch
M. Tchaikóvski
E. Kárpov
Suvórin
Potapenko
Trakhtenberg
Tunoshenski e outros

VIII. A. P. Tchékhov (anos 1890)
IX. Máximo Górki
X. Epígoneas:
Chirikov
Naidenov
Iushkêvich
O. Dymov
B. Záitsev
Ayzman
A. Fédorov
L. Andréev (*Dias de nossas vidas*) e outros

TEATRO DOS "DECADENTISTAS"

I. K. Balmont (*Três desabrochares*, 1905)
II. V. Briússov (*Terra*, 1905)
III. Minski (*Alma*, 1900)
IV. L. Zinoviêva-Annibal (*Os anéis*, 1904)
V. Leonid Andréev (*O imperador fome, As máscaras negras*, 1908)
VI. Z. Híppius (*Sangue santo*, 1903)
VII. G. Chulkov (*Taiga*)

TEATRO NOVO

I. Viacheslav Ivanov
Tántal, 1905

II. Alexei Remízov
A infância do diabo, 1908; *Sobre o
Judas, príncipe de Escariotes*, 1909;
São Jorge, 1912

III. Mikhail Kuzmin
Comédias: a) sobre Eudóquia
    b) sobre Alexei
    c) sobre Martiniana
*Os curadores do amor
Lisa, a holandesa
O príncipe do solar* e outras

IIV. Aleksándr Blók
*Balagánchik, O rei na praça; A
desconhecida; A canção do destino*

V. Fiódor Sologúb
*A vitória da morte
O dom das sábias abelhas
Danças noturnas
O pequeno diabo
Vanka-das-chaves e o pajem Jean
Os reféns da vida*

VI. L. Zinoviêva-Annibal
O asno cantor, 1907

VII. **Andréi Biéli**
O recém-chegado, excerto, 1903

VIII. **E. Zônsko-Borôvski**
O príncipe invertido, 1910

IX. V. Solovióv
O diabo de verde, 1910; *Arlequim casamenteiro*, 1911

TEATRO DOS DECADENTISTAS*

No início de nosso século XIX, uma série de dramaturgos, entregando-se às pesquisas, tenta romper com as tradições teatrais. Esses dramaturgos (tendo escrito antes para a leitura do que para a cena propriamente dita) criam obras antiteatrais, embora bem interessantes enquanto tais. Entre eles se mostram os mais promissores: Balmont, Briússov, Mínski, Zinoviêva-Anníbal (*Os anéis*), Z. Hippius (*Sangue sagrado*), Chulkóv e Leonid Andréev. Este último (basta apenas comparar suas *Máscaras negras* com *Dias de nossas vidas*) pertence ao grupo dos "decadentistas" apenas por sua aparência externa, já que pelo caráter de seu gosto, por seus pontos de vista e por toda sua figura literária em geral, pertence, antes de mais nada, ao grupo de escritores seguidores de Máximo Górki.

NOVO TEATRO**

Os iniciadores do Novo Teatro tentam, antes de mais nada, fazer renascer esta ou aquela particularidade dos teatros de determinada época teatral verdadeira. *Viachesláv Ivánov* tenta recuperar as particularidades do teatro antigo, sonhando com a desaparição das rampas e com a recriação, em seu lugar, da orquestra grega antiga. *Aleksándr Blók* segue as tradições das comédias populares italianas, ligando suas pesquisas às concepções de mundo dos alemães românticos (Novalis, Tick). *Alexei Remízov* dá início ao mistério contemporâneo seguindo o modelo dos mistérios da alta Idade Média. *Mikhail Kuzmín* escreve peças no espírito do drama medieval e também reconstrói o teatro cômico francês. *Fiódor Sologúb* entra tanto na forma do teatro antigo (*O dom das sábias abelhas*) como nos princípios dos dramaturgos espanhóis (*A vitória da morte*). L. Zinoviêva-Anníbal tenta se utilizar da maneira

* Ver tabela.
** Ver tabela.

das comédias shakespearianas (comparar *O asno cantor* de L. Zinoviêva-Anníbal e *Sonho de uma noite de verão* de Shakespeare). E. Zônsko-Boróvski começa a introduzir no drama russo, com sua peça *O príncipe invertido*, as particularidades do teatro espanhol, utilizando-se de recursos do grotesco. V.N. Solovióv, com suas peças *O diabo de verde* e *Arlequim casamenteiro*, faz o teatro voltar à Comédia de máscaras.

Os dramaturgos do Novo Teatro, em contraposição aos decadentes criadores de um teatro sem gosto, inclinam-se a subordinar a sua arte às leis dos teatros tradicionais de épocas teatrais verdadeiras.[*]

VII. O TEATRO STARÍNNY DE SÃO PETERSBURGO (PRIMEIRO PERÍODO) — 1908[16]

Da reverência que a cena da atualidade presta ao modernismo barato e da ausência de qualquer tradição dentro dos palcos, que se mantêm a uma distância significativa das novas tendências, apareceu, com o tempo, um teatro que tomou para si o objetivo de refrescar as forças criativas dos teatros contemporâneos a partir dos modelos extremamente simples e ingênuos dos palcos antigos. Assim como a contínua e atenta observação de miniaturas medievais pode muito bem influenciar a técnica de determinado pintor, mesmo que seja a de um pintor-decadente, demasiado ignorante da significação do desenho e acostumado a se entregar completamente ao campo da "música" das tintas — esse teatro, cujas montagens foram fortemente subordinadas aos recursos dos teatros tradicionais, pode beneficamente influenciar a técnica de outros teatros, mesmo no caso de estes últimos não incluírem em seu repertório peças dos antigos teatros.

[*] Como, por exemplo, Hugo Albert Rannert (*The Spanish stage in the time of Lope de Vega*, Nova York, 1909; *The life of Lope de Vega*, Glasgow, Gowans and Gray, 1904).

O Teatro Starínny tem diante de si dois caminhos: ou, escolhendo peças dos teatros antigos, subordinar a encenação delas ao método da arqueologia, ou seja, preocupar-se antes de mais nada com a precisão da reconstrução cênica, ou, escolhendo peças escritas à maneira dos teatros antigos, encená-las numa composição livre com o tema do teatro primitivo (como foi encenada por mim *Irmã Beatriz* no teatro de V.F. Komissarjévskaia).

O Starínny escolhe verdadeiros textos dos teatros medievais, textos de mistérios, milagres, *moralités, pastorelas*,[17] *intermezzos* e farsas. E eis aí o primeiro passo no primeiro dos dois caminhos. Quais serão os próximos? Construir o palco com os materiais existentes da iconografia ou por dados conseguidos pelos estudiosos dos palcos tradicionais? Nesse caso o diretor, queira ou não queira, deve conformar todos os movimentos dos atores com as necessidades arquitetônicas do palco.

Não se podem recriar as apresentações dos mistérios rituais de Coventry (Inglaterra, anos 1570) sem que se construam de antemão os pequenos palcos sobre rodas com a ajuda dos quais viajava-se de um lugar a outro. Esse palco-carroça por si já define a forma dos arranjos cênicos, e está inextricavelmente ligado ao conteúdo dos mistérios de Coventry. Mesmo querendo que diante de nós se interpusessem os textos desses mistérios ingleses antigos, sem construir de antemão o palco-carroça não poderíamos nunca alcançar a completude da antiguidade ingênua. Existem peças cuja encenação está indissoluvelmente ligada à construção dos tablados nos quais eram apresentadas.

Não é o proscênio dos teatros italianos antigos que define muito claramente a *mise en scène* de primeiro plano?

Agora, haveria o Starínny, reunidos os textos originais, dado o segundo passo pelo caminho escolhido? Não. Ele negligencia o estudo da técnica antiga e, chamando um pintor-estilizador contemporâneo, força-o a criar fundos subordinados à composição livre para os modelos originais do teatro medieval.

O Teatro Starínny dessa forma se sentou no vão entre duas cadeiras.

Uma vez dada a composição livre de decoração, figurino e acessórios, o espectador exige também a composição livre de textos (podem servir como exemplo de tais textos: o milagre de Maeterlinck, *Irmã Beatriz*, e os mistérios de Remízov).

É apenas sob a condição de unidade dos princípios da composição livre (de um lado com o texto, do outro com a decoração e os figurinos) que o espectador pode estabelecer a relação correta com as concepções do diretor: com o desenho dos arranjos, movimentos e gestos de seus atores.

Nos recursos utilizados pelos diretores do Starínny há traços de primitivismo. Isso aproxima suas concepções das do diretor do teatro Dramático[18] (*Irmã Beatriz*). Mas, no entanto, no último, a maneira de encenar uma determinada peça com recursos primitivistas extravasava a imprescindibilidade de fundir essa encenação numa unidade com um texto estilizado. E no Starínny? Bem, ali aparece no espectador repentinamente a sensação de que os atores parodiam os intérpretes de *Irmã Beatriz*. E a isso ajuda também o fato de que na *moralité Doravante irmãos*[19] os traços de primitivismo nos gestos e movimentos eram executados pelos atores com clara ironia. *Vêsy* (n. 4, de 1908) escrevia: "Os intérpretes contemporâneos destacam especialmente a curiosidade e a ingenuidade do passado e, abusando e exagerando-os, causam frequentemente o riso inadequado". Olhem só! O recurso do primitivismo não escolhido objetivamente. Para que se precisava desse *destaque de curiosidades*? Nos recursos dos teatros tradicionais não existia um só gesto, um só movimento que pudesse parecer sem tato ao público contemporâneo. É preciso apenas criar o meio correto, no qual qualquer gesto, qualquer movimento do palco tradicional, se torne convincente para as exigências da plateia contemporânea.

Se o diretor do Teatro Starínny tivesse se entregado sinceramente à composição livre no tema do teatro primitivo, o espectador não se relacionaria com a cena como com uma paródia. O diretor, sem sequer perceber (não penso que haja alguma intenção negativa no diretor aqui), ridiculariza os recursos de primitivismo assistidos por ele em outro teatro. Desse modo, a ausência da unidade de concepções se reflete indesejavelmente na percepção do espectador: o diretor, por ter escolhido textos originais; o pintor, por não ter reconstruído as particularidades arquitetônicas dos palcos antigos e por ter criado decorações estilizadas; e o diretor, por ter negligenciado a técnica dos atores das antigas cenas. O tom dos atores, parodiando os recursos do primitivismo ao lado do texto original, involuntariamente levou o espectador à pergunta: poderiam interpretar assim os atores medievais? Não havia ingenuidade nem ginasticidade sincera. A sutileza estava errada. A flexibilidade estava errada. A musicalidade das entonações estava errada.

VIII. A MONTAGEM DE
DON JUAN DE MOLIÈRE (1910)[*20]

Falando sobre os recursos que possuem a seu serviço os diretores que tentam remontar as particularidades cênicas das épocas teatrais modelo e sobre a característica dos recursos para os diretores que adentram o caminho da encenação de peças dos teatros antigos, esqueci-me de uma única possível exceção às regras propostas. Nas montagens de peças de qualquer um dos teatros antigos não é nem um pouco necessário subordinar a encenação, como disse, ao método da arqueologia, ou seja, no caso da reconstrução, o diretor não tem a necessidade de se preocupar com a exata reprodução das particularidades arquitetônicas dos palcos antigos. A encenação de uma peça original do teatro antigo pode ser feita através da composição livre no espírito dos palcos primitivos, com a condição indispensável, contudo, de que, passando

---

[*] A peça estreou no palco do Teatro Imperial Alexandrínski em 9 de novembro de 1910.

à encenação, se colha dos palcos antigos a essência das particularidades arquitetônicas, mais plausivelmente aptas ao espírito da obra a ser encenada.

Em se encenando, suponhamos, *Don Juan*, de Molière, seria completamente errôneo tentar a qualquer custo recriar numa cópia fiel de algum dos palcos da época de Molière: o Palais-Royal ou o Petit-Bourbon.[21]

Estudando a alma da arte de Molière, podemos ver que ele se empenhava em deslocar as molduras dos palcos que lhe eram contemporâneos, mais aptos à canastrice de Corneille do que a peças surgidas de elementos da arte popular.

Poderia Molière se conformar com tal distanciamento entre ator e público? Poderia em tais condições aparecer livre a exultante alegria de Molière? Poderia encaixar-se aqui toda a largura de suas linhas sinceras, muito maiores do que ele mesmo? Poderia desde esse palco chegar ao espectador a onda de monólogos acusatórios do autor ofendido com a proibição de *Tartufo*? Não seriam os livres gestos dos atores e seus movimentos ginásticos incomodados pelas colunas laterais das coxias?

Molière é o primeiro dos mestres de cena do Rei-Sol que tenta trazer a ação das profundezas e do meio do palco para o *proscênio*, na própria beirada.

Também os palcos antigos e os do tempo de Shakespeare prescindiam das decorações do tipo das nossas, com sua aspiração à ilusão. O próprio ator não tomava parte na ilusão nem na Grécia Antiga nem na velha Inglaterra. O ator, com seus gestos, com sua mímica, com seus movimentos plásticos e com sua voz, era o único que podia e era capaz de expressar as concepções do dramaturgo.

Da mesma forma ocorria no Japão medieval. Nos espetáculos do teatro *Nô*, com suas cerimônias sublimes, nas quais os movimentos, diálogos e canções eram fortemente estilizados, o coro cumpria um papel parecido com o do coro grego antigo, a música possuía a tarefa de transportar o espectador para o mundo da alucinação com seus sons selvagens — os diretores punham os atores no tablado muito próximos ao público, para que suas danças, movimentos, gesticulações, expressões faciais e poses saltassem aos olhos.

Discorrendo sobre a encenação do *Don Juan*, de Molière, não foi por acaso que me lembrei dos recursos dos antigos palcos japoneses.

Da descrição das apresentações teatrais japonesas aproximadamente do mesmo tempo em que na França reinava o teatro de Molière, sabemos que um tipo especial de servidores da cena — os chamados *kurombo* —, em roupas pretas específicas, parecidas com batinas, ajudavam os atores escancaradamente. Quando um dos atores, interpretando papel feminino,[*] ficava com o figurino desgrenhado, o *kurombo* corria para arrumar os tecidos em bonitas dobras e o penteado. Era também sua obrigação limpar da cena os objetos largados ou esquecidos pelos atores. Depois de uma batalha o *kurombo* levava da cena armas, enfeites de cabeça e capas perdidos. Quando o herói morria em cena, o *kurombo* se apressava em cobrir o "cadáver" com um lenço negro, e sob o encobertamento de seu "cadáver" o ator saía de cena. Quando, durante o desenrolar da ação, se tornava escuro em cena, o *kurombo*, posicionando-se de cócoras aos pés do herói, iluminava seu rosto com uma vela colocada na ponta de uma vara comprida.

E os japoneses ainda mantêm as maneiras atorais do tempo dos criadores do drama japonês Onono Otsu, Satsuma Dzeun e Tikamatsu Mon-dzaemon, o Shakespeare japonês.

E não é assim que a *Comédie-Française* tenta ressuscitar as tradições dos comediantes molierianos?

No extremo Ocidente (França, Itália, Espanha, Inglaterra) e no extremo Oriente, em toda uma época (a segunda metade do século XVI e todo o século XVII), o Teatro toca os sinos da teatralidade pura.

---

[*] Kaney (1624-1643) proíbe a participação da mulher, que até então constituía a principal força interpretativa; assim, os jovens rapazes começaram a fazer os papéis femininos. O decreto de 1651 proíbe também os rapazes de subirem ao palco.

É difícil entender por que é que todos os truques de qualquer palco dessa época teatral brilhante tinham lugar exatamente nesse maravilhoso tablado chamado por nós de proscênio?!

E o próprio proscênio?

Parecendo-se com arenas circenses, comprimido por todos os lados por um anel de espectadores, o proscênio havia sido deslocado para perto do público para que não se perdesse no pó das coxias nem um só gesto, um só movimento, nem sequer uma expressão facial dos atores. E vejam como se fazem pensadamente táteis todos os gestos, movimentos, poses e expressões do ator do proscênio. E mais! Por acaso se poderia aguentar um ator que tivesse afetação túrgida e uma ginástica insuficientemente flexível dos movimentos a uma distância tal como na que se mantém o ator, em relação ao público, no proscênio inglês, espanhol, italiano ou japonês antigo?

O proscênio, tão habilmente utilizado pelo próprio Molière, era a melhor arma contra a secura metódica dos recursos corneillianos, frutos dos caprichos da corte de Luís XIV.

Adiante. Como são notáveis os benefícios para Molière, encenando no proscênio, artificialmente criado e com todas as condições adversas da cena contemporânea! Como se vivificavam livremente as figuras grotescas, sem entrave nenhum, de Molière, nesse tablado tão fortemente deslocado para a frente. A atmosfera desse espaço não era sufocada pelas colunas da coxia, mas a luz, derramada somente sobre a atmosfera desempoeirada, joga apenas com as figuras flexíveis dos atores — como se tudo ao redor tivesse sido criado para intensificar o jogo da luz brilhante, das velas em cena, das velas da audiência, e no decorrer de todo o espetáculo não afundado em trevas.

Estaria o diretor, ao rejeitar a obrigatoriedade de detalhes existentes apenas nos palcos dos tempos Luís XIV (a cortina com um buraco para a cabeça do declamador, por exemplo), ignorando a conjuntura fortemente ligada ao estilo da época criadora do teatro de Molière?

Existem peças, como *Antígona*, de Sófocles, ou *A desgraça de se ter espírito*, de Griboêdov, que podem ser recebidas pelo público contemporâneo à parte do prisma de seu tempo. *Antígona* e *A desgraça de se ter espírito* podem ser executadas mesmo em vestidos do nosso guarda-roupa moderno; na primeira peça, a ode à liberdade; na segunda, a luta entre duas gerações, velha e nova, expressa-se como claros e importunos *leitmotiven* e pode dar vazão à sua tendenciosidade nas condições de qualquer conjuntura que seja.*

No entanto existem, ao contrário, obras cuja ideia chega ao espectador em toda sua completude somente quando o público contemporâneo, além da compreensão de todas as sutilezas da ação, é capaz de imbuir-se de toda a atmosfera inapreensível que alguma vez rodeou tanto os atores dos teatros contemporâneos como o autor e sua contemporânea audiência. Existem peças que não podem ser apreendidas de outra forma, como se elas se apresentassem ao público naquelas condições, tarefa que exige em criar condições, para que o espectador contemporâneo apreenda o que se passa em cena, iguais àquelas com as quais se encontrava rodeado o espectador antigo. Assim é *Don Juan*, de Molière. O público só perceberá toda a sutileza dessa comédia apaixonante quando puder rapidamente se adaptar e se conectar a todos os mínimos detalhes da época criadora de tal obra. Por isso, para o diretor que comece a encenar *Don Juan*, torna-se

---

* Dos três grandes trágicos gregos, é em Sófocles que se vê o domínio de mais elementos da racionalidade. Em Ésquilo o coro é um dos personagens, e toda a tragédia é um mundo de aspirações musicais, ligadas com o ritmo dançante da cultura plástica. Eurípedes, querendo representar as paixões, domina as emoções (*As fenícias*) e, desconsiderando a clara vontade do autor de descolar o teatro da religião, suas tragédias se fundem com as particularidades cotidianas de sua época. Na *Antígona*, de Sófocles, o coro, convertido em ressonante, é entediantemente racional. O fluxo principal das intrigas é quase arrancado do campo da religião, e o centro de gravidade se reorganiza ao redor do tema da luta pela liberdade. E são exatamente essas insuficiências da *Antígona* de Sófocles que permitem ao espectador contemporâneo escutar e compreender a tragédia numa encenação que não tenha nada a ver com as particularidades do palco antigo. Considero também meu dever deixar bem claro que, dando ênfase ao elemento racional da *Antígona* como insuficiência da tragédia sofocliana, limito--me a discorrer sobre ela. Nas outras peças desse mesmo autor esse elemento aparece, mas não com tamanha intensidade.

imprescindível antes de mais nada encher o palco e a plateia de tal atmosfera que a ação não possa ser entendida de outra forma que não sob o prisma dessa atmosfera.

Se passarmos a ler o *Don Juan* de Molière sem saber qual época criou o gênio de tal autor, que pecinha entediante! Que entediante o enredo se comparado, digamos, com o *Don Juan* de Byron, e isso sem mencionar o *Burlador de Sevila*, de Tirso de Molina. Quando se lê *A desgraça de se ter espírito*, de Griboêdov, é como se estivessem refletidas em cada página as notas de nosso tempo, e isso torna a peça muito significativa para a audiência contemporânea. Quando se leem os grandes monólogos de Elvira, do primeiro ato, ou o comprido monólogo de Don Juan no quinto ato, açoitado pela hipocrisia — começa-se a se entediar. Para que o espectador contemporâneo escute, sem se entendiar, esses monólogos, para que toda uma série de diálogos não pareça para ele estranha, é imprescindível importunamente, durante todo o espetáculo, de alguma forma lembrar o espectador sobre todas as mil máquinas de manufatura de Lyon, que fabricavam seda para toda a monstruosa e enorme corte de Luís XIV, sobre o Hotel dos Gobelins, cidade de pintores, escultores, joalheiros e oleiros, sobre os móveis feitos sob comando do promissor artista Lebrun, sobre todos esses mestres, fabricantes de espelhos e rendas à moda veneziana, meias inglesas, cortinas holandesas e de estanho e cobre à moda alemã.

Centenas de velas de cera penduradas por três lustres no palco e dois no proscênio. Criados espirrando perfumes inebriantes pela cena, borrifados de um frasco de cristal sobre a platina brilhante. Criados perambulando pela cena, ora levantando o lenço rendado que caíra das mãos de Don Juan, ora colocando cadeiras para os atores cansados. Criados apertando os laços dos sapatos de Don Juan enquanto ele discute com Sganarelle. Criados limpando a cena das capas e floretes após a cruel luta dos ladrões contra Don Juan. Criados rastejando quando aparece a estátua do Comendador sob a mesa. Criados convidando o público com o tilintar de sininhos prateados e anunciando o intervalo na ausência da cortina. Tudo isso não são truques inventados para o divertimento de esnobes, tudo isso se faz em nome do principal: mostrar toda a ação velada pela neblina perfumada e dourada do reino de Versalhes.

E quanto mais ricos esperemos o esplendor e a beleza dos figurinos e acessórios (mesmo sendo a arquitetura do palco extremamente simples!), mais forte baterá o temperamento comediante de Molière, contrário à rigidez versalhesa.

Teriam as perambulações pelo interior da França dado ao caráter de Molière o forte carimbo da sinceridade? A vida nos "balagans" montados às pressas? A luta contra a fome, talvez? Ou teria esse tom provocante surgido em Molière no meio das atrizes-amantes, tendo mergulhado o poeta em triste desilusão? Ao que parece, era na corte de Luís XIV que estavam os motivos por que, após um curto período de carinho, o relacionamento de Molière esfriasse.

Essa discórdia com o Rei-Sol, imagem transmitida ao espectador através da atmosfera do proscênio exuberantemente arrumado, essa discórdia entre o rei e o poeta, que nesse cenário brilhante faz Sganarelle discorrer sobre os problemas da barriga — no contraste entre o requintado cenário e a afiação do grotesco de Molière —, essa discórdia já não soa tão harmonicamente que faça o espectador inevitavelmente entregar-se por completo aos domínios do Teatro de Molière. Mas foi esquecido por acaso algum detalhe desse artista genial?

Don Juan de Molière se interpreta sem cortina. Não havia cortinas nem no Théâtre du Palais-Royal nem no Théâtre du Petit-Bourbon.

E por que foi retirada a cortina? O ânimo do espectador frequentemente esfria quando olha para a cortina, não importando o quão lindamente ela tenha sido desenhada nem por qual grande mestre. Chegando ao teatro para assistir ao que se encontra atrás das cortinas, enquanto estas não se abrem, o espectador assiste, fraco e ausente, à ideia da pintura da cortina. Abre-se a cortina e quanto tempo passa até que o espectador se aproprie dos encantos do meio que envolve os personagens da peça! Isso não ocorre quando a cortina está aberta do início ao fim da cena, não ocorre quando há esse tipo específico de pantomima de contrarregras, preparando o palco aos olhos do público. Quando então sobre o tablado aparece o ator, já muito antes disso o espectador teve tempo de se impregnar com o ar da época. E então tudo o que à leitura parecera ao espectador demasiado ou entediante agora aparece diante de seus olhos com outra luz.

E não é necessário meter a plateia na escuridão, nem nos intervalos nem enquanto ocorra a ação. A luz forte contamina os frequentadores do teatro com ânimo festivo. O ator que vista a máscara de Don Juan arrebatará não apenas o coração das portadoras das máscaras de Maturinne e Charlotte, mas ainda os das possuidoras dos maravilhosos olhos cujo brilho o ator percebe na plateia, como resposta ao sorriso de seu papel.

IX. APÓS A MONTAGEM DE *TRISTÃO E ISOLDA* (1910)

1) Escreve Benois:[*] "O século XIII, todo o '*estilo histórico*' *da montagem* não possui qualquer base".

A Benois, no caso, se apresentava uma das possíveis encenações:

Em primeiro, a encenação em que o historismo se revela arqueologista (como foi montado *Júlio César* no Teatro de Arte de Moscou, à maneira de Hottenfront); em segundo, encenação feita fora do tempo e do espaço (*A morte de Tintagiles* no Teatro-Estúdio, com cenografia de Sapúnov e Sudêikin, e o *Conto eterno* no teatro de V.F. Komissarjévskaia, com cenografia e figurinos de Denísov); e em terceiro, encenação em que todo o estilo da montagem se mostra como que romântico; este se torna o estilo da montagem quando o cenógrafo utiliza como

[*] "A montagem de *Tristão*". Jornal *Rêch* [O Discurso], novembro de 1909.

material para expressar o estilo da época, por exemplo, miniaturas. O príncipe Shervashidze, montando *Tristão e Isolda*, realizou precisamente esse terceiro gênero de encenação. Como se pode então chamar o estilo no qual se mantém a montagem de *Tristão e Isolda* de "histórico"?

2) Benois propõe transpor a ação aos domínios daquilo que estaria fora de determinado lugar e tempo. Mas, no entanto, a peça-mito sempre acontece ligada a lugares e tempo mais ou menos determinados (por exemplo, Tristão morre nas pedras da Bretanha, e não em uma pedra qualquer).

3) "Aqui o problema não está nas vestes ou nas formas arquitetônicas, mas nos símbolos. O próprio navio do primeiro ato é um navio simbólico." (Benois)

Por que é, já que a peça é composta por símbolos, que se faz completamente imprescindível que o corte dos figurinos seja inventado e que o navio não possa ser parecido com um navio do século XIII? A coisa não exclui o símbolo, muito pelo contrário: o cotidiano, aprofundando-se em si mesmo, exclui-se a si mesmo como cotidiano. Em outras palavras, o cotidiano, se ultranaturalizando, se transforma em símbolo. Mesmo o mais corriqueiro dos navios do século XIII, se tiver sua materialidade concretizada pelo artista até que se possa dizer: aqui a mímese da natureza percorreu o caminho da invenção (Cézanne), mesmo o mais corriqueiro dos navios do século XIII, nessas condições, se torna mais simbolista do que o navio pretensamente apresentado como simbolista, mas do qual a forma externa não tem nada a ver com a realidade.

4) "Era preciso" — na opinião de Benois — "mostrar os segredos do enclausuramento virginal, algum tipo de cela, uma atmosfera de efervescência picante e abafada, e não uma de paixões apuradas, criminais e esmagadoras."

Benois esquece-se da voz de Isolda: "Aqui eu, Isolda, espero meu vassalo". Com toda a suavidade da aparência externa da heroína do mito, a primeira coisa que se joga aos olhos na refração wagneriana do mito é a imperiosidade de Isolda. Não há de modo nenhum necessidade de fechar Isolda numa cela, pois ela não sai de uma atmosfera de tapeçarias cobertas, mas se rasga porque luta com a provação de fogo das paixões.

5) Benois, concordando com não-sei-quem, reforça que a cenografia do príncipe Shervashidze para o segundo ato de *Tristão e Isolda* poderia servir de decoração para *Macbeth*, escrevendo: "As escarpas, as árvores marrons de outono, as pedras nuas das pedras que se mostram ao espectador — tudo isso fala sobre a miséria". Por acaso não seria miserável todo o segundo ato de *Tristão*?

6) Discutindo a construção do segundo ato, Benois escreve: "Eu nem por um minuto pude acreditar que as pessoas, cantando em cena palavras da mais alta luxúria, sob acompanhamento da orquestra louca, que essas pessoas realizavam uma sedutora perversidade, entregando-se ao pecado inebriante e à sorte das próprias paixões, e no exaltar de seu deleite enxergassem o seu último direito…".

Se compararmos o *Tristão e Isolda* de Joseph Bédier ou, por exemplo, o drama de E. Hardt *Tantriss der Narr*[22] com o texto wagneriano, poderemos verificar como em Wagner a arquitetura dramática sofre do fato de ele concentrar meticulosamente no eixo do drama apenas aquilo do mito que não o impedisse de construir uma complicada concepção filosófica acerca das questões da Vida e da Morte ("todo o significado e a existência do mundo exterior é inserido aqui em dependência do movimento espiritual, interior", Wagner). No centro do drama musical, no segundo ato, o longo dueto de Tristão e Isolda, completamente construído na relação dos heróis com o Dia como símbolo da factualidade positivamente existente no mundo e com a Noite como símbolo da vida irracional. A música genialmente construída aprofunda o ouvinte num mundo de sonhos em que qualquer trabalho cerebral se faz impensável. *"Was dort in keuscher Nacht dunkel verschlossen wacht', wass ohne Wiss' und Wahn ich dammernd dort empfah'n, ein Bild, das meine Augen zu schau'n sich nicht getrauten, von des Tages Schein betroffen lag mir's da schimmernd of fen"* (Wagner, *Tristan und Isolde*, II Akt).[23] O primeiro tradutor do texto wagneriano, terminando a tradução desse longo período, se precipita em dizer, numa nota: "ou seja: o julgamento expulsou com sua luz o crepúsculo secreto dos sentimentos; ao invés de amar, Tristão passa a julgar". Um comentário tão ingênuo só pode ser resultado de uma superestimação forçada do elemento julgador no dueto. É suficiente passar pelos comentários ingênuos de V. Cheshikhin ao dueto do segundo ato para se certificar de que o conteúdo do dueto é demasiado complicado para um drama musical em que o ouvinte, no final das contas, se entrega tão completamente ao mundo da música que termina longe de alcançar a filosofia.

De fato, a disputa metafísica entre Tristão e Isolda, pergunto a Benois, sobre o significado das partes que ligam seus nomes e desse — desejo falar grosseiramente — excessivo encerebramento da questão sobre o Dia e a Noite, seriam essas por acaso "palavras de elevada perversidade sedutora"?

7) Benois reprova o estilismo medieval. Em *Tristão* não há o menor sinal de medievalismo, já que não há a própria essência da Idade Média — o cristianismo.

Citamos Lieschtenberge:* "Nos planos iniciais do drama Wagner propunha contrapor Tristão, herói das paixões, a Parsifal, herói da abdicação. E precisamente no terceiro ato (no plano inicial), no momento em que Tristão está aos pés de Isolda desejando a morte sem poder morrer, aparece Parsifal em vestes de andarilho, tentando com palavras de consolação acalmar o luto de Tristão, em vão procurando um sentido para a vida em meio ao tormento da paixão insaciável". A tragédia é pensada precisamente

---

* *R. Wagner como poeta e pensador.*

173

nos aspectos do cristianismo, e Wagner, apoiando-se nos elementos medievais em seu trabalho, não pode não lembrar do herói, útil apenas ao Mistério.

8) Benois pergunta: "O que há em comum entre Tristão e o século XIII?". E adiciona: "Gottfried apenas retrabalhou uma saga antiga". E ainda: "Para Gottfried, Tristão não era um herói contemporâneo, mas sim uma personalidade mítica, vivente na antiguidade apagada".

Wagner encontra a estrutura de *Tristão*, da forma como necessitava, precisamente no século XIII, no poema de Gottfried de Strasburg.

Para o homem contemporâneo, os limites da imaginação visual dependem do grau de formação histórica dele mesmo. Para o homem do século XIII, os limites da imaginação visual se definiam pelas formas do que lhe era contemporâneo. E Gottfried não podia imaginar um Tristão diferente do que um que possuísse a forma de um cavaleiro do século XIII. (E por isso o príncipe Shervashidze se voltou às miniaturas: as miniaturas foram o que melhor refletiu os olhares contemporâneos.)

Em Wagner, "não há o menor sinal de medievalismo, já que não há a própria essência da Idade Média — o cristianismo" (Benois).

Pode ser que Wagner, tendo se aprofundado em Gottfried de Strasburg, tenha sido obrigado a excluir Parsifal. Benois não quis olhar para Gottfried como sendo o fim da Idade Média. A segunda etapa desse fim é o romance de Paolo e Francesca no *Inferno* de Dante. Não seria no século XII que deveríamos buscar o começo do Renascimento das artes plásticas?

9) O crítico musical do *Nôvoe Vrêmia*, M. Ivánov, pergunta perplexo: "O que é que sabemos sobre o século XIII?". Eu o aconselharia a se voltar ao seguinte material:

1) *Archéologie navale*. Paris, Bertrand, 1839.

2) Enlart. *Manuel d'archéologie française*, Paris, Picard et Fils, 1904.

3) Bogoliúbov. *História dos navios* (t. 2).

4) Manuscritos do século XIII na biblioteca pública de S. Petersburgo.

5) *Le Sire de Joinville. Histoire de Saint-Louis*, edit. de M. Nat. de Wailly.

6) Viollet le Due. *Dictionnaire raisonné du mobilier français*. Paris, Morel, 1874.

7) Quicherat, *Histoire du costume en France*. Paris, Hachette, 1877.

X. SOBRE A MONTAGEM DE *CÉSAR E CLEÓPATRA* NO NOVO TEATRO DRAMÁTICO (Resenha — 1910) [24]

Todo Teatro de Drama atual se encontra fadado a arrastar a mais penosa existência em todos aqueles casos nos quais não possua forças suficientes para que o repertório se apoie nos clássicos e ainda assim revele durante a encenação algum tipo de cânone. Em nossos tempos, verdade, prefere-se assistir aos espetáculos dos teatros que abertamente chutem para longe qualquer modernismo; prefere-se assistir aos espetáculos de um teatro envelhecido, mas que não se venda por novo. Desse último, é bem sabido: aguentará mais um pouco e depois tombará. E apenas por isso é possível suportá-lo, porque ele já se encontra moribundo.

Mas quando aparece um tal teatro, decrépito em todo seu ser como qualquer criatura de um desses teatros atuais, e quando esse teatro toma para si o tom provocante de se fundir com o "novo" só porque estocou sacos inteiros de clichês do modernismo — tal teatro não pode ser suportado. O modernismo vulgarizado é exatamente igual ao conhecido aplique comercial, em que se vende ao público uma mercadoria estragada como fresca.

Quando um diretor não possui força técnica especializada para fazer que todas as partes do todo brilhem em cena como novas, nunca dantes vistas, quando não tem a capacidade de fundir a fragmentação das iniciativas artísticas numa harmonia única, então, para que se possa mostrar o velho como novo, o diretor (não tendo sido capaz de forjar junto com os atores nem uma nova dicção, novos gestos nem novas formas de agrupamento) chama cenógrafos e músicos modernistas e tenta, com a ajuda de seus figurinos, cenários e ilustrações musicais encobrir toda a nudez da mesmice intocada. E então chega o crítico teatral, cumprimenta os recursos de estilização, aplicados inteligentemente e com muito gosto. É como um verdadeiro provinciano ao folhear as páginas de *Níva*,[25] aromatizadas pelos versos de Blók e por reproduções dos quadros de Wróbel:[26] ao pensar que se comunicam com o modernismo, o "grande público" e crítica teatral aplaudem a nova arte.

O palco é decorado por verdadeiros artistas: Sapúnov, Sudêikin e Arápov. E por acaso isso influencia no tom da execução? O tom profundamente irônico de Shaw é encarado pelo diretor como uma paródia aos sujeitos históricos — e nada mais. E daí decorre que a peça é tratada com tons de *farsa* (não do grotesco: isso sim seria curioso). E disso se abre mão na cena em que César desenha seu plano na mesa mergulhando o dedo no vinho (uma farsa não precisa de César no papel de comandante intelectual). E disso o diretor prescinde também do sacerdote, chamando Cleópatra para o ritual de magia. E daí também ressoa com tanta dissonância a cena quando Teodoto grita sobre o horror do incêndio na biblioteca de Alexandria; Teodoto, que até então divertira o público com recursos do tom mais idiota. Disso se torna indiferente ao diretor que Cleópatra tenha fugido vestindo algo parecido com um quadro de Maliávin,[27] e que César lembre um mercador enfeitado por Leifert[28] para o baile de máscaras de algum clube provinciano.

Para que precisava o diretor de colocar na peça todo um *intermezzo* humorístico, em que cinco atrizes tão jocosamente imitavam as coreografias de Isadora Duncan? Será que nem o diretor nem as suas dançarinas antediluvianas pretenderam ridicularizar o duncanismo, e tenham com seriedade se transportado com tais coreografias ao ambiente de época proposto? Ingênuos, decidiram que o próprio Shaw, bordando na tela da história um verdadeiro mosaico de motivos contemporâneos, indicara ao diretor chafurdar a peça com todo tipo de anacronismos. Apenas entendida como farsa é que tal peça poderia incluir toda essa insipidez, como a de substituir uma harpista, como mostra o autor, por cinco Isadoras Duncans.

Ao mesmo tempo que os Teatros de Balé e Ópera requerem de seus "artesãos" o conhecimento indispensável de todas as sutilezas técnicas do ofício, o Teatro de Drama abre livremente suas portas a qualquer um que nelas bata. Apenas assim é que foi possível o surgimento de diretores sem conhecimentos técnicos elementares da técnica de direção...

A escada, aliás, emprestada de *A vitória da morte* de Sologúb (ou seria do *Conto eterno* de Przybyszewski?) continuava na escotilha que se encontrava aberta ao lado da ribalta; no entanto as pessoas, descendo pela larga escotilha, sumiam no buraco com grande receio; chegando até a escotilha, obrigatoriamente se voltavam de lado para os espectadores; e descendo a escada, se esforçavam para sair para algum lugar de lado, e não diretamente para o público, e parecia que todos saíam de cena como se estivessem entrando em alguma espécie de túmulo. E quando se abre a cortina, há uma multidão aos pés da escotilha de costas para o público, preparando-se para subir as escadas, e parecia que pelo chão do proscênio estavam colocadas cabeças decepadas. O arranjo de personagens nesse ato é malfeito e o caráter dos figurinos de dois povos diferentes nem mesmo consegue se diferenciar pelo colorido, que salta aos olhos de tão vagabundo. Em uma das cenas de Shaw se mostra no palco a base de um farol, no topo do qual há uma grande corrente, com a ajuda da qual se levanta até o topo o material quente para a emissão da luz sinalizadora. E apenas pelo fato de que o diretor não sabia como e quando se utilizar das "bambolinas" (aqui elas não estavam escondidas), parecia que a corrente caía não no topo do farol, mas no céu. O diretor demonstrou completo desconhecimento especialmente na tentativa de juntar em um espetáculo o não juntável.

No espetáculo *César e Cleópatra* foi apresentado um mosaico de stanislaviskismos, fuchismos, meyerholdismos,[29] evreinismos... Os gritos meningerianos da multidão atrás das coxias e em cena (Stanislávski), o proscênio recoberto de coloridos construídos "convencionadamente", que permanecem até o final do espetáculo (Fuchs), o método de distribuição em baixo-relevo das figuras na primeira cena (Meyerhold), escravas nuas de sapatos de salto alto e a harpa de *Salomé* (Evrêinov). Bem, estivemos presentes no nascimento de um novo tipo de diretor — o diretor-compilador. Mas vejam que até os compiladores devem possuir técnica: devem aprender a costurar as coisas tão bem que não se vejam as rebarbas da linha utilizada.

XI. DOS CADERNOS DE NOTAS

1

Henri-Louis Lekain escreve ao senhor de la Ferte:

"A alma é o primeiro ator, o segundo, o intelecto, o terceiro, a pureza e o calor da execução e o quarto — o refinado desenho dos movimentos do corpo".

"*Voir son art en grand*[30] — é o lema do ator" — conclui Lekain.

Henri-Louis Lekain foi um ator do palco francês da segunda metade do século XVIII.

Gordon Craig e Greorg Fuchs no início do século XX repetem o sonho de Lekain com o refinado desenho dos movimentos corporais em cena.

Não obstante, dois séculos não são suficientes para considerar madura a verdade de como é importante o desenho ao que se subordina nosso corpo em cena?

2

O teatro perdeu o coro.

Na Grécia antiga o herói era rodeado pelo grupo do coro.

E mesmo em Shakespeare o herói se encontra no centro de "caracteres" secundários. Claro, não da mesma exata forma como na Grécia, mas mesmo assim pode ser que na multidão de personagens secundários shakespearianos (que rodeiam o personagem principal) ainda se ouça o eco do coro da Grécia antiga.

O protagonista está no centro, tanto em um caso como no outro.

Mas tal centro some por completo em Tchékhov.

A "individualidade" em Tchékhov se dilui num grupo de pessoas sem centro. Some o herói.

Agora, depois de Tchékhov, nosso teatro de novo almeja o protagonista. Leonid Andréev, por exemplo, tentou recolocar o herói em cena. Mas como é difícil fazer isso, em nossos dias. Para que soasse mais alto o "heroísmo", em *A vida de um homem* era necessário ter coberto os rostos dos personagens secundários com máscaras. E quando o fizemos imediatamente percebemos que o grupo, vestido com máscaras idênticas, criava o eco do coro perdido. Seriam os personagens secundários de *A vida de um homem* parecidos com o coro grego?! Claro que não. No entanto, trata-se de um sintoma. Não sei se em breve, mas chegará o dia em que alguém nos ajudará a devolver ao Teatro aquilo que foi perdido: o coro, que de novo voltará ao palco.

3

Uma página do *Gil Blas* de Lesage:

"A atriz Florismunda disse: 'Acho que o senhor Pedro de Moya (o autor da peça) está com uma aparência de que não está gostando muito.

"— Ah, madame — exclamou Rosimiro — será que vale a pena a senhora se preocupar com isso? Será que os autores são dignos da nossa atenção? Se formos ficar amiguinhos deles — conheço esses senhores — vão imediatamente começar a se acharem os tais. Temos que nos relacionar com eles como se fossem escravos. Não tenhamos medo de tirá-los do sério. Que fiquem irritados e se afastem de nós às vezes, não faz mal: sua febre literária os trará de volta. Eles já ficam nas nuvens pelo fato de que nós concordamos em interpretar suas peças!"

Um diálogo parecido poderia ser ouvido entre nossos atores contemporâneos. Eu não me espantaria nem um pouco se tivesse achado tal página na *Casinha de papelão*,[31] de M. Kuzmín.

Vejam que frequentemente se diz que nos teatros atuais os autores são ignorados pelos senhores diretores.

Que não pense o dramaturgo contemporâneo que, se livrando do diretor, não se tornará escravo dos atores.

Aliás, não passará despercebida a aula que nos dá a história, se o dramaturgo contemporâneo, face a face com o ator, seguir o exemplo de Eurípedes.

Valéri Maxim[*] conta que uma vez, durante um ensaio, um grupo pequeno de ouvintes e atores havia desgostado de uma ideia. Todos então a consideraram contrária aos deuses e pediram que a ideia fosse cortada da peça. O fato enfureceu Eurípedes de tal maneira que ele, correndo para o palco, gritou: "Calem-se, idiotas, não são vocês que devem decidir a parte dos meus versos que agradará ou irritará os deuses. Vocês não entendem absolutamente nada; quando eu os deixo interpretar a minha tragédia não serão vocês, mas sim eu que devo lhes ensinar!".

---

[*] Cita-se o artigo de M. Kublítski, "Experiências da história do teatro dos povos antigos", Moscou, 1844.,

NOTAS DA SEGUNDA PARTE

I. MAX REINHARDT (BERLINER KAMMERSPIELE, 1907)

[1] "Som e fumaça" (alemão). (N.R.R.)
[2] A expressão russa на сукнах [na súknakh] foi aqui traduzida literalmente como "nos panos", mas equivale mais ou menos ao termo do vocabulário teatral brasileiro "mambembe", ou seja, amador, tosco, em alusão à multiplicidade de panos utilizados nesse tipo de montagem para denotar a atemporalidade e a síntese artística da trama. (N.T.)
[3] "Conselho, órgão conselhar" (alemão). (N.R.R.)
[4] *Die Kunst* [A Arte]: Jornal alemão que é publicado em Munique desde o ano de 1899 até hoje; *The Studio* [O Estúdio]: revista inglesa publicada em Londres de 1895 até os dias de hoje. *Jugend* [A Juventude]: revista alemã que foi publicada em Munique desde 1896 por vinte anos. (N.R.R.)

II. EDWARD GORDON CRAIG (1909)

[5] Artigo primeiramente publicado no *Jornal da Sociedade Artístico-Literária*, Petersburgo (primeira metade da temporada), n. 3, pp. 14-6, 1909-1910.
Consideramos interessante publicar também a breve nota de Craig sobre Meyerhold em seu artigo "O Teatro russo hoje", escrito depois de sua estada em Moscou em 1935:
"[...] Na Rússia respeitam-se muito os diretores. Os críticos os respeitam, os dramaturgos os respeitam e também os respeitam os coletivos teatrais por eles dirigidos. Adoram Stanislávski e Dântchenko, amam Taírov, mas Meyerhold impressiona a todos — é adorado e amado.
"E ele ainda por cima vive lançando enigmas a todos. Trata-se de um gigante experimentador, um galgador de montanhas, não conhece o descanso e praticamente a cada ano, tomando fôlego imenso, atinge uma nova altura. Estudem a história de seu caminho e verão quão livre é seu espírito — ele nunca se atém às suas ou às concepções antigas de ninguém.
"Eu gostaria muito de ir à Rússia para conhecer o trabalho de Meyerhold em toda sua força. O que pude ver apenas brevemente me encantou muito — o quanto

ele é corajoso. Observá-lo todos os dias ao trabalho e adquirir uma impressão completa foi-me impossível dessa vez. Por isso, se eu puder mais uma vez ir à Moscou, com muito prazer, para dizer figuradamente, me amarraria na poltrona por algumas semanas somente para que pudesse estar presente nos ensaios e nos espetáculos do Teatro Meyerhold. E somente assim, sem me preocupar com assistir às apresentações de vinte outros teatros, eu poderia observar e entender esse gênio teatral e aprender com ele.

"As horas vividas por mim em sua casa foram completamente livres de pedantismo: passei-as com um homem que queria ser, assim como eu, um artista de Teatro. Será que ele se pergunta, da mesma forma como me pergunto eu: "O que é o Teatro?..." (Gordon Craig, "The Russian Theatre To-Day". *The London Mercury*, v. XXXII, n. 192, p. 537, out. 1935.). (N.R.R.)

[6] O pai de Craig se chamava Edward William Godwin e era arqueólogo, arquiteto e cenógrafo. (N.R.R.)

[7] Em inglês no original: "Novo Clube de Arte inglês". (N.T.)

[8] Em alemão no original: "Estabelecimento das Artes e da Indústria Artística". (N.T.)

[9] Em francês no original: "fim de século, decadentismo". (N.T.)

III. (1908)

[10] Em francês no original: "eco do tempo passado". (N.T.)

IV. (1909)

[11] O livro de Wagner, *A arte e a revolução*, do qual fala Meyerhold, foi publicado inicialmente em 1849 em Zurique. Em russo, a brochura foi publicada em 1906 e reeditada em 1918 com um prefácio de A.V. Lunachárski, que dizia: "[...] a brochura continua sendo o melhor eco dos gritos do coração de um jovem artista para a revolução socialista". (N.R.R.)

[12] O mesmo artigo citado no parágrafo anterior. (N.R.R.)

[13] Definição francesa das peças que são escritas com o objetivo de demonstrar determinada posição. (N.R.R.)

VI. DRAMATURGOS RUSSOS

[14] Anna Ioannovna foi imperatriz da Rússia entre 1730-1740. (N.T.)

[15] Marius Sepet, *O drama cristão na Idade Média*. (N.R.R.)

VII. O TEATRO STARÍNNY DE SÃO PETERSBURGO

[16] O Teatro Starínny ("Antigo", em português), criado por iniciativa do diretor e dramaturgo N.N. Evrêinov, funcionou durante a temporada de 1907-1908 ("primeiro período") e depois — após uma pausa de três anos — durante a temporada de 1911-1912. (N.T.)

[17] *Pastorela*: tipo de peça musical da Idade Média. (N.R.R.)

[18] Meyerhold faz referência a si mesmo. (N.R.R.)

[19] Segundo a definição do historiador do Teatro Starínny, a "*moralité* do século XV *Doravante irmãos* foi composta pelo cristão Nicolau na cidade de Paris..." (cita-se Edward Stark [Siegfried]. *O Teatro Starínny*, Petersburgo, Ed. Trêtia Strazha, 1922, p. 22). (N.R.R.)

VIII. A MONTAGEM DE *DON JUAN* DE MOLIÈRE

[20] Artigo publicado primeiramente no livro *Do teatro*.
[21] Palais-Royal e Petit-Bourbon eram edifícios teatrais de Paris no século XVII. (N.R.R.)

IX. APÓS A MONTAGEM DE *TRISTÃO E ISOLDA* (1910)

[22] *O coringa Tantris*, E. Hardt (montado por Meyerhold em 1910). (N.R.R.)
[23] Em alemão no original: "Aquilo que dormia na noite santa, envolto pelas sombras, aquilo que eu guardava sem consciência, escondido de todos, aquilo que por um doce temor eu temia olhar em segredo, foi inundado pela luz do dia e num momento se me fez muito claro". (N.T.)

X. SOBRE A MONTAGEM DE *CÉSAR E CLEÓPATRA* NO NOVO TEATRO DRAMÁTICO (RESENHA — 1910)

[24] O Teatro Dramático Nóvy [Novo] existiu do outono de 1909 até a metade de 1911 em Petersburgo, num recinto da rua Ofitsêrskaia, onde até então ficava localizado o teatro de V.F. Komissarjévskaia. A peça *César e Cleópatra*, de Bernard Shaw, foi montada por F.F. Komissarjévski. Estreou em 29 de dezembro de 1909. (N.T.)
[25] *Níva*: revista literária popular, publicada em Petersburgo de 1869 até 1918. De variedades, direcionada à leitura familiar das classes médias, tinha como subtítulo: "revista de literatura, política e vida contemporânea". Era composta por um corpo principal e alguns anexos, que geralmente traziam reproduções das obras de arte "em voga" nas capitais, bem como textos escolhidos dos poetas "da moda". Daí a ironia de Meyerhold, ao comparar o crítico contemporâneo e o grande público ao "leitor provinciano da revista *Níva*". (N.T.)
[26] Mikhail Alexandrovich Wróbel (1856-1910): importante pintor, escultor e cenógrafo do simbolismo russo. (N.T.)
[27] Meyerhold tem em vista as pinturas do artista F.A. Maliávin, que pintava camponeses russos em vestidos coloridos. (N.T.)
[28] L.A. Leifert era o dono da oficina de figurinos e acessórios. (N.T.)
[29] O termo "meyerholdismo", que mais tarde adquiriu um sentido muito mais amplo, começa a ser usado pelo próprio Meyerhold ainda em 1910. Deve-se notar que ele será usado, de novo, algumas vezes, pelo próprio autor, especialmente no período final da luta pela sobrevivência de seu Teatro: "Meyerhold contra o meyerholdismo" é o nome da palestra proferida por ele em 1936, em que defende os pontos de vista de seu trabalho ante a popularização formal de suas pesquisas. (N.T.)

XI. DOS CADERNOS DE NOTAS

[30] Em francês no original: "Ver a sua arte grandemente". (N.T.)
[31] "Casinha de papelão" é o nome do conto sobre a vida desse homem do teatro. Foi publicado no almanaque *Noites Brancas*, Petersburgo, Vôlnaia Tipografia, 1907. (N.R.R.)

TERCEIRA PARTE

BALANGAN (1912)[1]

I

"Mistério no teatro russo." Eis o nome dado por Benois a uma de suas "Cartas Artísticas".* Julgando pelo nome, poderíamos pensar que o jornal estivesse discorrendo sobre a montagem, em palco russo, de uma das peças de Alexei Remízov, tão ligadas às tradições do espetáculo medieval, ou então que Skriábin tivesse finalmente materializado seus desejos e que Benois estivesse correndo para contar ao público sobre esse grandiosíssimo acontecimento da cena russa: o aparecimento de uma nova forma cênica, que repete os rituais de Mistérios da cultura grega antiga.

Só que o Mistério não é realizado nem por Alexei Remízov nem por Skriábin, vejam só, mas segundo as opiniões de Benois, no palco do Teatro de Arte de Moscou, com a montagem dos *Irmãos Karamázov*.

Não resta nenhuma dúvida de que Benois não formula sua palavra "mistério" de μυστήριον.[2] Quem é que poderia achar que Benois tenha realmente visto nesse espetáculo traços dos maravilhosos Mistérios eleusinos?[3]

Muito mais provável é que o Mistério de Benois esteja mais próximo de *ministerium*.[4] Mas que indicações dos mistérios medievais se encontram no espetáculo *Irmãos Karamázov*? Ou será que a redenção através dos mistérios gregos tenha se misturado com traços dos mistérios medievais, com sua edificação moral e suas demonstrações visuais?

No romance de Dostoiévski os traços de redenção e edificação moral estão escancarados, mas se encontram

* *Rêtch*, n. 114, 27 de abril de 1912.

inseridos através de uma construção genial de tese e antítese: deus e o diabo. Zósima e os Karamázov, respectivamente símbolos da divindade e do diabo, constituem-se nas duas bases inseparáveis do romance.

Mas na montagem o centro de gravidade do desenvolvimento da intriga foi deslocado para Mítia. Na transformação do romance em peça some a tríade de Dostoiévski: Zósima, Aliócha, Iván e a relação entre os três. E sob a aparência de *Irmãos Karamázov* se encena nada mais do que a fábula do romance — ou melhor, a fábula de alguns capítulos do romance. Uma tal alteração do romance em peça nos parece um tanto blasfema não apenas em relação a Dostoiévski, mas (se é que os criadores da encenação pretendiam fazer dela um Mistério) também para com a ideia verdadeira de Mistério.

Se é que podemos esperar algum Mistério no teatro russo, de quem mais o esperaríamos senão de Alexei Remízov ou de Skriábin?! Aí aparece a pergunta: seria chegada a hora? E ainda outra: seria o Teatro capaz de receber em seu seio o Mistério?

Skriábin canta em sua primeira sinfonia um hino à arte como religião. Na terceira, descobre a força do espírito de autolibertação e autoafirmação da individualidade. O homem obtém, no "Poema do êxtase", a felicidade advinda da consciência de que ultrapassou o caminho tortuoso e que agora escuta o ressoar da hora da arte. Nessas etapas Skriábin alcançou material não pouco valioso e que se encontra preparado para ser utilizado num ritual grandioso, a ser encenado por um Mistério, em que se uniriam a harmonia e a música, a dança, a luz e o inebriante cheiro de flores silvestres. Se observarmos como Srkiábin percorreu rápida e monstruosamente o caminho de sua primeira sinfonia até o *Prometeu*, podemos dizer com convicção: Skriábin está pronto para encarar o público com um Mistério. Mas se o próprio *Prometeu* não conseguiu fundir o ouvinte contemporâneo numa coletividade única, desejaria Skriábin encarar o público com um Mistério? Não por acaso o autor de *Prometeu* parte para a beira do Ganges. Ficando aqui não conseguiria nunca a audiência necessária para um Mistério, já que ainda não é possível reunir em torno de si verdadeiros crentes e santos.

Quando falamos sobre os Mistérios e sobre sua criação para o largo público, sempre gosto de apontar para dois fenômenos da história do teatro francês que poderiam nos ensinar alguma coisa.

O primeiro são os *Confrères de la Passion*,[5] que mantendo fortemente as convenções dos mistérios originais, deveriam se limitar estritamente à comunidade da santíssima trindade, apresentando-se apenas para os membros da Igreja, o que levou à criação da Casa dos Mistérios.

Já os funcionários da *Corporação de Bazoche*,[6] por outro lado, saíram às ruas apoiando-se sobre as bases da pantomima. E foi então que se criou o verdadeiro teatro, nessa estreita união entre os histriões e o povo.

Delinearam-se, assim, nitidamente, dois campos da ação pública: o misterioso e o teatral.

Mas por aqui ainda se reluta em separar esses dois campos tão contraditórios.

Remízov traz a sua *Ação demoníaca* ao teatro onde ainda ontem o público vaiava o autor de *Balagánchik*, verdadeiro mago da teatralidade.[7] E mesmo que parte do público vaiasse Blók e seus atores, o teatro era teatro.

Talvez por isso o público tenha tido coragem de assobiar tão freneticamente e tenha formado uma relação com a apresentação como uma relação de ordem teatral. O Neomistério de Remízov, como qualquer mistério, requeria do espectador uma outra espécie de relação com a nova ação, e o espectador-ouvinte se comportou em cena tal como se comportara no espetáculo *Balagánchik*. Como é que Remízov pôde arriscar entregar a *Ação demoníaca* à sala de espetáculos onde Blók fora capaz de criar uma atmosfera de verdadeira teatralidade com um só golpe de sua varinha mágica?

A.I. Golovin. Retrato de V. Meyerhold, 1917.

Estou certo de que enquanto os criadores do Neomistério não romperem de vez com o teatro, enquanto não saírem dele definitivamente, o mistério irá atrapalhar o teatro e o teatro atrapalhará o mistério.

Certo estava Andrei Biéli, que analisando o teatro simbolista dos dias atuais chega à seguinte conclusão: "Que continue o teatro como teatro e o Mistério como Mistério". Entendendo perfeitamente o perigo da miscigenação desses dois gêneros de apresentação contraditórios e considerando a completa impossibilidade de nascimento do verdadeiro Mistério ante nossa ossificação religiosa, Andrei Biéli quer "que se restaure em sua dignidade modesta o teatro tradicional".[8]

É o próprio público que impede a restauração do teatro tradicional, aliando-se aos pretensos dramaturgos que transformam a literatura para leitura em literatura para o teatro. Como se não bastasse a bagunça que reina na cabeça do público em relação ao teatro. Benois, chamando o espetáculo *Irmãos Karamázov* de um Mistério, causa nas opiniões do público acerca do teatro como teatro uma bagunça ainda maior e impede ainda mais a restauração do teatro tradicional.

O caos do qual não tem podido de forma nenhuma sair o teatro contemporâneo, no qual não existe quantidade suficiente de pessoas enérgicas que possam ajudá-lo a se separar do Mistério, como aconteceu com o teatro da velha Paris, foi crivelmente o que deixou Benois num certo estado de irritação. De outra forma, como explicar que a "ação de verdadeira ordem religiosa" de que chamou um espetáculo não possuísse qualquer coisa em comum com o Mistério?

Contudo, algumas linhas da mesma carta de Benois, apesar de não fornecerem a chave para o esclarecimento sobre como ele entende o Mistério, fornecem-nas, pelo menos, para o esclarecimento de sua relação para com o teatro como teatro. Ele escreve: "Repito que o Teatro de Arte, assim como Mítia, não é capaz de mentir", e mais adiante: "Tudo o que funciona cenicamente na *Comédie-Française*, tudo o que possa vir a funcionar para Reinhardt e Meyerhold, ou seja, tudo aquilo que não passa de enganação e cabotinagem é inatingível para o Teatro de Arte".

Benois confere à palavra cabotinagem um significado terrível. Ele a utiliza quase como uma repreensão, como se no teatro reinasse algo maléfico. Vejam que, na opinião de Benois, aqueles que se preocupam com a reforma da cena contemporânea não fazem mais do que levar o público à enganação, criando uma ficção de teatro renovado.

Segundo ele, o único que "não é capaz de mentir" é o Teatro de Arte de Moscou.

Benois considera uma falsificação a inclusão da cabotinagem no domínio do Teatro. "Tudo o que não passa de enganação, cabotinagem" é, para os dirigentes do Teatro de Arte de Moscou, "inatingível".

Poderia existir, no entanto, teatro sem cabotinagem? E o que é essa tal cabotinagem, tão odiada por Benois? Cabotino é o comediante nômade. Cabotino é o irmão do mímico, do histrião, do malabarista. Cabotino é aquele que domina a milagrosa técnica do ator. Cabotino é o portador das tradições da verdadeira arte do teatro. E é aquele com a ajuda do qual o teatro ocidental alcançou seu desabrochar (ao menos os teatros espanhol e italiano do século XVII). Benois, voltando seus olhares para o Mistério e alegrando-se com seu renascimento nos palcos russos, fala descuidadosamente da cabotinagem como uma espécie de mal, sendo que os próprios Mistérios buscavam a ajuda nos cabotinos. Os cabotinos estavam por toda parte, e onde quer que houvesse algum tipo de apresentação, os criadores dos Mistérios esperavam deles uma execução precisa de todas as difíceis tarefas dos espetáculos de Mistério. Sabemos hoje pela história do teatro francês que os servidores dos Mistérios não possuíam força suficiente para executar suas tarefas sem a ajuda dos malabaristas. Nos tempos de Felipe, o Belo, em meio aos enredos religiosos, de repente saltava em cena uma inesperada farsa sobre as entradas obscenas de uma Raposa.

Quem mais interpretaria tal farsa senão os cabotinos? Durante o lento desenvolvimento dos mistérios de procissão começam a aparecer novíssimos enredos, que cada vez mais requerem de seus executores novíssimos recursos técnicos. E resolver as complicadíssimas tarefas das apresentações de Mistérios ficava a cargo dos cabotinos. Dessa forma, como podemos ver, a cabotinagem não era alheia nem mesmo às apresentações de Mistérios; o cabotino desempenhava um papel significante no próprio destino dos Mistérios.

O Mistério, sentindo-se desamparado, começou então a incluir em si elementos da popularidade apresentados pelos mímicos e teve de sair do púlpito da igreja, através do alpendre, pelo cemitério e enfim chegar à praça. Sempre que o mistério tentou entrar em união com o teatro, não pôde deixar de se apoiar nas bases do mímico, e assim que terminou de realizar sua união com a arte do ator, imediatamente se dissolveu na mesma e deixou de ser Mistério.

E pode ser que isso seja sempre assim: não havendo cabotino, não há Teatro, e vice-versa; quando o Teatro recusa as leis fundamentais da teatralidade, imediatamente passa a achar que tem condições de existir sem o cabotino.

Para Benois, "Mistério" é, evidentemente, aquilo que seria capaz de salvar o teatro russo da queda, e a cabotinagem aquilo que o prejudica. Penso ser o contrário: o Mistério sobre o qual fala Benois é prejudicial ao teatro russo e o que é capaz de fazê-lo se levantar é precisamente a cabotinagem. E para salvar o teatro russo da aspiração de se tornar servo da literatura é imprescindível, custe o que custar, fazer voltar à cena o culto à cabotinagem no sentido mais amplo da palavra.

Mas como fazê-lo?

Em primeiro lugar, penso ser necessário trabalhar no estudo e na restauração dos antigos teatros nos quais uma vez reinou tal culto à cabotinagem.

Nossos dramaturgos não conhecem em absoluto as leis do verdadeiro teatro. No teatro russo do século XIX surgem em cena, em substituição ao velho *vaudeville*, as peças de dialética brilhante, peças em *thèse*, peças cotidianas, peças de "estados de humor". *

O beletrista faz *apenas* diminuir e diminuir as linhas de descrição dos caracteres, aumenta o número de diálogos entre os personagens tendo em vista a "vivacidade do conto" e, no final das contas, convida seus leitores a passarem da sala de leitura a plateia teatral. É necessário um cabotino a serviço do beletrista? Claro que não. Os próprios leitores podem entrar em cena e de lá, em voz alta, distribuindo os papéis, ler para o público os diálogos de seu beletrista favorito. E a isso se chama "leitura amadora". Mas todos se apressam em nomear ao leitor transformado em ator, e assim surge a nova expressão "ator intelectual". Imediatamente toma conta da plateia o mesmo silêncio mortal dos salões de leitura. O público cochila. Semelhante imobilidade e solenidade cabem apenas à sala de leitura.

Para que o beletrista pesquisador da cena se torne dramaturgo, seria bom forçá-lo a escrever algumas pantomimas. Ótima "reação" contra a péssima e desnecessária utilização das palavras. Que apenas não se assuste esse recém-aparecido autor com o fato de quererem privá-lo para todo o sempre da possibilidade de falar em cena. Será permitido apenas que forneça palavras ao ator, e mesmo assim quando se encontre pronto o *roteiro de movimentos*. Quanto mais demorará para que se passe a escrever nos mandamentos

---

* Falo sobre o velho *vaudeville* não porque ache que seja necessário fazê-lo retornar ao teatro, mas pego essa forma cênica como um exemplo de forma ligada às tradições teatrais (e não literárias), de um lado, e ao gosto popular, do outro. É preciso lembrar que o *vaudeville* nos chega através da França, e sabemos que o *vaudeville* francês apareceu assim: "Perto do porto St. Jacques havia durante muito tempo um teatro popular de improvisação. O povo chegava em multidões para assistir e escutar às alegres canções e ceninhas de três comediantes inesquecíveis. Os três aprendizes de padeiro, advindos da Normandia, vieram a Paris para tentar a sorte, trazendo à capital as ousadas canções folclóricas e os frescos jogos populares da Normandia, que deram com o tempo no *vaudeville* francês. Toda a cidade os conhecia e os amava, e os nomes que assumiram, Gautier-Garguille, Turlupin e Gros-Guillaume, ficaram gravados na memória dos séculos da história do humor francês" (Cito Founel, *Spectacles populaires et artistes des rues*, Paris, E. Dentu, 1863). O *vaudeville* surge, como vemos, das cantigas e recursos dos jogos populares.

teatrais a regra: *palavras no teatro são apenas padrões na tela dos movimentos*?

Li em algum lugar: "o drama lido é, antes de tudo, diálogo, discussão, dialética intensificada. O drama em cena é, por sua vez, a ação, a luta intensificada. Aqui as palavras são, por assim dizer, apenas sobretons da ação. Elas devem involuntariamente se destacar do ator dominado pelo movimento natural da luta dramática".

Nas solenidades medievais dos Mistérios, sabia-se muito bem da força mágica da pantomima. As cenas mais tocantes nos mistérios franceses do fim do século XIV e do começo do XV eram mudas. As movimentações dos personagens explicavam o conteúdo do espetáculo muito melhor do que os abundantes discursos em verso ou em prosa. É muito instrutivo que apenas quando o espetáculo de Mistério passa da retórica seca das cerimônias religiosas para as novas formas de ação, cheias de elementos emocionais (primeiro ao milagre, depois à *moralité* e depois à farsa), é que imediatamente surjam em cena as figuras do malabarista e do pantomimo.

A pantomima costura a boca do palestrante, que tem seu lugar na cátedra e não no palco, e o malabarista anuncia a significação autossuficiente do ofício de ator: a expressividade do gesto, a linguagem da movimentação corporal não apenas na dança, mas em qualquer posição cênica. O malabarista requer para si antes de mais nada a máscara, mais roupas para a miscelânea de figurinos, mais brilho e mais penas, mais guizos e mais de tudo aquilo que faz do espetáculo tão brilhante e barulhento.

E não importava como os detentores das apresentações religiosas estivessem preparados para as formas piedosas, era necessário mostrar três meninas nuas representando sereias na festa de coroação de Luís XI. Por ocasião da coroação da rainha Isabel de Baviera, era preciso que ao lado das cerimônias religiosas os bons burgueses encenassem a grande batalha do rei Ricardo contra Saladino e os sarracenos. Na coroação de

Anna de Baviera surge então o ator, representando o Prólogo e se dirigindo à multidão na forma de versos.

Por acaso não se enxerga em tudo isso a aspiração de todo espetáculo se submeter à cabotinagem?

Figuras simbólicas, andanças, batalhas, prólogos, paradas, todos são elementos de verdadeira teatralidade. Nem mesmo os Mistérios podiam deles prescindir.

É necessário procurar pela origem do teatro precisamente no tempo do desabrochar da cabotinagem. Seria errôneo pensar que, por exemplo, o teatro no hospital da Santíssima Trindade[9] tenha surgido dos Mistérios. Não. Surgiu do meio da mímica de rua durante as solenes coroações de reis.

A propósito.

Atualmente, a maioria dos diretores se volta à pantomima e considera esse gênero de drama um gênero verbal. Penso que isso não é por acaso. Aqui não se trata apenas de uma questão de gosto. Não apenas porque as pantomimas encerram em si uma beleza encantadora e peculiar é que os diretores tentam cultivar tal gênero. Os diretores contemporâneos pensam que, no caso da reconstrução do Velho teatro, é imprescindível começar pela pantomima, já que na encenação dessas peças silenciosas se abre aos atores e aos diretores toda a força dos elementos primordiais do Teatro: a força das máscaras, do gesto, dos movimentos e da intriga.

A máscara, o gesto, o movimento e a intriga são completamente ignorados pelo ator contemporâneo. Ele perdeu completamente a ligação com as tradições dos grandes mestres da arte dos atores. Deixou de ouvir de seus companheiros mais velhos de ofício sobre o significado autossuficiente da técnica de ator.

O comediante foi trocado no teatro contemporâneo pelo "leitor inteligente". Nos cartazes contemporâneos se poderia escrever: "Leitura dramática com figurino e maquiagens". O novo ator se safa sem máscaras e sem a técnica de malabarista. A maquiagem substitui a máscara, tarefa que se cumpre com a reprodução mais ou menos precisa de todos os traços faciais que se veem na vida. E a técnica do malabarista se faz completamente desnecessária ao ator contemporâneo porque ele nunca "joga", mas "vive" em cena. Ele não compreende a palavra mágica do teatro — "jogo" —, já que o imitador não se encontra nunca em condições de se levantar ao nível da improvisação, que por sua vez se apoia na infinita e múltipla fusão e alternância de recursos técnicos uma vez alcançados pelo histrião.

O culto à cabotinagem que, tenho certeza, surgirá junto com a restauração do Velho teatro, ajudará o ator contemporâneo a se relacionar com as leis fundamentais da teatralidade.

Os reconstrutores dos palcos antigos, extraindo seus conhecimentos das teorias esquecidas das artes cênicas, dos velhos anais teatrais e da iconografia, se prestam a fazer que o intérprete acredite na força e no significado da técnica de ator.

Como o romancista-estilizador que reconstrói o passado através do material dos antigos cronistas e depois o enfeita com sua própria fantasia, o ator poderá recriar a técnica dos comediantes esquecidos com o material recolhido para ele pelos reconstrutores acadêmicos.* Num impulso de êxtase ante a simplicidade, a nobreza refinada e a grandiosíssima artisticidade dos velhos e dos novos recursos atorais de todos esses histriões, *mimi*, *atellani*, *scurrae*, *jaculatores*, *ministrelli*[10] — o ator do futuro poderá, ou melhor, deverá, se quiser continuar sendo ator, fazer concordar seus impulsos

---

* Será que a observação de Calderón não diz nada ao artista cênico contemporâneo? "Don Guiterres entra como se tivesse pulado por uma cerca" (*Médico de sua honra*). É pelo "como se" que o ator define o quão ginástica será a entrada de seu *alter ego* hispânico, e o diretor se indaga sobre o grau de primitivismo dos palcos daqueles tempos. Ainda serve muito ao diretor a lista do inventário cênico, que se manteve inteira desde 1598: "Item: precipício, masmorra, Boca do Inferno, túmulo de Dido. Item: oito exemplares de escada para o Faetón, para que chegue até o céu. Item: Dois bolos de esponja e a cidade de Roma. Item: tosão dourado, dois pórticos, um loureiro. Item: abóbada do céu feita de madeira e a cabeça do velho Maomé. Item: Três cabeças de Cérbero, a cobra de Fausto, um leão, duas cabeças de leão, um grande cavalo com patas. Item: Par de luvas vermelhas, mitra papal, três coroas de imperador, uma plataforma para a execução. Item: um caldeirão para o judeu. Item: Quatro paramentos para Herodes, um manto verde para Mariana, um cobertor para Eva, uma fantasia de Espírito e três chapéus de *dons* espanhóis".

emocionais com seu ofício, suavizando um e outro nas molduras tradicionais da técnica do Velho teatro.

Quando se fala sobre a reconstrução dos palcos antigos, se escuta sempre: oh, mas que tédio isso de os dramaturgos contemporâneos ficarem confinados a subordinar suas criações à antiguidade para competir com os *intermezzos* de Cervantes, os dramas de Tirso de Molina e com os contos de Carlo Gozzi! Ora, caso o dramaturgo contemporâneo não queira seguir as tradições do teatro Antigo, se distanciando temporariamente do teatro que extrai sua renovação da antiguidade, isso virá apenas para o bem do teatro contemporâneo. O ator que se entediar de "exercer o ofício" em peças vívidas, logo irá querer não apenas atuar, mas também criar por si só. E então por fim renasce o *teatro da improvisação*. Se o dramaturgo quiser ajudar o ator, seu papel no teatro se torna muito simples à primeira vista, mas na verdade é o papel dificílimo de criador de roteiros e prólogos que deem ao público esquematicamente o conteúdo daquilo que os atores estão prontos para jogar. O Dramaturgo, espero, não pode rebaixar tal papel. Por acaso Carlo Gozzi perdia algo pelo fato de que, dando à trupe de Sacchi roteiros, concedia aos atores a liberdade de inventar monólogos e diálogos *ex improviso*?[11]

E me perguntam: mas por que precisa o teatro necessariamente de todos esses prólogos, cortejos e coisas do gênero?

Não é suficiente apenas o roteiro?

O prólogo e o subsequente cortejo, a falação direta com o público, tão amada pelos italianos e espanhóis do século XVII e pelos vaudevillistas franceses, todos esses elementos do Antigo teatro obrigam o espectador a olhar para a apresentação como se estivessem olhando para um jogo. E quando o espectador estiver envolvido pelo ator no país do pensamento demasiado profundamente, então o ator tentará o mais rapidamente possível (através de alguma réplica inesperada ou algum longo *aparte*) lembrar o espectador do que é que acontece diante de si, de que tudo não se passa de um "jogo".

Enquanto Remízov e Skriábin procuram seus lugares nas praças que se preparam para os novos teatros, enquanto seus mistérios esperam a reunião dos santificados, o teatro, se entregando ao malabarista, entrará numa cruenta batalha com os dramas de conteúdo cotidiano, dialógicos, com as peças de *thèse* e de "estados de humor". O novo Teatro de Máscaras aprenderá com os espanhóis e italianos do século XVII a construir seu repertório nas regras da feira pública, onde "impressionar" vem sempre antes de "instruir", e onde os movimentos se apreciam muito mais do que as palavras. Não é por acaso que a pantomima era a forma dramática favorita dos integrantes de *Bazoche*.

Schlegel afirma que a pantomima havia alcançado uma perfeição inalcançável na época dos gregos antigos.[12] M.K.[*] completa dizendo que "o povo que se ocupava com tamanho sucesso das artes plásticas, num país onde existiam tantas estátuas, onde tudo ensinava a graça, pôde desenvolver e aperfeiçoar a pantomima".

Não chegaríamos às maravilhas da graça com os regulares exercícios da arte pantomímica, ou nós não viveríamos mais sob o mesmo céu e sob o mesmo sol da antiga Ática?

II

Dois teatros de marionetes.

Da mesma forma com que era preciso que o ídolo acenasse com a cabeça ao pagão, é necessário ao titeriteiro que o boneco solte sons semelhantes à voz humana. Assim, na tentativa de reproduzir a realidade tal como ela é, o diretor começa a aperfeiçoar seus bonecos até que não lhe reste mais na mente outra ideia para a resolução de problema tão complexo: substituir o boneco por uma pessoa.

Um outro diretor, no entanto, percebe que aquilo que impressiona o público em seu teatro não são apenas os enredos

[*] *Esboço sobre a história do teatro*, Moscou, tipografia Gautier, 1848.

espirituosos interpretados por seus bonecos, mas também (e talvez antes de mais nada) que não há, mesmo à margem de toda a sua vontade de reproduzir a vida em cena, absolutamente nenhuma semelhança entre os movimentos e posicionamentos dos bonecos com aquilo que o público vê na vida.

Quando assisto à interpretação dos atores contemporâneos sempre me é muito claro que diante de mim se encontra o teatro aperfeiçoado de marionetes do primeiro dos dois diretores, ou seja, aquele em que o homem veio em substituição à boneca. Aqui o homem não se encontra nem um passo sequer atrás da vontade de subordinar o boneco à vida. Por isso mesmo é que o homem fora chamado para substituir o boneco: na cópia da realidade só ele é capaz de fazer aquilo que era impossível para o boneco, alcançar a mais verdadeira adequação à vida.

O outro diretor, tendo experimentado também fazer que sua boneca se passasse por um humano vivo, rapidamente notou que, quando começava a aperfeiçoar o mecanismo de seus bonecos, estes começavam a perder parte de seu encanto. E pareceu-lhe até mesmo que seus próprios bonecos se recusavam a passar por tal bárbara falsificação. Ao enxergá-lo, esse diretor percebe a tempo que a falsificação possui uma espécie de barreira que, se atravessada, levaria à inevitável substituição da boneca pelo homem.

Mas poderia ele se separar dos bonecos que foram os responsáveis pela criação de um mundo de encanto em seu teatro, de gestos tão expressivos, subordinados a uma técnica tão mágica e particular, tão angulares que chegaram a se tornar plásticos,[*] com movimentos até então incomparáveis?

Descrevi os dois teatros de marionetes para forçar os atores a pensar: deveriam eles ir à substituição das bonecas e continuar seu papel subserviente, privando-se da liberdade de criação individual, ou deveriam eles criar uma espécie de

---

[*] O termo é retirado das obras do cubista Lhote (André), publicadas no n. 6 de *Apollon*, em 1912: "Depois de prestar homenagem ao estilo colorido e ao plano dos vitrais, o jovem artista passa com entusiasmo para a *angularidade plástica da escultura em madeira*" (o itálico é meu).

teatro no qual as próprias marionetes pudessem se defender, não desejando entregar-se às aspirações do diretor de mudar sua natureza? O boneco não deseja se assemelhar ao homem porque o mundo representado por ele é o mundo maravilhoso da invenção, e o homem representado por ele é um homem inventado, os tablados pelos quais se movimentam são a cauda de um piano, onde se escondem as cordas de seu ofício. Mas nesse mundo as coisas não se dão dessa forma porque assim ocorre na natureza, mas pelo fato de que assim o querem os bonecos. E o que querem não é copiar, mas criar.

Quando uma boneca chora, suas mãos seguram o lenço sem encostar nos olhos. Quando uma boneca mata, fura tão cuidadosamente seu oponente que a ponta de seu florete nem mesmo toca o peito do outro. Quando uma boneca estapeia, a tinta nem mesmo sai da bochecha do estapeado, e há tanto cuidado nos abraços de bonecos-amantes que o espectador, mesmo amando assistir às suas carícias de tão respeitosa distância, nem mesmo chegam a se perguntar em que acabarão tais abraços.

Mas por que é que o homem, quando apareceu em cena, se subordinou tão cegamente ao diretor, que desejava transformá-lo num bonequinho da escola materialista?

O homem não quis criar em cena a *arte do próprio homem*.

O ator contemporâneo custa a entender que o comediante-mimo é chamado para levar o espectador ao mundo da invenção, impressionando-o pelo caminho do brilhantismo de seus recursos técnicos.

O gesto pensado (só cabível ao teatro), o movimento convencionado (só pensável no teatro) e a maneira de leitura teatral artificialmente confeccionada só são condenados pelo público e pela crítica porque o entendimento de "teatralidade" não foi ainda expurgado dos traços de amadorismo trazidos pelos pretensos "atores viscerais". O "ator visceral" quer depender apenas de seu próprio estado de humor. Não deseja entregar sua vontade ao domínio dos recursos técnicos.

O "ator visceral" se gaba de ter trazido de volta à cena o brilho da improvisação. Ingênuo, acha que essas improvisações teriam alguma coisa em comum com as improvisações das comédias italianas antigas. Não sabe que os intérpretes da *commedia dell'arte* faziam suas improvisações exatamente através da roteirização de suas sofisticadas técnicas. O "ator visceral" nega toda técnica. A "técnica impede a liberdade de criação", diz ele. Para esse tipo de ator é valido apenas o momento inconsciente de criação sobre base emocional. Se tal momento acontece, sucesso. Se não acontece, fracasso.

Por acaso a aparição da emocionalidade atrapalha a precisão do ator? Perto do altar de Dioniso agia em movimentação plástica um homem vivo. Suas emoções queimavam, pensava-se, incontrolavelmente. O fogo do altar dava motivo ao grande êxtase. Contudo, o ritual dedicado ao deus da uva possuía métrica e ritmo preestabelecidos, recursos técnicos de transição e gestos muito bem determinados. Vejam que belo exemplo de onde a aparição do temperamento não atrapalhava a precisão do ator. O grego dançante, ainda que obrigado a observar uma série de regras tradicionais, podia contudo incluir em sua dança quantas invenções pessoais quisesse.

Até o dia de hoje o ator contemporâneo não possui sob seu domínio nenhuma regra do ofício de comediante (e vejam que arte é apenas aquilo que se subordina às regras; pelo pensamento de Voltaire: "a dança é uma arte pois está subordinada a leis"*), e foi capaz de criar em sua arte o mais terrível caos. Como se fosse pouco, ainda acha necessário levar esse caos a todos os outros campos da arte com os quais tenha o mínimo contato. Se deseja unir-se à música, então, quebrando todas as leis básicas inventa a melodeclamação. Se lê alguns versos em cena, então, conferindo significado apenas ao conteúdo dos versos, se apressa em colocar acentuações lógicas e não quer nem saber da métrica ou do ritmo, das cesuras e das pausas, das entonações musicais.

* Cito do brilhante artigo de A. Levinson, "Noverre e a estética do balé no século XVIII" (*Apollon*, n. 2, 1912).

Os atores da contemporaneidade, aspirando à metamorfose, se impõem o objetivo de anular o seu próprio "eu" e criar em cena a ilusão de vida. Ora, por que então se escrevem nos cartazes os nomes dos atores? O Teatro de Arte de Moscou, encenando a *Ralé*, de Górki, substituiu os atores em cena por verdadeiros mendigos. A aspiração à metamorfose chegou a um nível tal em que é mais útil libertar o ator da tarefa impossível de se metamorfosear em completa ilusão. Para que é que se coloca então nos cartazes o nome do intérprete Teteriev?[13] Por acaso pode ser chamado de intérprete aquele que mostra em cena sua própria natureza? Para que causar confusão no público?

O público vai ao teatro assistir a arte humana. E que bela é a arte de andar pelo palco consigo mesmo! O público espera a invenção, o jogo, o ofício. E recebe a vida ou, pior, apenas uma imitação servil dela.

Mas não estaria a arte humana no ator que, despojando-se de todas as camadas do ambiente ao seu redor, sabe escolher a máscara, o figurino, os acessórios e brincar ante o público com todo o brilho da técnica do dançarino, do intriguista num baile de máscaras, do vagabundo da comédia italiana antiga ou mesmo do malabarista.

Lendo cuidadosamente as páginas semiapodrecidas de uma antologia de roteiros, ao menos nos de Flaminio Scala (1611),[14] chega-se à força mágica das máscaras.

Arlequim, nascido em Bérgamo, servo do velho Doutor, devido à avareza de seu mestre é obrigado a vestir uma roupa de retalhos coloridos. Arlequim não passa de um pobretão bobo, um servo espertalhão que parece sempre alegre.

Mas notem, o que esconde por detrás de sua máscara?

Arlequim é um poderoso mago, encantador e feiticeiro, um representante das forças infernais.

A máscara é capaz de esconder sob si não apenas duas dessas formas tão contraditórias.

Os dois rostos de Arlequim são dois polos. Entre eles há uma quantidade infinitamente grande de mudanças de aparência, de sombras. Como é mostrada ao espectador a multiplicidade de formas do caráter? Com ajuda da máscara.

O ator, dominando a arte do gesto e dos movimentos (e aí reside sua força), manuseia a máscara de tal forma que o espectador sempre sente claramente o que se encontra diante de si: o pobretão tonto de Bérgamo ou o diabo.

Esse camaleonismo, escondido sob a imutável máscara do comediante, fornece ao teatro um jogo encantador de luz e sombras.

Não é a máscara que ajuda o espectador a se inserir no país da invenção?

A máscara faz que o espectador veja não apenas o Arlequim que se encontra à sua frente, mas todos os que ficaram em sua memória. E na máscara o espectador vê ainda todas as pessoas que tenham mais ou menos alguma coisa a ver com sua forma. Mas seria apenas a máscara a responsável por criar as encantadoras intrigas do teatro? Não.

É o ator com a arte de seus gestos e movimentos que faz que o espectador se transporte para o reino de contos de fadas onde voa o pássaro azul, onde falam os animais, onde o canalha vagabundo Arlequim, extraindo suas forças das profundezas terrestres, se transforma num pobretão capaz de contar as piadas mais impressionantes. Arlequim é um verdadeiro equilibrista, quase um funâmbulo. Seus pulos revelam destreza incomum. Suas piadas *ex improviso* impressionam o espectador por sua absurdez hiperbólica, estranha mesmo aos próprios senhores sátiros. O ator é um dançarino, e sabe dançar como um grande bailarino ou como um bando de moleques de rua. O ator sabe fazer chorar e, após alguns segundos, rir. Ele segura sobre seus ombros o gordo Doutor e ao mesmo tempo salta pela cena, como se fosse a coisa mais fácil do mundo. Ele é leve e flexível ou desajeitado e encarquilhado. O ator domina o conhecimento de mil entonações diferentes, mas não as utiliza para ficar imitando diferentes caras, mas apenas como um enfeite em adição à sua multiplicidade de gestos e movimentos. O ator sabe falar rápido quando interpreta o papel de um espertalhão e vagarosa e cantadamente quando representa um pedante. O ator sabe desenhar através do tablado com seu corpo figuras geométricas, e de vez em quando pular imprudente e alegremente, como se voasse pelos ares.

No rosto do ator não há nada além de uma máscara morta, e no entanto, com a ajuda de sua arte, o ator consegue dotá-la de tal angulamento e dobrar seu corpo em poses tais que mesmo a máscara mais morta se torna viva.

Desde a aparição de Isadora Duncan e depois ainda mais com o aparecimento da teoria rítmica de Jacques-Dalcroze,[15] o ator contemporâneo começa a refletir sobre a significância do gesto e da movimentação em cena. Mas a máscara ainda o interessa pouco. Quando se começa a falar sobre máscaras o ator imediatamente pergunta: seria possível o aparecimento das máscaras e dos contornos do teatro antigo na cena contemporânea? O ator ainda enxerga na máscara apenas o elemento de um papel servil: para ele a máscara é apenas aquilo que alguma vez ajudara a denotar o caráter do papel e a superar as dificuldades de determinadas condições acústicas.

Ficaremos esperando sentados, no entanto, se decidirmos esperar que a aparição do ator sem máscara no tablado cause tanta indignação no público como causou, por exemplo, o dançarino Gardelle na corte de Luís XIV, quando ousou entrar em cena sem máscara. Por enquanto o ator contemporâneo não deseja por nada no mundo entender a máscara como símbolo do teatro. E não apenas o ator.

Tive a experiência de interpretar a figura de Don Juan pelo princípio do teatro de máscaras.* Mas a máscara não foi nem sequer percebida no rosto do intérprete de Don Juan pelo "crítico de arte" Benois.

---

* Teatro Imperial Alexandrínski. *Don Juan* foi apresentado pela primeira vez em 9 de novembro de 1910.

"Molière ama a Don Juan, Don Juan é seu herói, e como todo herói é até um pouco o retrato do próprio Molière. Mas bem, colocar em vez desse herói um tipo sátiro… não se trata apenas de um erro, mas muito mais."[*]

Essa é a opinião de Benois sobre o *Don Juan* de Molière. Benois deseja ver em Don Juan a forma do "sedutor de Sevilha", à maneira como o representaram Tirso de Molina, Byron e Púchkin.

Don Juan guardou os pontos principais de seu caráter, mesmo tendo passado de poeta em poeta. Da mesma forma refletia como num espelho também as mais variadas naturezas dos diferentes poetas, a essência dos mais variados países e as expressões dos mais variados ideais sociais.

Benois se esquece de que Molière inclinava-se à figura de Don Juan não como um fim, mas apenas como um meio.

Don Juan foi escrito por Molière depois que o *Tartufo* causou uma verdadeira tempestade de indignação entre o clero e a nobreza. Culpara-se Molière de toda uma série de crimes hediondos, e os inimigos do poeta corriam para encontrar-lhe uma punição à altura. Molière pôde lutar contra tal injustiça apenas com a força de suas próprias armas. E assim, para poder zombar da beatice clerical e de toda hipocrisia da nobreza por ele odiada, se segura em Don Juan como um afogado se segura numa boia. Todo um conjunto de cenas e frases soltas que à primeira vista destoam do estado de humor da ação principal e da característica do personagem principal são enxertadas ali por Molière, apenas para que possa dignamente se vingar daqueles que haviam impedido o sucesso do *Tartufo*.

Molière traz ao riso e à crítica exatamente esse "dançante, pulante e retorcido Lovelace", para que possa fazer de alvo para seus violentos ataques o orgulho e a vanidade que tanto odiava. E junto a isso, na boca desse mesmo cavaleiro fútil que acaba de ironizar, põe a brilhante característica do vício dominante da modernidade — a hipocrisia e a vaidade.

Não se pode esquecer também a circunstância de imensa

[*] *Rêtch*, n. 318, 19 de novembro de 1910.

amargura pela qual passava Molière depois da proibição do *Tartufo*, relacionada também ao drama familiar do poeta. "Sua mulher, pouco capaz de dar valor ao gênio e ao verdadeiro sentimento do marido, largara-o por seu mais indigno oponente, se divertia com as conversas de salão e possuía apenas uma potencialidade — a nobreza de nascença. Molière nunca havia perdido a oportunidade de rir-se dos *marquis ridicules*".[*16] Agora ele se utiliza da personalidade de Don Juan para fazer novos ataques aos seus inimigos.

A cena com as camponesas não é tão necessária a Molière para demonstrar as características de Don Juan, mas para despejar, através da intoxicação de vinho dessas cenas, o drama do homem que foi privado da felicidade conjugal por fúteis e egoístas "comedores de corações femininos".

É claro demais que *Don Juan* é, para Molière, apenas um marionete necessário para acertar as contas com a multidão de incontáveis inimigos que possuía. É apenas um portador de máscaras. Vemos nele as máscaras da promiscuidade, da descrença, do cinismo e da hipocrisia de um cavalheiro do palácio do Rei-Sol, a máscara do autor-acusador, ou mesmo a máscara de pesadelos que sufoca o próprio autor, a máscara de dor que havia sido obrigado a usar nos espetáculos palacianos, ante a covardia da própria mulher. E apenas no final é que o autor tira a máscara de sua marionete, refletindo em si traços do *Burlador de Sevilla*,[17] assistido por ele na passagem de um grupo de saltimbancos italianos.

Os melhores elogios com os quais não poderiam sequer sonhar os encenadores do *Don Juan* de Molière (tanto o cenógrafo[**] como o diretor[***]) são precisamente aqueles feitos por Benois, chamando o espetáculo de "Balagan intelectual".

O teatro de máscaras é e sempre foi Balagan, e a ideia de uma arte do ator baseada na criação divina das máscaras,

---

[*] *Artíst*, n. 9, 1890.
[**] A.I. Golovin.
[***] O autor deste livro.

gestos e movimentos está inseparavelmente ligada à ideia de Balagan.

Aqueles que hoje em dia se ocupam da reforma do teatro contemporâneo sonham com a realização em cena dos princípios do Balagan. E os céticos, por sua vez, ainda querem pensar que o renascimento dos princípios do Balagan impeça o desenvolvimento do cinematógrafo.

Sempre que se discorre sobre o renascimento do Balagan se encontram dois tipos de pessoas: as que se entusiasmam com as possibilidades cênicas dos recursos balaganísticos, ou aquelas que, saudando o cinematógrafo, querem que o teatro se utilize dele em seus serviços.

O cinematógrafo, ídolo da cidade moderna, tem, para seus defensores, um significado extremamente exagerado. O cinematógrafo, claro, possui significação indubitável para as ciências, servindo de ajuda às experiências de observação. O cinematógrafo é um jornal ilustrado ("os acontecimentos do dia") e mesmo para alguns (que horror!) tem a função de substituir as viagens. Mas não há lugar para o cinematógrafo na arte mesmo onde ele queira ocupar um simples papel de ajudante. E se por algum acaso se chama o cinematógrafo de teatro, isso acontece apenas devido ao fato de que à época da fascinação desenfreada pelo naturalismo (fascinação esta que já diminuiu consideravelmente), trazia-se ao teatro tudo aquilo que possuía em si qualquer espécie de elemento mecânico.

Um dos primeiros motivos do incomum sucesso alcançado pelo cinematógrafo é a extrema fascinação pelo naturalismo, tão característica das grandes massas ao final do século XIX e no início do século XX.

Os sonhos embaçados dos românticos sobre o passado vieram em substituição aos austeros quadros das tragédias clássicas. O romantismo, por sua vez, deveria ceder lugar aos representantes do drama naturalista.

Os naturalistas levantaram a palavra de ordem: mostrar a vida "como ela é", e dessa maneira misturaram dois conceitos artísticos: o conceito da ideia e o conceito da forma.

Acusando os clássicos e românticos de fascinação pelas formas, os próprios naturalistas se ocupavam do aperfeiçoamento delas e acabaram por transformar a arte em fotografia.

Veio então a energia elétrica em socorro aos naturalistas, e como resultado temos uma tocante unificação do princípio da fotografia com a tecnologia — o cinematógrafo.

Tendo expulsado do teatro a ideia de concepção, o naturalismo, desejando ser consequente, teve de expulsar também as cores, e, além disso, o modo de ler antinatural dos atores.

O cinematógrafo conseguiu utilizar-se com sucesso de tal consequência do desenvolvimento da naturalidade, trocando as cores dos figurinos por uma tela em branco e preto e conseguindo não se utilizar da palavra.

O cinematógrafo, realizando os sonhos dos que desejavam a "fotografia da vida", é um vívido exemplo da fascinação pela quase naturalidade.

E mesmo que possua um significado indubitável para as ciências, o cinematógrafo sente toda a sua fragilidade quando tentam arrastá-lo para o serviço da arte, buscando em vão comunicar-se com aquilo que leva o nome de "arte". Daí sua tentativa de destacar-se do princípio da fotografia: ele reconhece a imprescindibilidade de justificar a primeira parte de seu nome composto: "teatro-cinematógrafo". Mas o teatro é arte e a fotografia não. E o cinematógrafo se apressa em unir-se de alguma forma com mecanismos e elementos que lhe são completamente alheios, e então por fim tenta inserir em suas apresentações a cor, a música, a declamação e a canção.

Toda uma série de teatros que ainda se diverte com o drama naturalista e com a literatura dramática (boa apenas para a leitura) não pode impedir o ascenso de peças verdadeiramente teatrais e, por consequência, não naturalistas, e da mesma forma o cinematógrafo não pode impedir a tendência às ideias do Balagan.

Hoje, quando reina em absoluto o cinema, pensamos mesmo que o Balagan até mesmo não existe mais. O Balagan é eterno. Seus heróis jamais morrem. Eles apenas mudam de rostos e adquirem novas formas. Os heróis dos antigos atelanos, o burro Mak e o simples Papus, renasceram depois de duas dezenas de séculos nas figuras de Arlequim e Pantalone, principais personagens do Balagan do Renascimento tardio (a *commedia dell'arte*), em que o público ouvia não apenas as palavras, mas também via a riqueza de movimentos com todas as bastonadas, pulos ágeis e toda espécie de piadas próprias do teatro.

O Balagan é eterno. E mesmo que seus princípios tenham sido temporariamente expulsos dos palcos teatrais, sabemos que se encontram solidamente soldados nos versos manuscritos dos verdadeiros autores teatrais.

O grandioso comediante francês e ao mesmo tempo *grand divertisseur*[18] do Rei-Sol, Molière, muitas vezes representava em suas comédias-balé aquilo que vira ainda criança tanto na *feira-balagan* de Gautier-Garguille e seus grandes parceiros Turlupin e Gros-Guillaume, quanto em outros *balagans* espalhados pela praça da feira de Saint-German.

Lá as marionetes divertiam a multidão. "Julgando pela quantidade infelizmente reduzida de peças de marionetes que nos restaram e pelas inúmeras testemunhas contemporâneas, o esquálido teatro de marionetes se diferenciava pela grande coragem de seus ataques e pela universalidade de sua sátira; os azares políticos da França, as intrigas sujas da corte, os horríveis fenômenos da vida social, a divisão das castas que havia na sociedade, os privilégios da nobreza, dos comerciantes, de tudo isso gozavam as marionetes" (Alexei N. Veselovôki).

É ali onde Molière reúne toda a força acusativa com a qual depois lutará contra o poder e a nobreza.

No mercado de Saint-German Molière via como se interpretavam alegres farsas populares sob velas de navios, como saltavam acrobatas sob os sons de tambores e de sinos, como atraíam para si a curiosidade das massas incalculáveis o adivinho forasteiro, o ilusionista e o curandeiro de todos os males.

Molière aprendeu com os atores das trupes italianas itinerantes. Ali, assistindo às comédias de Aretino, esbarra com a figura de Tartufo e toma emprestado das bufonadas italianas o tipo de Sganarelle. *Le dépit amoureux* é uma total cópia dos italianos. Para *O doente imaginário* e para o *Monsenhor de Pourceaugnac*, Molière se utiliza de toda uma série de roteiros do Balagan italiano, onde havia sido incluído o Doutor (*Arlecchino medico volante*[19] e muitos outros).

Expulsos do teatro contemporâneo, os princípios do Balagan acharam abrigo nos cabarés franceses, nas *uberbrettles* alemãs, nos Music-Halls ingleses e nas *Varietés* do mundo inteiro.[*]

Leia-se o manifesto dos "superpalcos"[20] de Wolzogen e verão que em essência ali está uma apologia aos princípios do Balagan.

Não devemos negligenciar o significado da arte das "variedades". É o que diz o manifesto. Suas raízes estão nas entranhas de nosso tempo. Seria em vão considerá-la uma arte da "perversão transitória do paladar".

Consideramos variedades, continua o autor daquele manifesto, os grandes palcos com suas peças, que preenchem toda a noite com seus acontecimentos tristes, pesados e grandiloquentes. E assim consideramos não porque tenham secado nossos espíritos, como queriam fazer entender alguns *pseudocatos*[21] e *laudatores temporis acti*.[22] Na verdade trata-se do oposto. Queremos a profundidade e a concisão, a clareza e o extrato saudável.

As grandes aberturas e as revoltas de todo gênero na vida do espírito e da técnica de nosso tempo têm acelerado de novo o ritmo do pulso mundial. Não nos basta o tempo. Por isso em tudo queremos brevidade e exatidão. Fazendo

---

[*] Não estou falando, claro, das *varietés* que são ridicularizadas por G. Fuchs, e por suas próprias palavras representam o *Simplicissimus-stil* (o estilo da revista de humor *Simplicissimus*), trazido diretamente para os palcos das edições da revista. Devo dizer categoricamente: dois terços dos números dos melhores palcos desse gênero não têm absolutamente nada a ver com arte. E mesmo assim o terço que resta das "atrações" desses teatrinhos é mais arte do que os tão famosos teatros sérios, que se alimentam do literalismo.

valente contrapeso ao decadentismo, do qual o maior indício são a vaguidão e o excesso de sal na revelação dos detalhes, colocamos a compressão, a profundidade e o brilho. E sempre em tudo buscamos apenas a grandiosidade das escalas.

É mentira que não sabemos rir. Em nós não há, no entanto, o torpe, por assim dizer, riso amorfo do cretino. Mas é-nos conhecido o riso curto e esbelto da pessoa culta, que tem aprendido a olhar as coisas para baixo e para dentro.

A profundidade e os extratos, a brevidade e os contrastes! Desliza pela cena o Pierrô pálido de pernas longas, e o espectador imediatamente adivinha nesses movimentos a tragédia eterna do homem que sofre em silêncio e em seguida já se põe em cena a arlequinada animosa. O trágico muda para cômico, a sátira aguda atua ao lugar da musiquinha sentimental.

Nesse manifesto a apologia do recurso preferido da Farsa é o *grotesco*.

O grotesco[*] (do italiano *grottesco*) é o nome grosseiro-místico de um gênero da literatura, da música e das artes plásticas. O grotesco apresenta em si principalmente algo de feio, obra do humor que vincula sem regras visíveis as noções mais diversas, porque, *ignorando a individualidade e jogando somente com a sua própria particularidade, se mune em todas as partes somente daquilo que corresponde a sua alegria de viver e à relação caprichosa-engraçada com a vida"*.[**]

E aí está a maneira que dá ao artista criador os mais maravilhosos horizontes.

Antes de mais nada, o *eu* e a minha relação particular com o mundo. E tudo aquilo que escolho como material para minha arte corresponde não à verdade da realidade, mas à verdade de meus caprichos artísticos.

"A arte não possui condições de transmitir a plenitude da realidade, isto é, sua representação e sua mudança no tempo. Ela expõe a realidade, representando-a através

[*] Definição retirada da *Grande Enciclopédia Russa* de 1902.
[**] O itálico é meu.

de formas espaciais, ou em formas temporárias. Por isso a arte para sobre a representação ou sobre a mudança das representações: no primeiro caso surgem as formas espaciais da arte, no segundo caso, as temporárias. *Na impossibilidade de vencer a realidade em toda sua plenitude está a base para a esquematização da realidade (em particular, como exemplo, as estilizações)."*

Ainda se considera a estilização que possua alguma verossimilhança. Em consequência disso o estilizador é ainda o analítico *par excellence* (Kuzmin, Bilibin).

"Esquematização". Essa palavra soa como se denotasse algum entendimento sobre o empobrecimento da realidade. Como se desaparecesse em algum lugar sua plenitude.

O grotesco, que é a segunda etapa do caminho da estilização, tem sabido já acertar suas contas com a análise. Seu método é rigorosamente sintético. O grotesco, sem compromisso de atender aos detalhes, cria (através da "inverossimilhança convencionada", é claro) toda a plenitude da vida.

A estilização, reduzindo a riqueza do empírico à tipicidade unitária, empobrece a vida.

O grotesco não conhece somente baixo ou somente alto. O grotesco molesta o contraste, conscientemente criando a agudeza das contradições e jogando conjuntamente com sua particularidade.

Em Hoffmann, as assombrações tomam gotas para o estômago, o arbusto com açucenas flamejantes se torna a bata *abigarrada* de Lindhorst, e o estudante Anselmus diminui e passa pela boca de uma garrafa de cristal.

Em Tirso de Molina o monólogo do herói, tendo acabado de ambientar o espectador como se fosse um conjunto de sons majestosos de um órgão católico, solenemente muda para um verdadeiro monólogo *gracioso*,[23] que com suas entradas cômicas apaga instantaneamente do rosto do espectador o sorrio piedoso, transformando-o no rude riso de um bárbaro medieval.

---

* Andrêi Béli, "O simbolismo", II, *As formas da arte*. Itálico meu.

Num certo dia chuvoso de outono, caminha pelas ruas uma procissão fúnebre. Nas poses que seguem o ataúde, grande dor. Mas então vem o vento e arranca o chapéu da cabeça de um dos lamentosos, que se inclina para poder recolhê-lo, e o vento começa a mover o chapéu de poça em poça. Cada salto do grave senhor que corre atrás do chapéu dá a sua figura caretas tão cômicas que a lúgubre procissão fúnebre repentinamente se transforma numa espécie de mão diabólica regendo o movimento da multidão enlutada.

Ah, se fosse possível atingir em cena efeito semelhante!

"Contraste". Mas deveríamos nos utilizar do grotesco somente como meio de criar ou reforçar contrastes? Não seria o grotesco o próprio objetivo, como o gótico, por exemplo? O campanário apontando para cima expressa a paixão do fiel e as partes salientes enfeitadas com figuras monstruosas e terríveis atraem pensamentos para o inferno. A concupiscência animal, a voluptuosidade herética, as deformidades insuperáveis da vida. Tudo isso serve para salvar os excessos de concepções idealistas de caírem no ascetismo. Assim como no gótico são equilibrados a afirmação e a negação, o celeste e o terrestre, o formoso e o monstruoso, também o grotesco, ocupando-se da composição do monstruoso, não deixa a Beleza se voltar ao sentimental (no sentido schilleriano).

O grotesco tem outra maneira de chegar ao cotidiano.

O grotesco aprofunda o cotidiano de tal maneira que ele deixa de ser em si somente natural.

Na vida, além daquilo que vemos, há ainda uma enorme esfera do enigmático. O grotesco, que busca o supernatural, vincula na síntese extratos das contradições, cria o quadro do fenomenal e leva o espectador à tentativa de adivinhar o não adivinhável.

A. Blók (*A desconhecida*, 1º e 3º atos), F. Sologúb (*Vanka da despensa e o pajem Jean*), F. Wedekind[*] (*O espírito da terra*, *Caixa de Pandora*, *O despertar da primavera*), têm

---

[*] Infelizmente F. Wedekind é muito prejudicado por sua forte falta de gosto e pela mania de sempre levar à cena elementos do literatismo.

sabido manter-se no plano do drama realista, entregando-se ao cotidiano de maneira outra. E nisso o grotesco os ajuda, conseguindo atingir efeitos extraordinários no campo do drama realista.

O realismo desses dramaturgos nas referidas peças é tal que faz que o espectador se relacione duplamente com aquilo que se passa em cena.

Não seria essa a tarefa do grotesco cênico, manter o espectador constantemente no estado dessa relação dupla com a ação cênica, que muda seus movimentos através das linhas de contraste?

O fundamental no grotesco é a tentativa constante do artista em levar o espectador de um plano recentemente alcançado para outro que não espere de modo algum.

"Grotesco é o nome de um gênero 'grosseiro-cômico' na literatura, na música e nas artes plásticas." Por que "grosseiro-cômico"? Por que não somente cômico? Pois não é apenas para os autores humorísticos que os fenômenos mais variados da natureza comunicam-se sinteticamente sem qualquer regra aparente.

O grotesco não é apenas o cômico, como pesquisava Flogel (*Geschichte des Groteskkomischen*[24]), mas também o trágico, pelo que conhecemos dos desenhos de Goya, dos contos pavorosos de Edgar Poe e principalmente, é claro, em E.T. Hoffmann. Mesmo em seus dramas líricos o nosso Blók segue o caminho de tais mestres.

> Salve mundo! Mais uma vez, comigo!
> Tua alma já me é próxima há muito!
> Vou cheirar tua primavera
> Da tua janela dourada!*

Assim grita o Arlequim ao céu frio e estrelado de Petersburgo, saltando pela janela. Mas o horizonte visto através dela não é nada mais do que um desenho em papel.

---

* De *Balagánchik*.

O palhaço ferido, tendo caído pela rampa em convulsões, grita ao público, com o corpo se debatendo, que sangra apenas suco de framboesa.

A ornamentação introduzida pela pintura renascentista do século XV, das quais os modelos foram encontrados nas construções subterrâneas (chamadas *grotte*[25]) da Roma Antiga, assim como nas termas e nos palácios imperiais, se derramava na forma de um entrelaçado simétrico de formas e plantas estilizadas com figuras fantásticas e bestas, com sátiros, centauros e assim por diante. Seres mitológicos com máscaras, grinaldas de frutos com pássaros, insetos, armas e jarros.

Não seria esse o significado especial conferido ao grotesco por Sapúnov na encarnação cênica das figuras de Dapertutto na pantomima de Schnitzler *O cachecol da Colombina*?

Para criar o grotesco Sapúnov teve de transformar a figura de Gigolo num papagaio, com o afiado recurso de pentear o cabelo de sua peruca de trás para a frente como se fosse um penacho e tendo alinhado as pregas do fraque em fileira.

Em Púchkin na pequena peça sobre os tempos cavaleirescos, os corsários esticam cordas aos pés dos cavalos dos cavaleiros e "os cavalos feridos caem, os outros, se enfurecem".

Púchkin,[*] que nos convidava a prestar atenção no "antigo, em suas máscaras trágicas e na dualidade dos personagens", o mesmo Púchkin que saudava uma certa "inverossimilhança convencionada" pouco provavelmente podia esperar que, quando se fossem encenar suas obras teatrais, se colocariam em cena cavalos de verdade, que haviam sido ensinados de antemão a cair e a enfurecer-se.

Púchkin, em tal rubrica, como que adivinhava que o ator do século XX entraria em cena montado em cavalos de madeira, assim como acontecia[**] nas pastorais de Adam de la Halle, *Robin e Marion*, ou com contrarregras cobertos por carapaças no formato das cabeças dos cavalos de *papier ma-*

---

[*] Citam-se os rascunhos de uma carta (em francês) para Raevski, em 1829.
[**] Teatro Starínny. Cenógrafo — M.V. Dobuzhínski. Diretor — N.N. Evrêinov.

ché, como na peça de E.A. Zônsko-Boróvski *O príncipe invertido.*[*]

Assim eram os cavalos sobre os quais o príncipe e seu séquito partiram para sua longa viagem.

Tendo os pintores encurvado o pescoço dos cavalos com arcos curtos e decorado as cabeças com provocativas penas de avestruz, não era nem mesmo um grande trabalho para os manipuladores, escondidos embaixo das carapaças, representar cavalos que gineteassem e estacionassem fácil e formosamente em cima do palco.

Na mesma peça, o jovem príncipe, na volta de uma viagem, fica sabendo que o rei, seu pai, morreu. Os cortesãos, proclamando-o rei, colocam nele a peruca e a barba grisalhas de seu pai. O jovem príncipe, sob olhos do público, converte-se em um velho respeitado, tal como convém aos reis do reino da fantasia.

No primeiro quadro do *Balagánchik* de Blók, em cena se encontra uma mesa longa, coberta até o chão com um pano negro e colocada paralelamente à ribalta. Na mesa sentam-se os "místicos", de modo que o público enxerga apenas a parte superior de suas figuras. Assustando-se com alguma fala, os místicos abaixam suas cabeças de modo que, de repente, veem-se à mesa apenas bustos sem mãos e sem cabeças. Acontece que os contornos das figuras eram cortados em cartão e depois pintados com pincel e tinta as roupas, as mangas, os punhos e as golas. As mãos dos atores se enfiavam pelos buracos redondos cortados nos bustos de cartão, e as cabeças eram apenas apoiadas nos pescoços falsos.

A marionete de Hoffmann se queixa de que possui um mecanismo de relógio em vez de um coração.

No grotesco cênico, assim como no grotesco de Hoffmann, o *motivo* da substituição é significativo. E também para Jacques Callot. Hoffmann escreve sobre esse admirável desenhista: "E mesmo nos desenhos retirados da vida (procissões, guerras), há uma fisionomia completamente original, cheia de vida e

---

[*] No teatro Dom Intermedi. Cenógrafo — S.I. Sudêikin. Diretor — Doutor Dapertutto.

que dá às suas figuras e agrupamentos *algo de reconhecível-estranho*. Sob a camada do grotesco as imagens ridículas de Callot abrem ao observador sutil sugestões misteriosas".[*]

A arte do grotesco é fundamentada na luta entre o conteúdo e a forma. O grotesco deseja subordinar o psicologismo à função cenográfica. E por isso é que em todos os teatros onde reinava o grotesco era tão considerável a parte cenográfica, no sentido mais amplo da palavra (no teatro japonês). Não apenas as instalações eram cenográficas, ou seja, a arquitetura do palco e o teatro. Também eram cenográficos: a mímica, os movimentos corporais, os gestos, as poses dos atores, que eram expressivos através da cenografia. E também por isso é que nos recursos do grotesco existem elementos da dança; apenas por meio da dança é possível subordinar a ideia do grotesco à função cenográfica. Não por acaso os gregos buscavam a dança em cada movimento rítmico, mesmo nas marchas. Não sem razão o japonês, entregando em cena uma flor à sua amada, lembra com seus movimentos uma dama da quadrilha japonesa, mexendo a parte de cima do tronco e se inclinando levemente com giradas de cabeça e refinadamente esticando as mãos à direita e à esquerda.

"Não estaria o corpo, com suas linhas e seus movimentos harmônicos cantando por si mesmo, tal como os sons?"

Quando respondemos a essa pergunta (de *A desconhecida*, de Blók) afirmativamente? Quando na arte do grotesco, na luta entre a forma e o conteúdo, saia vitoriosa a primeira, então a alma do grotesco se tornará a alma da cena.

O fantástico no jogo com sua própria particularidade, a alegria presente tanto no cômico como no trágico, o demoníaco na ironia profunda, o tragicômico do corriqueiro; a ambição à inverossimilhança convencionada, às alusões misteriosas, às substituições e às transformações, o aplastamento do sentimental-débil em romântico, a dissonância elevada à harmonia formosa, a superação do cotidiano através do próprio cotidiano.

[*] Itálicos meus.

NOTAS DA TERCEIRA PARTE

[1] O artigo foi primeiramente publicado no livro *Do teatro*. Meyerhold também escreveu um segundo artigo chamado "Balagan", junto com I.M. Bondi, em 1914. (N.R.R.) *Balagan*: Aqui está um dos termos mais controversos quando se traduz Meyerhold. A palavra *balagan* é muito usada em russo, e segundo alguns filólogos tem sua provável origem na língua turca. A conotação corriqueira para *balagan* é "barulho, bagunça". No entanto, o termo serve originalmente para designar a feira de quermesse, originada na Idade Média e desenvolvida até a Idade Moderna como a "feira de variedades", em que se apresentavam, entre outros, "aberrações" (mulher barbada, gêmeos siameses etc.) e atores cabotinos. Geralmente adapta-se a opção da tradução francesa de traduzir o artigo "Balagan" por "Teatro de Feira". Tal tradução é, no entanto, bem imprecisa. Conversando com Béatrice Picon-Vallin, tradutora de Meyerhold para o francês, decidi manter o termo original, já que ele deixa de ter o significado específico da "feira de quermesse" e passa a possuir significado próprio no vocabulário teatral. (N.T.)

[2] Mistério (grego arcaico). (N.R.R.)

[4] *Ministerium* (latim), ministério, aqui tem-se em conta o ministério religioso, o serviço à Igreja. (N.T.)

[3] Os Mistérios Eleusinos eram rituais religiosos da Grécia Antiga ligados à fertilidade da terra e que aconteciam anualmente na cidade de Elêusis. Homenageavam-se as deusas Deméter e Perséfone e o deus Dioniso. (N.T.)

[5] Os Confrades da Paixão: Organização que unia os participantes dos Mistérios em Paris. Recebeu do rei Carlos VI em 1402 o privilégio de interpretar "Mistérios, milagres e outras peças religiosas e morais" na capital. (N.T.)

[6] Funcionários da câmara judiciária do parlamento de Paris, reunidos sob o nome de "Corporação de Bazoche". Uma das muitas sociedades de palhaços da França do século XV, que realizavam apresentações festivas (jogos, farsas) pelas ruas de Paris e de outras cidades francesas. As apresentações possuíam caráter de sátira afiada, ridicularizavam a nobreza e o alto clero, o que os fazia regularmente perseguidos por eles. Em 1582 a Corporação de Bazoche foi proibida. (N.T.)

[7] A peça de A. Remízov, *A ação demoníaca sobre um certo homem e a luta entre a vida e a morte*, foi montada por F.F. Komissarjévski no teatro de V.F. Komissarjévskaia (com estreia em 4 de dezembro de 1907). A estreia de *Balagánchik* de A.A. Blók foi encenada nesse mesmo teatro por Meyerhold em 30 de dezembro de 1906. (N.R.R.)

[8] Citação do artigo "O Teatro e o drama contemporâneo", Andrêi Biéli, no *Livro sobre o Novo Teatro*, Ed. Shipôvnik, 1908. (N.R.R.)

[9] Lugar das apresentações regulares da Corporação de Bazoche em Paris. (N.R.R.)

[10] Em italiano no original: "mímicos, atelanos, palhaços, malabaristas e menestréis". (N.T.)

[11] Em latim no original: "de improviso". (N.T.)

[12] *Über dramatische Kunst und Literatur. Vorlesungen von August Wilhelm von Schlegel* [Sobre a arte Dramática e a literatura, Palestras de August Wilhelm Schlegel]. Primeira edição alemã, 1808-1809. (N.R.R.)

[13] O papel de Teteriev em *Pequenos burgueses* de M. Górki foi representado por um verdadeiro corista, N.A. Baránov (veja-se K.S. Stanislávski, *Obras completas*, t. 1). (N.R.R.)

[14] Tem-se em mente a antologia de Flaminio Scalla, *Il teatro delle faviole representative...*, Veneza, 1611. (N.R.R.)

[15] A teoria do compositor e pedagogo sueco Emile Jacques-Dalcroze é a base para o sistema de ginástica rítmica, construído a partir da união dos exercícios plásticos com a música. Tal sistema foi largamente utilizado no Instituto de Música e Ritmo em Hellerau, na Alemanha (1911-1914), no Instituto Jacques-Dalcroze, em Genebra, e depois disso em muitos outros países. (N.R.R.)

[16] Em francês no original: "marqueses ridículos". (N.T.)

[17] Em espanhol no original. (N.T.)

[18] Em francês no original: "grande divertidor". (N.T.)

[19] Em italiano no original: "Arlequim, o médico voador". (N.T.)

[20] Ernst Wolzogen é o fundador dos "superpalcos" (*Uberbrettles*), palcos de "variedades literárias" (Alemanha, início de século XX). Seu "manifesto" foi publicado em: Karl von Levetzow, *Ernst von Wolzogen's offizielles Repertoir. Erster Band*. Buntes Theater, Berlin, Julius Bard Verlag, 1902. (N.R.R.)

[21] A palavra "*pseudocatos*" é formada a partir do nome do imperador romano Marcus Porcius Cato (séculos III-II a.C.), famoso em parte por ser um grande defensor dos valores tradicionais; aqui os *pseudocatos* são os falsos defensores da tradição. (N.T.)

[22] No original em latim: "admiradores do tempo passado". (N.T.)

[23] *Gracioso* (espanhol), personagem cômico do teatro espanhol. (N.T.)

[24] Flogel, *História do grotesco-cômico*, em alemão no original. (N.T.)

[25] Em italiano no original: "grutas". (N.T.)

ANEXOS

TRABALHOS DE DIREÇÃO DE 1905 A 1912

	Peça	Autor, tradutor, compositor.	Cenógrafo	Teatro	Data da montagem
I	A morte de Tintagiles	Maeterlinck A. Remízov Música de I. Satz	S.I. Sudêikin (I, II e III atos) N.N. Sapúnov (IV e V atos)	Teatro-Estúdio em Moscou	1905 (durante o verão e o começo do outono). P.S.: O teatro não abriu.
II	Schluck & Jau	H. Hauptmann I. Baltrushaitis Música de R. Glier/ Codireção de V.E. Repmann	N.P. Uliánov		
III	Neve	S. Przybyszewski S. Remízova	V.I. Denísov		
IV	Comédia do amor	H. Ibsen	V.I. Denísov (I versão)		
			V.I. Denísov (II versão)	Teatro de V.F. Komissarjévskaia (Petersburgo)	22-01-1907
V	Os espectros Direção dedicada a O.P. Nabrêkova	H. Ibsen K.D. Balmont	K.K. Kôstin	Poltáva. Confraria do Novo Drama.* 10-11-1906	1906 (verão)
VI	Caim	O. Dímov	K.K. Kôstin		
VII	O grito da vida	A Schnitzler (reescrita por V. Meyerhold)	K.K. Kôstin		
VIII	Hedda Gabler	H. Ibsen A e I. Ganzen (com a tradução de P.M. lártsev)	K.K. Kôstin N.N. Sapúnov (decoração e adereços) V.D. Miliotti		
IX	Na cidade	S. Iushkêvich Codireção de P.M. lártsev	V.K. Kolenda	Teatro de V.F. Komissarjévskaia 13-11-1906 4-12-1906 22-11-1906	
X	O conto eterno	S. Przybyszeswski E. Tropóvski Codireção de P.M. lártsev	V.I. Denísov		
XI	A irmã Beatriz Direção dedicada à V.F. Komissarjévskaia	M. Maeterlinck M. Sômov Música de A.K. Liadov	S.I. Sudêikin		
XXII	O milagre de Santo Antônio	M. Maeterlinck E. Mattern e V. Binshtock	K.K. Kôstin V.K. Kolenda	Poltáva. Confraria do Novo Drama. Teatro de V.F. Komissarjévskaia	1906 (verão) 30-12-1906

* Os espetáculos da Confraria do Novo Drama sob minha direção aconteceram: em Kherson, no inverno de 1902-3; em Nikoláev, durante a quaresma de 1903; em Sevastópol, na primavera de 1903; em Kherson, durante o inverno de 1903-4; em Nikoláev na quaresma de 1904; Penza, primavera de 1904; Tíflis, inverno de 194-5; Nikoláev, primavera de 1905; Tíflis, quaresma de 1906; Novocherkássk, primavera de 1906; Rostóv na Don, primavera de 1906; e Poltáva, versão de 1906.

XIII	*Balagánchik* Direção dedicada à G.I. Chulkóv	A. Blók M.A. Kuzmín	N.N. Sapúnov		30-12-1906
XIV	*A tragédia do amor*	H. Heiberg Tiraspólskaia	V.I. Surenjanz		
XV	*O casamento de Zobeida*	H. von Hofmansthal O.N. Chúmin	B.I. Anisfeld		
XVI	*Casa de bonecas*	H. Ibsen A. e I. Ganzen			
XVII	*A vida de um homem*	L. Andréev	Cenário e adereços segundo minhas indicações	Teatro de V.F. Komissarjévskaia 8-I-1907 1907 <1906> 1907 15-09-1907 10-10-1907 6-11-1907	
XVIII	*O despertar da primavera*	F. Wedekind Feder (tradução de F. Sologúb)	V.I. Denísov		
XIX	*Pelléas e Mélisande*	M. Maeterlinck V. Briússov Música de V. Schpísse von Aschenbrucke	V.I. Denísov		
XX	*A vitória da morte*	F. Sologúb	Cenografia modelada segundo minhas indicações (realizada por Popóv)		
XXI	*Petrushka* (um ato)	P.P. Potemkin Música de V.F. Nuvel	M.V. Dobuzhínski		
XXII	*O último dos Usher* (um ato)	Trachtenberg Música de V.G.	M.V. Dobuzhínski (cenário), Chambers (figurinos)	Lukomôrie	1908
XXIII	*Honra e vingança* (um ato)	Duque F.L. Sollogúb	I.I. Bilíbin		
XXIV	*O cachecol da Colombina* (pantomima) Direção dedicada a A. Blók.	A Scnitzler Doutor Dapertutto (transcrição) Música de Donagni Números musicais coreografados por: S.M. Nadezhdin V.I. Presniakpov (para a Colombina - Geinz) e A. Bolmom (para a Colombina - Khovânskaia)	N.N. Sapúnov	Dom Intermedii	Temporada de 1910/11
XXV	*O príncipe invertido*	E. Zônsko-Boróvski	S.I. Sudêikin		
XXVI	*Arlequim casamenteiro* (arlequinada, um ato)	V.N. Soloviôv Música de V.A. Spiess von Aschenbrucke; I.L. De Bour (Gaiden e Araie)	K.I. Evsêes N.I. Kulbin	Palco do retiro de campo de Terijoki (Finlândia). Confraria de atores, cenógrafos, escritores e músicos	8-12-1911/1912 (verão)
XXVII	*Os amantes* (pantomima)	Doutor Dapertutto Escrita sobre dois prelúdios de Claude Debussi	V. Shukháev e A. Iákovlev (dirigidos por A.I. Golovin) N.I. Kúlbin	No palco semicircular na casa de O.K. e N.P. Karabchévski, Terijoki, (Finlândia) Confraria de atores, cenógrafos, escritores e músicos	Temporada de 1911/1912 1912 (verão)
XXVIII	*A adoração da cruz*	Calderón K.D. Balmont	S.I. Sudêikin I.M. Bondi	Teatro de torre (no apartamento de V. Ivánov) em Terijoki (Finlândia) Confraria de atores, cenógrafos, escritores e músicos	19-04-1910/1912 (verão)

XXIX	*Culpados ou inocentes?*	A. Strindberg I. Ganzen	I.M. Bondi	Terijoki (Finlândia) Confraria de atores, cenógrafos, escritores e músicos	1912 (verão)
XXX	*Às portas do imperador*	Knut Hamsun (tradução e edição de V.M. Sablin)	A.I. Golovin	Teatros Imperiais	Alexandrínski	30-09-1908
XXXI	*Tristão e Isolda*	R. Wagner V. Kolomítsev	A.K. Shervashidze		Mariínski	30-10-1909
XXXII	*O coringa Tantrisse*	E. Hart P. Potemkin (tradução de M.A. Kuzmpin e V. Ivánov) Música de M.A. Kuzmin	A.K. Shervashidze		Alexandrínski	9-03-1910
XXXIII	*Don Juan* Direção dedicada à duquesa S.I. Tolstáia	Molière. V. Rodislávski Música de Rameau com arranjos de V.G. Karatíguin	A.I. Golovin			9-11-1910
XXXIV	*Boris Godunóv*	M.P. Mússorgski Polonaise coreografada pelo senhor Legat	A.I. Golovin		Mariínski	6-01-1911
XXXV	*A abóbora vermelha*	I. Beliáev M.A. Kuzmín	A.I. Golovin		Alexandrínski	23-03-1911
XXXVI	*O cadáver vivo*	L.N. Tolstói Codiretor A.L. Zagárov	K.A. Korõvin		Alexandrínski	28-09-1911
XXXVII	*Orfeu*	H.V. Gluck V. Molompitsev Cenas de balé compostas por M.M. Fókin	A.I. Golovin		Mariínski	21-12-1911
XXXVIII	*Os reféns da vida* Direção dedicada a O.N. Vissótskaia	F. Sologúb Música de V.G. Karatíguin			Alexandrínski	6-11-1912
XXXIX	*O baile de máscaras* Direção dedicada a O.M. Meyerhold	M.I. Lêrmontov Música de A.K. Glazúnov	A.I. Golovin		Alexandrínski	
XL	*Electra*	R. Strauss H. von Hoffmansthal M. Kuzmín			Mariínski	Em preparação*
XLI	*A rainha de maio*	H.V. Gluck L.M. Vassílievski				

* *O baile de máscaras* estreou em 25 de fevereiro de 1917 e *Electra* em 18 de fevereiro de 1913; *A rainha de maio* não chegou a estrear.

NOTAS À LISTA DE
TRABALHOS DE DIREÇÃO

Retorna à arte do teatro a arte que havia sido por ele perdida — a arte da forma.

A tarefa cenográfica deve ser fundida com a tarefa da ação dramática, movida pelo jogo do ator; além disso, deve haver uma correspondência escancarada entre a ideia fundamental e a música interna da obra, entre as sutilezas da psicologia e o estilo, o decoro da encenação.

Na *mise en scène* e no jogo dos atores são produzidos novos recursos de imagens intencionalmente convencionados. Às formas da arte teatral se comunicam linhas de condensação premeditada — em cena nada deve ser casual.

Em alguns casos os atores são postos o mais perto possível do espectador. Tal recurso faz com que os atores se libertem dos detalhes cotidianos casuais do estabanado aparelho cênico, dando à sua própria mímica a liberdade de uma expressividade mais refinada e ajudando a voz do ator a criar matizes mais sutis, o que causa um aumento na receptividade dos espectadores, e destrói, de certa maneira, a barreira entre eles e os atores.

As poses, os movimentos e gestos dos atores se tornam o próprio meio expressivo e se subordinam às leis do ritmo. As poses, movimentos e gestos tanto brotam da palavra e de suas propriedades expressivas como, ao contrário, fazem com que as palavras sejam os finalizadores das construções plásticas.

Mas o ator deve ser capaz de preencher a forma com o conteúdo correspondente por conta própria, e aquele dentre os atores que não se encontre em condições de fazê-lo cai num precipício, levando inevitavelmente consigo toda a montagem. Era o que acontecia com frequência, quando certas novas formas cênicas propostas pelo diretor deixavam de ser preenchidas com conteúdo vivo. Existiam, claro, pontos em que as novas experiências se mesclavam com as maneiras antigas; então era como se o ator da velha escola momentaneamente se encontrasse, e o público, aceitando um jogo e um método expressivo há muito conhecidos, pensava estar aceitando o "novo teatro".

P.M. Iártsev (*Zolotoe Runô*, n. 7-9, 1907, e no jornal *A Semana Literário-Artística*, Moscou, 1907, n. 1-2) escreve que *A irmã Beatriz* soava como melodrama. O ator, não possuindo em sua paleta as cores e os sons que o novo teatro requeria dele, passava a fingir. O novo tom proposto pelo diretor converteu-se então num tom melodramático (mantendo parentesco com o Novo Teatro apenas pelo fato de ser também convencionado). Segundo Iártsev, o ator ainda não dominou a arte no plano do Novo Teatro. As experiências da nova arte teatral buscam em tudo uma expressão consoante domesticada, e na arte do ator se caracterizam pela imobilidade e pela musicalidade. A imobilidade e a musicalidade, em si, são formas até então nunca vistas na arte cênica: o melodrama era e é imóvel (monólogo) e musical (melodeclamação). O Novo Teatro só anda tão devagar em suas buscas porque o ator contemporâneo ainda continua insistindo naquilo que lhe é acessível: o melodrama e a melodeclamação. Eis porque faz tão mal ao ator contemporâneo a participação em espetáculos do repertório romântico, do qual extrai elementos melodramáticos e se apresenta constantemente inclinado à melodeclamação, que não exige do ator o estudo das leis da métrica e do ritmo, tão essenciais ao Novo Teatro.

O novo teatro espera a chegada de um novo ator que possua toda uma série de conhecimentos especiais no campo da música e da plasticidade.

Quando o ator do novo teatro se entregar ao domínio do ritmo, isso não significa que deve substituir a "fala emocionada" pela pretensa "leitura rítmica". Notem que o que chamamos de "leitura rítmica" não possui absolutamente nada em comum com a "leitura musical do drama" (de acordo com a ainda não publicada teoria de M.F. Gnésin).[1] Na "leitura rítmica" se encontram todas as insuficiências da melodeclamação. Usualmente a música é introduzida no drama apenas pela manutenção dos estados de humor, e habitualmente não se encontra de forma nenhuma ligada aos elementos da ação dramática; ainda, na leitura rítmica, os altos e baixos não coincidem com os altos e baixos musicais escondidos dentro da própria obra. Na leitura musical proposta por Gnésin para o novo ator, o ritmo surge exatamente de um quadro métrico rigorosamente estabelecido, algo que jamais poderia acontecer nas supostas "leituras rítmicas" e na mal-afamada melodeclamação. Na leitura musical, segundo Gnésin, existem momentos de entonação musical, em que a leitura se transforma em fenômeno puramente musical, sendo facilmente vivificada pelo acompanhamento musical.

É preciso fazer uma nota também sobre as rubricas: para o ator, não importa executar a rubrica do autor em todos os seus detalhes, mas sim abrir o "estado de humor" indicado por ela. Por exemplo: "salta em cena enraivecido". É possível não "saltar" (o que significa a quebra da rubrica), mas se enraivecer (cumprindo a rubrica). Pode não conseguir enraivecer (quebra da rubrica) e mesmo assim "saltar em cena" (cumprimento da rubrica). O ator deve sempre aspirar à primeira combinação. As rubricas não são necessárias mesmo para o diretor, e não apenas devido ao que acabei de dizer, mas também pelo fato de que as rubricas estão ligadas por dependência à tecnologia cênica da época em que a peça foi escrita. Em que podem ser úteis ao diretor contemporâneo, suponhamos, uma rubrica dos editores do tempo de Shakespeare quando hoje em dia se possui meios muito mais diversos de representação e uma técnica cênica muito mais refinada? As rubricas do autor, sempre que surgidas em dependência das condições da tecnologia cênica não são de modo algum essenciais no plano técnico, e, ao mesmo tempo, muito essenciais na medida em que ajudam a penetrar no espírito da obra.

Neve (III), *A comédia do amor* (IV), *Espectros* (V), *Caim* (VI), *O grito da vida* (VII), *Hedda Gabler* (VIII), *Na cidade* (IX), *A tragédia do amor* (XIV), *Casa de bonecas* (XVI), *Culpados ou inocentes?* (XXIX) e *Às portas do reino* (XXX) foram encenadas com recursos de um mesmo princípio, apenas com a diferença de que em cada uma das montagens referidas eram presentes as particularidades individuais que haviam motivado o cenógrafo. Àqueles que não assistiram a esses espetáculos ou aos espetáculos citados na lista de trabalhos de direção, considero necessário, para que possam formar uma ideia clara dos métodos de encenação, fazer uma análise reflexiva de algumas montagens, melhor dizendo, fazer a descrição, às vezes detalhada, às vezes apenas com o caráter geral da descrição de momentos isolados das montagens. Do grupo de peças relacionadas, montadas sob um único princípio de encenação, faço a descrição das seguintes montagens, como sendo as mais características: *Hedda Gabler*, *Culpados ou inocentes?*, *Espectros* e *O grito da vida*.

P.M. Iártsev* (cit. *A Semana Literário-Artística*, Moscou, 1907, n. 1) descreve o espetáculo *Hedda Gabler* da seguinte forma:

"O teatro de Petersburgo preferiu criar um fundo para o quadro cênico — pitoresco, ou, em ouras palavras, apenas colorido. Nos figurinos, em vez da costumeira veracidade, a conformidade viva com o fundo (os 'borrões') e algum componente entre dados de época, ambiente, a subjetividade do figurinista, e a expressão exterior simplificada da essência interna do personagem. Tomemos como exemplo o figurino de Tesman (*Hedda Gabler*), que não corresponde a uma tendência específica da moda, mas se há realmente nele algo

---

* P.M. Iártsev foi diretor do birô literário do teatro de V.F. Komissarjévskaia e participou de algumas montagens na qualidade de codiretor (*O conto eterno*, *Na cidade*). O trabalho principal de Iártsev era o de um *maître* da literatura (aquilo que nos teatros alemães se chama de "dramaturgo"). Mais tarde Iártsev colaborará com a análise posterior (reflexiva) de algumas montagens (*Hedda Gabler, Irmã Beatriz, Na cidade, O milagre de Santo Antônio, Balagánchik, O conto eterno*), sendo o primeiro a dar importância ao recurso da descrição numa resenha teatral.

advindo dos anos 1820, há também algo do nosso tempo. No referido figurino (nos largos ombros da jaqueta imensa, na gravata enorme amarrada em muitas voltas, nas folgadas calças que se estreiam bruscamente), o figurinista (Vassíli Milioti) via algo de "simplesmente tesmaniano", e o diretor se utilizou dele para sublinhar os movimentos e as posições de Tesman no quadro geral. Em concordância com as tintas do fundo pitoresco que Sapúnov desenhara para *Hedda Gabler*, Milioti deu ao figurino de Tesman um colorido suntuoso. Ao fundo víamos as cores azuis da parede, a cortina. O céu era visto através de uma janela tomada pela hera, e víamos também a cor de palha dourada do outono no gobelino[2] que ocupava toda a parede e nos biombos das coxias, que baixavam pelos lados.

"O colorido dos figurinos de todos os personagens compunham entre si e com o fundo uma verdadeira consonância de cores: verde (Hedda), castanho-escuro (Lovborg), rosado (Thea) e cinza-escuro (Brack).

"A mesinha de centro, os pufes e o longo e estreito sofá branco encostado na parede sob o gobelino eram cobertos por um pano azul, enfeitado por detalhes dourados, o que lhes conferia o aspecto de brocados. A poltrona enorme à direita do espectador era inteiramente coberta de peles brancas. A mesma pele branca havia sido posta embaixo do sofá sob o gobelino e cobria-o em parte; a mesma matéria azul-dourada caía do piano branco pelo lado direito, lado que funcionava imediatamente de saída para os bastidores.

"Em frente à coxia aberta dianteira, no pedestal, coberto ainda com o mesmo tecido azul-dourado se destacava o perfil de um enorme vaso verde cheio de hera. Atrás do vaso se supunha a lareira frente a qual se passa a cena de Hedda e Tesman, quando ela queima a carta de Lovborg. A lareira ganhava forma através de uma luz avermelhada que acendia nos momentos necessários da peça.

"Ao lado do sofá sob o gobelino, do lado direito, pôs-se um criado-mudo branco e quadrado com uma gaveta superior, onde Hedda esconde a carta; Lovborg e Brack em momentos diferentes colocam seus chapéus sobre o criado, e em cima dele há uma caixinha verde com pistolas, que em alguns momentos é levada até a mesa.

"Nos pequenos vasos brancos e verdes — colocados em cima do piano, na mesa e no pedestal do vaso maior — há flores, principalmente crisântemos brancos. Há também crisântemos nas pregas formadas pela pele que cobre o encosto da poltrona. O chão é coberto por um pano cinza-escuro levemente desenhado em tons de azul e dourado. O céu é desenhado de maneira particular e sobe por detrás da janela entrecortada. Há dois céus: o diurno e o noturno (no 4º ato). No céu noturno as estrelas brilham calma e friamente.

"O palco se abria em 14 *arshins*[3] com 5 *arshins* de profundidade (como uma grande faixa, estreita e larga), erguido em tablados especiais e possivelmente deslocado para mais perto da ribalta. Era iluminado pela própria ribalta e por varas de luz elevadas.

"Esse quarto estranho (se é que se pode chamar isso de quarto) era, menos do que tudo, parte da *villa* antiga da generala Falk. E o que é que significa esse monte de coisas que não se parecia com absolutamente nada, mas que dava a sensação de uma imensidão azul, fria e desvanecente? Por que é que dos lados, onde deveriam estar as portas ou mesmo onde não deveria haver nada em caso de o quarto continuar além do pano da entrada — se penduram cortinas de coxia douradas, por trás das quais saem e entram os personagens? Por acaso seria assim na vida, por acaso Ibsen teria escrito assim?

"Não, na vida isso não é assim e nem Ibsen escreveu dessa maneira. A montagem de *Hedda Gabler* no palco do teatro Dramático é 'convencionada'. Sua tarefa é desvelar perante o público a peça de Ibsen através de recursos incomuns e específicos da representação cênica, e a impressão da imensidão desvanecente azul e fria (vejam, apenas a *impressão*) era um dos objetivos do teatro por parte da montagem cenográfica. O Teatro enxergou *Hedda* em tons de azul, sobre um fundo de outono dourado. Mas em vez de pintar um cenário outonal atrás da janela, onde estava apenas o céu azul, o cenógrafo cria as cores dourado-palhas do gobelino, dos panos, das coxias. O Teatro aspirava à expressão primitiva e purificada que se sentia sob a peça de Ibsen: uma *Hedda* fria, majestosa e outonal.

"Para a representação cênica de *Hedda Gabler* (no que diz respeito à arte do ator, aos planos do diretor), o teatro impôs as mesmas tarefas: passar a veracidade, a aceita vitalidade por meio de marcações convencionadas, pouco móveis, pela economia de gestos e pela mímica — pela agitação interna escondida, expressa apenas por olhos ardentes ou foscos, pelos olhares rápidos e serpenteantes etc. — enfim, subordinar o espectador através da sugestão. A longa faixa que era o palco, sublinhada por sua rasura, trazia a possibilidade de construir planos largos. Foi o que o diretor fez, colocando dois personagens dialogando um em cada ponta do palco (no começo da cena entre Hedda e Lovborg no 3º ato) ou sentando-os largamente no sofá sob o gobelino (Thea, Hedda e Lovborg no 2º ato). Às vezes (especialmente no segundo caso), havia poucas motivações para tanto, mas isso não possuía ligação com a impressão da grandeza azul conseguida pelo teatro. A poltrona enorme envolta em peles brancas era uma espécie de trono para Hedda: nele e ao redor dele é que ela passa a maior parte de suas cenas. O teatro queria que o espectador conectasse a impressão de Hedda com a imagem de seu trono e que levasse consigo essa difícil e inseparável impressão.

"Brack está ligado ao pedestal do grande vaso: ali ele se senta cruzando as pernas, segura os joelhos com as mãos e, sem tirar os olhos de Hedda, trava com ela uma batalha intensa e fagulhante. Ele nos faz lembrar um fauno. Brack em geral se move pelo palco e ocupa outras marcações (assim como Hedda e os outros personagens), mas a pose de fauno ao pedestal fica tão ligada a ele quanto o trono à Hedda.

"A mesa é o pedestal para as figuras congeladas que o teatro deseja fundir na memória do espectador. Quando Lovborg, no segundo ato, termina de escrever os manuscritos de seu livro, ele está perto da cortina ao fundo da cena; Hedda e Tesman também estão no segundo plano. Brack está ao lado da coxia direita e o centro da cena (a mesa) se encontra vazio. No entanto, subordinando-se ao desejo de folhear comodamente o volumoso manuscrito, Lovborg põe-se em direção à mesa com as seguintes palavras: 'Aqui está tudo de mim' e fica parado pensando, erguendo-se e colocando a mão sobre o manuscrito aberto na mesa. Alguns segundos mais tarde, já folheando o manuscrito, explica para Tesman (que acabara de se aproximar) o conteúdo de sua obra. Mas nos solitários e imóveis segundos anteriores Lovborg e seu manuscrito se movimentam sozinhos ante o espectador. E esses segundos devem fazer ao espectador aquilo que não fazem as palavras: forçá-lo a sentir vaga e inquietamente que Lovborg existe, o que em Lovborg está ligado ao seu manuscrito e o que nesse manuscrito está ligado à tragédia de Hedda.

"Da mesma forma, a primeira cena entre Hedda e Lovborg acontece atrás dessa mesa. Lovborg e Hedda no decorrer de toda essa cena estão sentados lado a lado — tensos, imóveis — e olham para a frente. As falas silenciosas e cheias de agitação saem ritmicamente de seus lábios, sendo sentidas seca e friamente. À sua frente há uma tigela de ponche (em Ibsen bebe-se o 'ponche gelado' norueguês) e dois copos. Nem uma única vez durante toda a enorme cena se modifica o direcionamento dos olhares e a imobilidade das poses. Apenas nas palavras 'E você também tem sede de viver!' é que Lovborg faz um movimento brusco na direção de Hedda. Mas com isso a cena se quebra e rapidamente termina.

"Do ponto de vista da verossimilhança é impensável que Hedda e Lovborg conduzam sua cena de tal maneira, assim como é impensável que quaisquer pessoas vivas possam em qualquer situação que seja conversar de tal forma um com o outro. O espectador escuta aqui o diálogo como se estivesse direcionado para si próprio — ao próprio espectador; e o tempo todo vê diante de si os rostos de Hedda e Lovborg, lê neles suas sensações mais sublimes, e se sente, no ritmo monotônico das palavras cadentes o diálogo interno secreto das premonições e as preocupações escondidas atrás das palavras faladas. O espectador pode até se esquecer das palavras ditas aqui por Hedda e Lovborg, um ao outro. Mas não deve esquecer das sugestões que permanecem em seu ser após a cena de Hedda e Lovborg."

O cenógrafo I.M. Bondi descreve o espetáculo *Culpados ou inocentes?* da seguinte forma:[4]

"Quando montamos a peça de Strindberg tentamos fazer com que o cenário e os figurinos participassem diretamente da ação da peça.

"Para isso era necessário que todo e qualquer detalhe da cenografia expressasse algo (ou seja, que cumprisse um papel definido). Em muitos momentos, por exemplo, nos utilizamos da capacidade que possuem as diferentes cores para agir de formas específicas sobre o espectador. Dessa forma, alguns dos *leitmotiven* acontecidos nessas cores abriam (mostravam) uma ligação simbólica mais profunda com momentos específicos.

"Dessa forma, começando no terceiro quadro, se introduz a cor amarela. Ela aparece pela primeira vez quando Maurice e Henriette estão sentados no Auberge des Adrets;[5] a iluminação geral de todo o quadro é negra; uma cortina negra acaba de ser pendurada na janela multicolorida; na mesa há um candelabro com três velas acesas. Maurice tira as luvas e a gravata que lhe haviam sido presenteadas por Jeanne. E aparece pela primeira vez a cor amarela. O amarelo torna-se o motivo do 'pecado' de Maurice (estando ele aí inegavelmente ligado a Jeanne e Adolf). No quinto quadro, quando, após a saída de Adolf, Maurice e Henriette tornam óbvio seu crime, em cena se acendem muitas luzes de cor amarela. No sétimo quadro, Maurice e Henriette estão sentados (incomodados) numa das alamedas do Jardim de Luxemburgo. Aqui inclusive o céu é vividamente amarelo e nele se veem projetadas silhuetas de galhos negros, do banco e das figuras de Maurice e Henriette.

"À cor amarela se enlaçam também as outras cores: por exemplo o vermelho de Henriette (na verdade, não da própria Henriette, mas do papel fatal que ela é convocada a desempenhar na trama). Todas as outras cores acompanhavam e ajudavam a destacar as combinações necessárias.

Em geral, os momentos visuais estavam ligados por um único sistema na duração de todo o espetáculo; conseguia-se determinado equilíbrio, e, se fosse destruído algum dos elementos desse sistema, dever-se-ia destruir o sistema inteiro.

"É preciso notar que a peça, de forma geral, havia sido escrita no plano místico, e o próprio espetáculo possuía caráter fúnebre: dedicava-se à memória de A. Strindberg. Assim toda a cenografia (e toda a ação) foi colocada num quadro amplamente fúnebre; no fundo desse quadro penduravam-se telas decoradas, representando salas de restaurantes, troncos de árvores no cemitério e árvores das alamedas do jardim. Atrás delas foram esticadas cortinas transparentes — de cor homogênea. Eram iluminadas por trás, mas as figuras dos atores se tornavam silhuetas apenas no fundo do céu amarelo. O palco devia possuir constantemente a aparência de um quadro. As figuras dos atores, os móveis, objetos e a cenografia deveriam ser deslocados da linha da ribalta para o segundo e terceiro planos. Toda a larga área do primeiro plano (o proscênio) era fortemente escurecida graças à inexistência de uma ribalta, e ficava o tempo inteiro livre, indo ao proscênio apenas os atores quando deveriam se destacar da ação geral da peça, e então sua voz soava como se fosse uma rubrica pronunciada. E foi por isso que os diretores do teatro queriam construir toda a ação (o jogo dos atores) sob o princípio da estática; fazer com que soassem as palavras da própria peça e reservar a dinamicidade da ação nas nuances das linhas e das cores."

A descrição de *Na cidade* (IX) encontra-se no n. 2 da *Semana Literário-Artística*, 1907, no artigo de P.M. Iártsev,

"Sobre o velho e o novo teatro. Uma peça cotidiana no teatro 'convencionado'. Dificuldades superadas".

Em *Os espectros* (V) e *Caim* (VI) (e nessas peças, ao contrário do que dizem as rubricas do autor), destacou-se a unidade do espaço. Ambas as peças se representam sem cortina. Ajudou a utilizarmos de tal método o palco exclusivamente conveniente do teatro de Poltáva, onde no verão de 1906 realizei uma série de experiências que seriam depois repetidas (em diferentes variações) no teatro de V.F. Komissarjévskaia e mais tarde no Alexandrínski (*Don Juan*). No teatro de Poltáva a ribalta é facilmente recolhida, já que o lugar originalmente destinado à orquestra pode ser coberto habilmente com um tablado e ficar no nível do palco, formando assim o proscênio, deslocado fortemente em direção à plateia. "Graças à eliminação da cortina o espectador se encontra o tempo todo ante a cenografia onde se passa a ação. E exatamente por isso se conserva e se apoia melhor uma determinada impressão, recebida do drama" (cit. do jornal *O Operário de Poltáva*, n. 6, 1906).

O grito da vida (VII). Na encenação dessa peça foi feita a experiência de exagerar nas escalas da cenografia e dos objetos cênicos. O enorme sofá (paralelo à ribalta), que ocupava todo o palco (que era, claro, ligeiramente reduzido), devia, através de seu peso e solidez, criar o *intérieur*, e fazer que qualquer um que entrasse se sentisse apertado e oprimido pelo poder excessivo das coisas. A abundância de tapetes, tapeçarias e almofadas de sofá reforçavam essa impressão — a superação dos estados de humor tchekhovianos em nome do fatal e do trágico. Os sons altos da fala não incomodavam a refinação mística de tom profundo. Os recursos do grotesco eram utilizados em todos os lugares onde as paixões alcançavam tensão elevada. A experiência do relato épico-frio a partir do palco, quase impassível, sem o destacamento de quaisquer detalhes para que se conseguisse a intensificação das cenas apaixonadas que vêm logo em seguida. As assim chamadas "transições" (em linguagem teatral) ou precedem as falas dos atores ou as terminam. Cada movimento do ator é examinado como na dança (recurso japonês), mesmo quando não são causados pela agitação.

A morte de Tintagiles (I). Sobre a encenação dessa peça, ver o artigo "Contribuição à história e a técnica do teatro". Ao que já se disse neste artigo deve-se adicionar ainda que toda a apresentação corria sob acompanhamento musical. Os efeitos externos do roteiro da peça de Maeterlinck (a saber, por exemplo, o ruído do vento, o quebrar das ondas do mar, o barulho de vozes e todas as particularidades do "diálogo interno" que haviam sido destacadas pelo diretor) representavam-se não de outro modo como com a ajuda de música (de uma orquestra e um coro *a capela*). As nuances conseguidas pela orquestra e pelo coro, alcançadas de ensaio em ensaio, se mantiveram; algumas refinações, pode ser, claro, que se tenham em parte perdido ou modificado, mas o fundamental que havia sido encontrado e composto pelo maestro (I.A. Sats) continuou solidamente na execução da orquestra e do coro. A partitura foi uma grande ajuda nesse sentido. No entanto, com os atores as coisas corriam um pouco diferentes. Aquilo que havia sido conseguido em um espaço (na sala de ensaios na *Mamôntovka*) não apenas modificou-se nos detalhes, mas perdeu-se completamente num espaço novo (o teatro aos portões do *Arbat*). Ao mesmo tempo que nos movimentos plásticos se mantinha uma estabilidade relativa (obviamente os atores haviam conseguido mantê-los de alguma forma), no ritmo e nas entonações dos atores havia uma enorme instabilidade. E aqui a culpa não era, de forma alguma, da diferença de tamanho dos dois espaços de ensaio. Para a estabilidade de pronúncia das falas faltava aos atores o gráfico escrito (algo parecido com notas musicais). Quando se juntavam os atores e a orquestra para ensaios conjuntos, a falta de um gráfico de notas fazia-se notar mais claramente como sendo a maior deficiência do Teatro dramático nos casos em que este pretende trabalhar com peças que encerrem música em si mesmas ou que sejam acompanhadas pela mesma. A questão que então surgia sobre a imprescindibilidade de encontrar meios para consolidar o ritmo encontrado e as entonações encontradas nas leituras dos atores ficou por fim sem solução. M.F. Gnésin havia começado, independentemente do Teatro-Estúdio, a trabalhar sobre a premissa dessa mesma questão. Posteriormente Gnésin, durante a temporada de 1908-1909 ministrou para os alunos de meu estúdio em Petersburgo um curso onde fundamentava sua teoria da "leitura musical no drama". Através do método de Gnésin os alunos do estúdio realizavam então cenas da *Antígona* de Sófocles e *As fenícias* de Eurípedes. Durante o verão de 1912, em Terijoki, na Sociedade dos Atores, Pintores, Escritores e Músicos, Gnésin continuava o curso e preparava um espetáculo inteiro, que desgraçadamente não chegou a estrear. Pela primeira vez (desde os tempos da antiguidade clássica) se levava em conta, naquela noite, a experiência da aplicação rigorosa dos princípios da arte musical no drama.

O conto eterno (X). "A ação se passa na aurora da história. O plano inicial desenhado pelo diretor se utilizava de elementos do teatro infantil. Na mesa, à nossa disposição, tínhamos um monte de cubinhos de diferentes dimensões, escadinhas, colunas quadrangulares e redondas. Era necessário construir, a partir desse material, o palácio fantástico. Primeiro surge a área sobre as quais serão postos os dois tronos. Nessa construção tudo é casual, como se tivesse sido arranjado pela pressa nervosa das hábeis mãos de uma criança-construtora, com sua capacidade inata à arquitetura maravilhosa. Dos cubos e degraus ao lado da área principal onde se encontra o trono, sobre duas estreitas escadinhas, que formam duas asas e conduzem aos praticáveis superiores, invisíveis ao espectador. Por detrás dos tronos (que se encontram de frente para o espectador) e por trás das duas asas formadas pela escada, as longas colunas tetraédricas formam uma série de janelas estreitas e compridas, estando a porta principal construída na mesma parede onde estão as janelas (sim, a mão infantil permite tal incongruência). Para que os tronos não tombem para trás quando entrem em cena as figuras do Rei e da Rainha é necessário cobrir o largo arco da entrada principal com um pedaço de brocado ou com um pano colorido da melhor forma possível. Do tablado principal conduzem para baixo três ou quatro degraus até uma faixa estreita (que se estende pela largura de todo o palco) e outros quatro degraus, mais abaixo ainda, a uma faixa estreita ainda inferior. E então a construção acaba, como se houvessem acabado os materiais de construção. Ademais, há ainda duas colunas redondas, que podem servir de cômodas laterais para apoiar candelabros com velas, que serão substituídas por palitos de cera. Com papel colorido cortam-se ainda três copas de árvores que serão pregadas aos lados das escadinhas e uma estreita faixa do céu, à qual depois serão coladas estrelas douradas.

"Para *O conto eterno*, o cenário e os figurinos de pano haviam sido desenhados por Denísov (ver P.M. Iártsev, *Zolotoe Runô*, n. 7-9, 1906). O conto é azul, tranquilo, epicamente simples. O fundo — a intriga entre os cortesões — era pálido e simples. Os 'altos dignatários' se compunham em ordem simétrica na escada, um igual ao outro; no final do terceiro ato eram mostradas apenas suas cabeças por entre os buracos estreitos das janelas, uma em cima da outra. Em suas cores, cada um desses papéis era quase completamente subjetivo. Assim era o coro: do lado direito os partidários do Rei, do esquerdo, seus inimigos. A cena do complô (o grupo: o Chanceler e mais quatro altos dignatários) se passava ao fundo do plano médio direito, perto de uma das escadas. Fundindo-se com o fundo, o grupo congelado causava a impressão de um baixo-relevo. As cenas do Rei, de Sonka, do Chanceler, do Bufão, de Bogdar e das meninas (assim como com os altos dignatários, as meninas se dividiam em dois grupos: aquelas que tinham compaixão por Sonka e as que eram suas inimigas) se passavam nos degraus do plano frontal; quase todas as cenas centrais entre o Rei e Sonka se passavam na área ante os tronos. Aqui o princípio da "imobilidade" aplicava-se largamente, colorido pelo elevado e verborrágico lirismo das cenas. Era necessário muito temperamento para interpretar, e não apenas ler o texto diante de tal circunstância.

"O temperamento era revelado pelos atores bons que interpretavam o *Conto*, e por si só acabou se transformando no melodrama puríssimo que foi com muito gosto aceito pelo público. Tudo de fresco e inspirador que o teatro queria mostrar se afogou no lirismo verborrágico e elevado do texto e na interpretação retilínea-melodramática. O fundo pitoresco da obra, o plano do diretor de cena, acabou muito longe da realização em si. Aqui o teatro não desejava mostrar nenhum 'símbolo', como diziam os jornais de Moscou, mas sim *O conto eterno* de Przybyszewski. Queria segurá-lo, questioná-lo, dispor de linhas rigorosas que concentrassem seu sentido, que nesse caso se encontrava todo nas palavras e nos longos diálogos."

Agora, retrospectivamente, é fácil pesar os erros e os acertos. Os erros estão quase sempre no fato de que o trabalho que corria na pesquisa de novos recursos técnicos se utilizava de um material exclusivamente ingrato. Para evitar as semelhanças próximas à realidade formal, o teatro, junto com Przybyszewski, tentou se desconectar da terra, e no entanto a simplicidade desejada (em vias de ser descoberta), em nome da qual se forjavam as lanças da nova arte, transformava o texto numa espécie de "modernismo" barato indesejável.

Sobre a impressão deixada pela proposta do *Conto eterno*, lemos em Land: "A vitalidade das decorações é a ideia que dirige Stanislávski. A decoração do ator é a ideia que dirige o Novo Teatro. No primeiro, a realidade da montagem; no segundo, a montagem da interpretação. Sua essência é o caráter decorativo do ator. E é daí que surge uma certa cristalização em sua representação e a *idée maîtresse*[6] dos *leitmotiven* mímicos que permeiam toda a montagem. O ator não 'joga' com toda a plenitude a variedade da vida da pessoa representada, mas sim transmite um certo *leitmotiv* mímico estilizado e decorativo, uma pose fixada, um gesto cristalizado. Assim como uma silhueta cortada em cartão simplifica o retrato, esse estilo simplifica a interpretação, a psicologia do personagem, a empobrece, e, ainda assim, a determina mais precisamente". Yúri Beliáev, que em geral não aprovara a proposta, foi o único que fez alusão ao teatro infantil, tendo lembrado que os altos dignatários o faziam recordar valetes de baralho, ou perfis estampados de moedas velhas.

Irmã Beatriz (XI). *Irmã Beatriz* foi montada da maneira em que haviam sido desenhados os quadros dos pré-rafaelitas e dos pintores da primeira época do Renascimento. No entanto, seria um erro assumir que a montagem tinha por objetivo repetir o colorido e as posições de algum dos pintores da referida época. Nas resenhas escritas após as montagens, seus atores encontravam reflexos dos mais variados artistas: mencionavam Memling, Giotto, Boticelli e muitos outros. Em *Beatriz* fora emprestado apenas o método expressivo dos velhos mestres. Nas movimentações, nos coros, nos acessórios e nos figurinos era apenas a síntese das linhas e os coloridos que se encontravam também nos antigos. A descrição desse espetáculo encontramos em Maximilian Voloshin (*Liki Tvorchestva, I* — "Teatro, visão sonolenta", II — "*Irmã Beatriz* no teatro de V.F. Komissarjévskaia", no jornal *Rus*, Petersburgo, 9 de dezembro de 1906) e em P. Iártsev ("Espetáculos de Teatro Dramático de Petersburgo", no *Zolotoe Runô*, n. 7-9, 1907):

"A parede gótica na qual a pedra verde e a lilás se misturam com os tons cinzentos da tapeçaria brilha fracamente como prata pálida e ouro velho... As Irmãs vestem hábitos cinza-azulados fechados e, por cima destes, feios colarinhos que dão realce às suas bochechas. Vê-las me fazia lembrar o tempo todo do Giotto na catedral florentina, essa divina realização de São Franscisco, em toda sua realidade implacável e beleza ideal. Apaixonei-me em sonho por esta Mãe de Deus católica, que por sua vez me lembrava àquela que antes havia visto em Sevilha, e senti o horror do corpo pecaminoso de Beatriz, transparecendo sob seu hábito purpúreo." (M. Voloshin)

"As Irmãs compunham um grupo — o coro geral: rítmica e simultaneamente pronunciavam suas réplicas: 'A Madona sumiu!', 'Roubaram a estátua', 'As paredes se vingarão!'. Na cena do êxtase (2° ato) as Irmãs se juntavam, se separavam, se estendiam sobre os azulejos da capela e se fundiam num grito extasiado: 'A Irmã Beatriz é santa!'. No momento em que o coro atrás do palco e o som dos sinos silenciavam, as Irmãs, dispostas numa linha, caíam de joelhos e viravam suas cabeças em direção à capela. Do teto da capela baixava a Madona — já em roupa de monja (Beatriz com uma ânfora dourada nas mãos). Simultaneamente, do lado oposto, surgiam três jovens peregrinos com báculos longos e delgados e vestimenta marrom (com rostos 'wrobelianos') e também se punham ajoelhados, levando as mãos acima das cabeças. Lentamente, sob os acordes do órgão a Madona percorria a cena e, quando de sua aproximação, as Irmãs abaixavam a cabeça. Chegando até o grupo de peregrinos, a Madona levantava a ânfora dourada sobre suas mãos espalmadas... Os mendigos se agrupavam atrás de uma moldura, criada pela porta do que se supunha serem os portões do monastério. Agrupavam-se muito apertadamente, estando o primeiro plano de mendigos também de joelhos — todos eles com as mãos largamente esticadas em direção à Madona. Quando a Madona, abaixando o vaso, se virava para eles levantando as mãos abençoadoras, revelava-se por baixo da roupa de Beatriz as roupas da Madona, e os mendigos faziam o primitivo gesto de admiração ingênua: espalmavam suas mãos viradas para cima. No terceiro ato, o grupo de Irmãs e a moribunda Beatriz lembravam os motivos da 'descida da cruz' nas pinturas dos primitivistas." (P. Iártsev)

O ritmo fora construído sob a rigorosamente trabalhada duração das pausas, determinando a gravação meticulosa dos gestos. A tragicidade primitiva antes de mais nada limpava-se do *páthos* romântico. A fala melodiosa e os movimentos morosos deveriam sempre esconder atrás de si a força expressiva, e cada uma das frases ditas em quase sussurro deveria surgir das vivências trágicas. O cenário havia sido montado quase na própria rampa e toda a ação acontecia tão perto do público que no espectador se criava a ilusão de estar diante de um ambão ortodoxo.

No projeto do diretor ficou deixada de lado (pela falta de dinheiro do teatro) a cobertura de toda a parte anterior e a parte inferior do palco (que termina na plateia) de madeira (algo parecido com o jacarandá) para que os atores pudessem, já completamente destacados da tela decorativa, balbuciar as doces e trêmulas palavras do texto maeterlinckiano.

Aludindo à maneira convencionada do jogo dos atores aceita em *Irmã Beatriz* lemos em Iártsev: "Não era apenas no terceiro ato, em meio ao grupo das Irmãs, rodeando a moribunda Beatriz, que a Madre Superiora, beijando os pés de Beatriz, as toca com seu pescoço. Bellidore no primeiro ato também beija Beatriz com os cantos dos lábios".

O milagre de Santo Antônio (XII). Por acaso Maeterlinck, em seu manuscrito da *Morte de Tintagiles*, fazendo uma nota sobre a peça ter sido feita "para o teatro de marionetes", impõe como condição fundamental que sua peça seja interpretada por marionetes? Quando significantemente mais tarde Maeterlinck escreve *A vida das abelhas* e *O milagre de Santo Antônio*, expõe muito claramente seu ponto de vista sobre o mundo, que por sua vez encontra tantos fatores em comum com as concepções de outro romântico que por acaso também possuíra a mesma forte inclinação às marionetes — E.T.A. Hoffmann. Olhar para o mundo da forma como o fez Hoffmann e da forma como o faz Maeterlinck significa olhar para o mundo como para um teatro de marionetes. "As pessoas são apenas marionetes movidas pelo Destino, o Diretor do Teatro da Vida" (S. Ignátov, *E.T.A. Hoffmann, personalidade e obra*[7]). Para engrossar sua relação irônica com a realidade, Maeterlinck e Hoffmann necessitam do teatro de marionetes, mas, no entanto, não apenas dele. Se um ator vivo pudesse com sua interpretação transmitir toda a ironia presente em tais atores por quaisquer meios que fosse (e não apenas por uma imitação cega das marionetes), então é claro que isso não seria menos significativo. Mas por enquanto os atores não possuem tais meios de fazê-lo. E o recurso da imitação das marionetes em *O milagre de Santo Antônio* não foi utilizado tendo em vista a criação de um ator-boneco que supostamente deveria substituir o homem vivo no Novo teatro. Utilizamos tal recurso como a melhor maneira de refletir a visão iluminada das concepções de Maeterlinck.

"No grande palco do mundo real nós também somos marionetes, controladas por uma mão invisível" (S. Ignátov). E então o teatro de marionetes aparece como um mundinho pequenino que se mostra mais ou menos como um reflexo ironizante do mundo real. No teatro japonês os movimentos e as poses das marionetes são até hoje considerados como o ideal a ser alcançado pelos atores. Estou completamente convencido de que a relação amorosa com a marionete deve ser buscada na sábia concepção japonesa de mundo.

As marionetes mostradas no teatro na montagem do *Milagre de Santo Antônio* não deveriam ser engraçadas, mas sim medonhas e aterrorizantes. Poderíamos ter encenado a peça sem os recursos do teatro de marionetes, como se fosse uma "grande comédia" apenas, sem a ênfase no sorrisinho irônico do autor que aparece depois de cada réplica. Mas de tal forma o teatro teria aberto mão do principal, não conferindo ao espetáculo as impressões trágicas como resultado final.

Se frequente e infelizmente nas execuções dos atores ouvia-se o *vaudeville*, isso ocorria pelo fato de que as formas cênicas propostas pelo diretor (as linhas retas e a caricaturização) haviam sido entendidas como sendo próximas àquilo que já havia sido anteriormente criado nos palcos. E mesmo assim os recursos de *vaudeville* aqui eram apenas externamente próximos, da mesma forma como o melodrama e a melodeclamação são externamente próximos às inovações buscadas pelo teatro em *Irmã Beatriz*. Se os atores tivessem ido até o final pelo caminho dos novos recursos, teriam deixado para trás os tons grosseiros e farsescos e teriam, onde fosse necessário dar ênfase (com o rosto e com a voz) à contundente selvageria de Gustave, Achilles, Courre e do Doutor, encontrado precisamente nos recursos do teatro de marionetes todas as cores necessárias para que as máscaras grosseiras de nossos atores fossem por fim colocadas ao lado de seus corpos num caixão e enterradas.

Balagánchik (XIII). Todos os lados e os fundos do palco haviam sido revestidos de tecidos azuis; o ambiente azul servia de fundo e escurecia as cores do "teatrinho" que fora construído no palco. Esse "teatrinho" possuía seu próprio tablado, suas cortinas, seu buraco de ponto, seus portais e sua bambolina. A parte de cima do "teatrinho" não havia sido tampada com o tradicional forro, e as varas com todas as cordas e cabos ficavam à vista do público; quando no pequenino "teatrinho" o cenário deveria ser trocado, indo para cima, levantados pela vara real do teatro, o público podia observar toda a movimentação.

Diante do "teatrinho" e ao longo de toda a linha do palco ficava um grande espaço livre. Aqui aparecia o autor, servindo de intermediário entre o público e o que ocorria dentro do pequeno palco.

A ação começa com o sinal de um grande tambor; primeiro toca a música e vemos como o ponto entra em sua caixa e acende sua vela. Ao levantarem-se as cortinas do "teatrinho", seu palco mostra um pavilhão de três paredes: uma porta à esquerda dos espectadores, uma no meio e uma janela à direita. Em cena paralelamente à rampa vemos uma mesa comprida atrás da qual sentam-se os "místicos" (ver a descrição da cena dos místicos no artigo "Balagan"); sob a janela há uma mesinha com um pequeno vaso de gerânios e uma cadeirinha dourada, na qual se senta Pierrô. O Arlequim aparece pela primeira vez debaixo da mesa dos "místicos". Quando o ator corre ao proscênio, não o deixam terminar o que começara a falar, e alguma coisa invisível o puxa pelas roupas até as coxias; e ele termina amarrado numa corda para que não ouse interromper o solene curso da ação cênica. "O Pierrô triste (na segunda cena) senta-se num banco no meio do palco", que se encontra em frente a uma cômoda com uma estátua do Cupido. Quando o Pierrô termina seu longo monólogo, o banco e a cômoda com o Cupido são levantados e retirados de cena aos olhos do público, e do alto das varas desce uma tradicional sala de colunas (feita por N.N. Sapúnov). Na cena, quando gritam "fogos!" aparecem máscaras por detrás das coxias com luvas que seguram duas varetas de fogos de artifício acesas, e vemos não apenas o fogo, mas também as duas mãos que os seguram.

"Os personagens fazem apenas gestos típicos, e se falamos do Pierrô ele suspira e gesticula da mesma forma monótona", notou Andrêi Biéli ("O teatro simbolista", subitem do artigo "As turnês de V.F. Komissarjévskaia", no jornal *Utro Rossii*, Moscou, 28 de setembro de 1907).

Na primeira "conversa" antes do início da montagem, G.I. Chulkóv leu uma contribuição à peça, que foi em parte publicada no jornal *Molodáia zhizn* n. 4 (17 de dezembro de 1906).

A vida de um homem (XVII).[8] Essa peça foi montada por mim *sem cenografia* no sentido em que se costuma entender tal palavra. Todo o palco foi revestido de tecidos; no entanto, não da forma com que o havíamos feito em *Balagánchik* (lá os tecidos haviam sido pendurados de acordo com os planos habituais, cumprindo o papel de cenário; aqui foram cobertas de panos as próprias paredes do teatro, os planos mais profundos do palco, onde usualmente se desenham os "cenários distantes". Foram completamente removidos a rampa, os refletores e qualquer outro acessório. Ficamos com um espaço "cinzento, fumacento e monocromático". "Paredes, teto e chão cinzentos." "De uma fonte não visível para os espectadores vaza uma luz uniforme, fraca e também cinzenta, monótona, monocromática, fantasmagórica que não faz nem sombra e nem pontos de claridade." É nesse ambiente que acontece o prólogo. Então a cortina abre e mostra uma profunda escuridão na qual nada se move. Três segundos depois começam a se desenhar ante os espectadores os contornos de alguns móveis num dos cantos da cena. "Como um amontoado de ratos cinzentos apertando-se uns contra os outros começamos a perceber as cinzentas silhuetas das velhas." Elas se sentam no grande e antigo sofá e nas poltronas a lado dele. Atrás do sofá há um biombo. Atrás do biombo, uma lâmpada. As silhuetas das velhas se iluminam apenas pela luz emanada do abajur dessa lâmpada. E da mesma forma em todas as outras cenas. A luz emana de um único ponto no palco e basta apenas para iluminar os móveis em seu entorno e o ator que estiver perto da fonte de luz. Preenchendo todo o palco com a escuridão acinzentada e iluminando apenas pontos específicos, e sempre de um ponto de luz específico (a lâmpada atrás do sofá e a lâmpada sob a mesa redonda na primeira cena, o lustre no salão e as lâmpadas sob as mesas na cena da bebedeira), conseguiu-se causar no espectador a impressão de que as paredes do quarto eram construídas, mas que não podiam ser vistas pois não eram alcançadas pela luz.

Num palco livre da cenografia habitual, o papel desempenhado pelos móveis e acessórios adquire uma significância muito maior. Nesse caso, é apenas o caráter dos móveis e acessórios que define o caráter do quarto e a sua atmosfera. Há necessidade de colocar em cena móveis e acessórios de tamanhos propositalmente aumentados. E sempre se usam poucos móveis. Um objeto muito característico substitui muitos outros pouco característicos. O espectador deve recordar-se de algum contorno não usual do sofá, de uma coluna grandiosa, de uma poltrona dourada, uma estante enorme de livros que ocupa o palco inteiro, ou uma cristaleira gigante, e dessas partes específicas terminar de desenhar o restante do quadro com sua própria imaginação. Óbvio, é necessário também esculpir a aparência dos personagens precisamente, como uma escultura, e dar às maquiagens traços bruscos; mas os atores inconscientemente acabaram por repetir nas composições de suas figuras as imagens que gostavam mais daquilo que mais se destacava para eles nos quadros de Leonardo da Vinci e F. Goya.

Os figurinos infelizmente não foram feitos por um figurinista (pegamos os prontos do acervo de F.F. Komissarjévski, que fica na seção de montagens do teatro de V.F. Komissarjévskaia). Devido à iluminação do palco de um único ponto de luz, os figurinos desempenhavam um papel muito significativo, especialmente nos momentos em que vemos apenas as silhuetas dos personagens.

O ponto de partida de toda a concepção da montagem era a rubrica do autor: "tudo como num sonho". ("A vida de um homem que passa diante de nossos olhos como um eco longínquo e fantasmagórico.")

Essa montagem nos mostrou que nem tudo no Novo teatro leva à tentativa de conferir ao palco uma característica bidimensional. A pesquisa do Novo teatro não se limita de forma nenhuma, como muitos chegaram a pensar, em que todo o sistema cenográfico seja levado à construção de uma tela viva, fundindo as figuras dos atores com o pano de fundo e fazendo-as chapadas, convencionadas, em baixo-relevo.

Pelléas e Mélisande (XIX) e *A vitória da morte* (XX). Ambos os espetáculos marcaram precisamente dois caminhos dos métodos de encenação. A pintura e a figura do ator num só plano (*Pelléas e Mélisande*). As experiências aqui feitas estão citadas no artigo "Contribuição à história e à técnica do teatro". Em *A vitória da morte* a figura do ator, trazida até o proscênio, era colocada em um só plano com as esculturas. Tal experiência trouxe um novo problema. "As cenas de massa, montadas realmente, destruíam o contraste com os 'altos-relevos' das montagens anteriores" (A. Zônov, *Anais do teatro na Ofitsêrskaia*, Antologia. *Alkonost*, livro I, Peterburgo, 1911, p. 71). Em se tratando dos "altos-relevos", foi exatamente aqui e não "nas montagens anteriores" ("[...] o grupo de seguidores do Rei, congelando ao longo dos pesados pilares do castelo se pareciam com as figuras pétreas de forma humana esculpidas nas igrejas antigas", A. Vorôtnikov, *Zolotoe Runô*, n. 11-12, p. 108, 1907). E foram exatamente esses "altos-relevos" que deram a liberdade de tratar a situação fundamental da tragédia realisticamente. É claro que o diretor nunca quis juntar os princípios do teatro "velho" com os princípios de marionetes, como dito em carta para mim por V.F. Komissarjévskaia (9 de novembro de 1907).

"O autor quis, pelo visto, na cena do frenesi orgânico da multidão em volta da bela Algista, infringir um mandamento básico, 'destruindo a rampa'. E isso teria sido possível não apenas no espetáculo, mas também na realidade, estendendo a escada do palco até o nível da plateia, terminando o jogo trágico rodeado pelos espectadores" (jornal *Továrisch*, Petersburgo, 8 de novembro de 1907[9]). O palco já estava em toda a sua largura coberta por degraus paralelos às linhas da rampa. Faltava apenas descê-los até o público. Mas o Teatro se assustara com isso, ficando na metade do caminho na direção da superação da linha da ribalta.

Arlequim casamenteiro (XXVI). Essa arlequinada, criada pelo autor especificamente para o palco, e que possuía o objetivo de fazer renascer o Teatro de Máscaras foi encenada através dos recursos tradicionais adquiridos através do estudo dos roteiros da *commedia dell'arte*. Os ensaios eram conduzidos simultaneamente pelo diretor e pelo autor da seguinte forma: o autor, no caso assumindo o papel de reconstrutor da velha cena, fazia as marcações, os movimentos, as poses e o gestos da forma como ele os havia encontrado descritos nos roteiros das comédias improvisadas; o diretor, inserindo novos truques no estilo dos tradicionais, ligando os elementos do velho teatro com os que haviam acabado de ser criados, se esforçava em subordinar o espetáculo cênico à unidade de seu desenho. A arlequinada foi escrita em forma de pantomima. E o autor escolhera essa forma, pois ela é, muito mais do que as outras formas de realização cênica, capaz de aproximar o teatro do renascimento da improvisação. Na pantomima se fornece ao ator uma estrutura geral, e nos lugares transitórios entre os momentos separados e fortemente marcados, dá-se ao ator a liberdade completa de criar *ex improviso*. Dessa forma, a liberdade do ator aparece relativamente do fato de estar subordinada ao desenho musical da partitura da orquestra. Requer-se do ator que joga uma arlequinada uma precisão em relação ao ritmo, e uma grande ginasticidade e capacidade de dominar seu próprio temperamento. O equilibrismo do ator, fazendo de seu ofício o ofício de um acrobata, se mostra imprescindível pelo fato de que coloca diante do ator tarefas que só poderiam ser postas diante de um acrobata.

Em vez de qualquer decoração existiam duas armações desenhadas, postas lado a lado com uma certa distância, e que serviam para representar as casas do Pantalone e do Doutor (atrás das armações, em pé, em mesas escondidas, apareciam ambos os personagens, travando entre si diálogos mímicos sobre o casamento de Arlequim com Aurélia). Havia durante todo tempo simetria no posicionamento dos personagens entre si. Havia sempre acrobatismo nos movimentos dos atores, assim como um tom proposital, grosseiro e bufônico que se instalava ou que aparecia *ex improviso*, "piadas características do teatro": pancadas no rosto inimigo com a ponta da botina, o disfarce de "mago" com a ajuda do tradicional chapéu em forma de cone e uma barba amarrada à máscara, a saída de cena um nas costas do outro, golpes de bastão, o decepar do nariz com uma espada de madeira, lutas, pulos para a plateia, números acrobáticos e de dança, cambalhotas do Arlequim, pernas que apareciam por detrás das coxias, beijos e pulos, e o agradecimento final de todos os atores que se alinhavam no plano de frente e faziam reverências engraçadas para o público. Dimensão rítmica dos movimentos. Máscaras. Gritos e exclamações na última saída. A adição de algumas frases curtas em momentos específicos de grande tensão da ação.

Antes de passar à encenação, que só seria passível de ser reconhecida quando já estivesse pronta a montagem, era necessário fazer alguns outros testes. O mais característico, e que depois foi rejeitado, é aquele onde se dividiu o palco em três planos: o proscênio, o primeiro tablado (um degrau acima do proscênio) e o segundo tablado (dois degraus acima do proscênio); ambos os planos eram estreitos, parecendo-se com ruas que iam de uma coxia à outra, paralelamente à linha da ribalta. Cada um dos planos tinha sua significação específica no decorrer da ação. Assim, por exemplo, durante o desfile inicial, onde o autor, declamando o prólogo, anuncia os personagens, acontecia de cada ator passar do segundo tablado até o proscênio à medida que iam sendo apresentados. O aparecimento de uma outra versão foi resultado da troca da música do senhor Spiess von Aschenbrucke pela música do senhor De Bour (Gaiden et Araie). A música do primeiro compositor atrapalhava as nuances da improvisação, ao passo que a música do segundo ajudava a tocar adiante as nuances do enredo. E como o autor e o diretor não tinham intenção nenhuma de apresentar nada além de uma típica arlequinada que estivesse fortemente ligada às tradições do Teatro de Máscaras, digamos que a escolha da música para acompanhar os movimentos da peça em questão não foi nada aleatória.

Novas marcações apareceram ainda graças ao fato de que a arlequinada era apresentada num palco quadrado de uma sala de espetáculos; além disso, o palco foi montado de tal forma que sobrava algum espaço vazio entre as laterais do tablado e as paredes da sala, onde o chão do palco não chegava; havia buracos nas laterais, e isso permitiu que o Arlequim pulasse do palco e aparecesse de novo à la *deus ex machina*.[10] E ainda mais uma versão: uma vez a arlequinada foi mostrada (na casa de F. Sologúb) com atores de smoking, fraques e roupas de baile; ao que se adicionaram aos trajes típicos e festa apenas os atributos mais típicos da *commedia dell'arte*: máscaras, guizos, o bastão do Arlequim e chapéus que destacassem determinada característica nos personagens. (A descrição do espetáculo *Arlequim casamenteiro* cita Mikhail Babênchikov: "O teatro da Confraria de atores, músicos, escritores e desenhistas de Terijoki", em *Nôvaya Stúdia*, 1912, n. 7. Na mesma revista se encontra a descrição do espetáculo "Adoração da cruz", em sua segunda versão.)

A adoração da cruz (XXVIII). Essa peça foi montada duas vezes. A primeira montagem, no Teatro-Torre na casa de Viachesláv Ivánov, foi descrita por E. Zônsko-Boróvski no número 8 da *Apollon*, no ano de 1910. Na montagem de Terijoki, os princípios eram os mesmos. O que se diferenciava era o lado exterior da montagem: a construção dos cenários e das marcações. Nesse aspecto tudo foi simplificado ao máximo; em essência, não havia nenhum cenário. Quisemos criar apenas as condições que ajudassem os atores em seu jogo e no qual se pudesse mais do que tudo sentir o espírito de Calderón.

O palco havia sido convertido na forma de uma grande tenda branca; através de sua tela traseira, cortada verticalmente em largas tiras os atores podiam entrar e sair de cena. Essa cortina branca, larga, com cruzes azuis pintadas, era a fronteira simbólica que separava o lugar da ação da obra de teatro católica do mundo exterior (hostil). Sobre a tela superior da tenda e nos triângulos que se formavam dos lados se desenhavam estrelas. Pelos lados do palco também haviam grandes lanternas brancas, nos quais, atrás do papel-vegetal branco queimavam pequenas lâmpadas. No entanto, as lanternas ali estavam apenas como lanternas, e a iluminação da cena era superior e lateral através de refletores (sem ribalta). Não havia mudança de cenário. Apenas na segunda *jornada*, para mostrar que a ação se passava no monastério, dois jovens, sob o tom monótono dos sinos que ficavam nas coxias, traziam ao palco grandes biombos brancos de três compartimentos, onde estava pintada uma linha austera de santos católicos. De forma geral a austeridade, o sombrio e a simplicidade foram alcançados com a iluminação uniforme branca: os desenhos na tenda e nos biombos (muito simples e austeros) eram apenas contornos feitos de tinta azul. Era necessário que ficasse claro para o espectador que aqui o cenário não representava nada; que aqui apenas os atores jogam. A cenografia é apenas uma página na qual se escreve o texto. E por isso tudo o que era feito da cenografia era intencionalmente convencionado.

Os atores não se prendiam às árvores (não havia árvores em cena): eles apenas se inclinavam para as duas colunas que delimitavam o palco no primeiro plano (pertencentes ao próprio edifício do teatro); a corda que seguravam não era suficiente para amarrá-las, já que não davam qualquer nó. O camponês Gil, que deveria se esconder atrás dos arbustos, apenas se enrolava na cortina. No final da peça, Eusébio, ferido de morte e correndo pelo palco, tem o caminho "bloqueado pela cruz". E era assim mesmo: quando Eusébio estava pronto para cair, um jovem vestido de preto vinha e colocava uma enorme cruz azul de madeira diante dele.

Orfeu (XXXVII) foi montada através da partitura publicada em 1900 por A. Durand, (*Orphée et Eurydice, Tragédie-opéra en trois actes. Musique de Gluck. Poème de Moline d'après Calsabigi. Texte allemand de Max Kalbeck. Texte italien de Giovanni Pozza. Publié par Melle F. Pelletan, C. Saint-Saens et Julien Tiersot avec le concours de M. Édouard Barre. Paris, A. Durand et Fils, Éditeurs, 4 Place de la Madeleine*). Na base dessa partitura estava o trabalho sobre a ópera que Gluck realizara nos palcos parisienses quando, dez anos após a montagem em Viena (1762), já possuía uma versão mais acabada de sua tragédia. O papel de Orfeu, antes escrito para contralto, deveria agora ser cantado por um tenor. A primeira montagem da ópera na referida redação aconteceu na presença do próprio autor no ano de 1774 com Le Gros no papel de Orfeu.

Apenas em 1859 é que aparece uma nova partitura novamente com Orfeu-contralto. Com a leve mão de Berlioz, em quem se confiou a recriação da ópera para Pauline Viardot, e então a nova redação (para contralto) ficou bem conhecida. Saint-Senet pensa que tal tradição não pode ser considerada como um passo adiante. Criando o papel para um *castratto* em Viena, Gluck apenas fez uma concessão às exigências do tempo. E isso é suficientemente provado quando ele rompe com a velha escola e refaz seu primeiro manuscrito.

Com a montagem no teatro Mariínski, poderíamos ter imaginado o *Orfeu* nos figurinos com os quais a tragédia havia sido encenada nos tempos de Gluck, ou poderíamos, por outro lado, criar efetivamente no espectador a ilusão da realidade antiga. Ambas as opções pareceram ruins para o diretor e para o cenógrafo, já que o próprio Gluck sabia misturar artificialmente o real e o convencionado no mesmo plano. No Mariínski a peça foi apresentada como se pelo prisma da época na qual viveu e criou o autor. Tudo se subordinava ao estilo antigo, da forma como o entendiam os artistas do século XVIII.

Quanto à técnica, conseguimos nessa montagem dividir o palco em dois planos, diferenciados substancialmente: o proscênio, onde não havia qualquer cenário desenhado, o máximo que havia eram panos costurados; e o plano traseiro, onde havia a cenografia pintada.

Foi conferido um caráter especial aos chamados "lugares de planos diferenciados": os praticáveis, postos em um ou outro lugar, definem por si mesmos a configuração dos agrupamentos e o caminho de movimentação das figuras. Assim, no segundo quadro, foi colocado em cena o caminho de Orfeu ao Inferno, descendo de uma grande altura. Ao lado foram colocadas duas bordas rochosas. Nessa configuração dos "planos diferenciados" a figura de Orfeu não se fundia com a massa de fúrias, e sim dominava sobre elas. As duas bordas rochosas que haviam sido colocadas nas laterais do palco fazem com que fosse necessário planejar o coro e o balé na forma de dois grupos que sobem ao alto a partir das coxias laterais. Somando-se a isso, o quadro na antessala do Inferno não se divide em uma série de episódios, mas sim tem em si representados apenas dois movimentos contraditórios: o movimento do Orfeu descendente de um lado e o movimento das fúrias, que primeiro o encontram terrivelmente e depois se acalmam diante dele. Aqui o posicionamento de todos os agrupamentos se define através do posicionamento dos lugares "dos planos diferenciados" desenvolvidos pelo cenógrafo e pelo diretor.

O coro do Elíseo ficava atrás da coxia. Isso fornecia a possibilidade de abstrair a desarmonia frequentemente presente nas óperas em dois movimentos de duas partes ainda não fundidas do palco operístico: o coro e o balé. Se o coro tivesse sido deixado em cena, rapidamente nos saltaria aos olhos que um grupo canta e o outro dança. E além disso, o grupo que vai ao Elísio (*les ombres heureuses*[11]) requer dos atores uma plástica unificada.

Na segunda cena do terceiro ato o Cupido, que acaba de ressuscitar Eurídice, pronunciou a última frase de sua recitativa: "*Je viens vous retirer de cet affreux séjour; jouissez désormais des plaisirs de l'amour!*".[12] Ele leva Orfeu e Eurídice dos degraus de pedra do segundo plano (cheio de praticáveis) para um tapete convencionado no proscênio. Quando Orfeu, Eurídice e o Cupido chegam ao proscênio, a paisagem atrás deles se fecha com a cortina bordada (principal) e o trio final é cantado nessa cena pelos atores como um número de concerto. Enquanto o trio é executado, atrás da cortina, o cenário "*La sortie des enfers*"[13] é trocado pelo cenário da Apoteose e se abre imediatamente ao final do trio, por um sinal do Cupido.

NOTAS À LISTA DE TRABALHOS DE DIREÇÃO

[1] "Notas à lista de trabalhos de direção", publicado primeiramente no livro *Do teatro*. O artigo citado de S. Bondi, "Sobre a leitura musical" de M.F. Gnésin", está na coletânea *M.F. Gnésin. Artigos, memórias, materiais*, Moscou, Compositor Soviético, 1961. (N.T.)

[2] Tipo de tapeçaria francesa do século XVIII, proveniente da Maison des Gobelines, em Paris. (N.T.)

[3] *Arshin*: antiga medida utilizada na Rússia czarista. Equivale a 72 centímetros. (N.T.)

[4] I.M. Bondi fez essa descrição especialmente para o livro de Meyerhold *Do Teatro*. (N.R.R.)

[5] Auberge des Adrets era um restaurante que existia em Paris. Considera-se que seu nome tenha ligação com o melodrama homônimo de B. Antier, J. Saint-Aman e Politana, montado em 1823 com a participação do famoso ator Frédérick Lemaître. (N.R.R.)

[6] Em francês no original: "ideia principal". (N.T.)

[7] O livro de S.S. Ignátov foi publicado em 1914, ou seja, depois do livro de Meyerhold. Consequentemente, Meyerhold, sendo muito amigo de Ignátov, cita seus manuscritos. (N.R.R.)

[8] Na descrição do espetáculo *A vida de um homem*, entre aspas leem-se os comentários de L.N. Andréev. (N.R.R.)

[9] Tem-se em conta a resenha assinada como "Ch" — "O Teatro de V.F. Komissarjévskia. *A vitória da morte*. Tragédia de F. Sologúb". (N.R.R.)

[10] *Deus ex machina*, "o deus vindo da máquina" (latim) — recurso do teatro grego antigo em que, com a ajuda de uma máquina, aparecia repentinamente um personagem, que movia a intriga. (N.R.R.)

[11] Em francês no original: "as sombras felizes". (N.T.)

[12] Em francês no original: "Eu venho vos retirar deste lugar terrível; regozijem agora com os prazeres do amor". (N.T.)

[13] Em francês no original: "A saída do inferno". (N.T.)

ANEXOS À EDIÇÃO BRASILEIRA

NOTA SOBRE OS ANEXOS

Diego Moschkovich

A seguir o leitor notará que escolhemos para a edição brasileira de Do teatro *dois textos curiosos e que não haviam sido inclusos no livro original por Meyerhold. A edição original de* Do teatro *acaba nos anexos feitos pelo próprio autor, onde ele enumera e comenta seus trabalhos de direção até 1912. É bem verdade que os textos recolhidos e publicados pelo próprio Meyerhold testemunham, por si sós, a grande importância das pesquisas desse diretor para o teatro no século XX de uma forma geral. No entanto, conversando com o editor, pensamos em adicionar mais alguma coisa que pudesse servir tanto de esclarecimento como de contextualização histórica para os textos de* Do teatro.

Em primeiro lugar havíamos cogitado traduzir alguns textos de Meyerhold e de outros autores da época sobre a tão afamada e tão pouco conhecida biomecânica, como forma de mostrar ao leitor mais ou menos de que forma as concepções teóricas sobre a arte do ator, desenvolvidas em Do teatro, *teriam evoluído e tomado a forma de um sistema específico de jogo cênico e de montagem. Mas então deparamos imediatamente com a primeira dificuldade: como deixar isso claro através de um anexo? Analisando alguns possíveis textos para a publicação logo veio a segunda dificuldade, que tornou a tarefa praticamente uma impossibilidade (em se falando de um anexo, claro): há muito pouca coisa escrita pelo próprio Meyerhold sobre a biomecânica, muito provavelmente pelo fato de que o estado "em desenvolvimento constante" das pesquisas biomecânicas impedia que se escrevesse algo mais metódico (e menos teórico) sobre sua* realização. *E as con-*

cepções teóricas gerais sobre a arte do ator em Meyerhold se encontram reunidas precisamente nesta coletânea de textos Do teatro. Não obstante, encontramos bastante material sobre a biomecânica. Além das fotografias e dos vídeos das partituras do cânone, há uma verdadeira coleção de escritos e anotações dos alunos dos estúdios de onde o sistema foi desenvolvido. Mas tais anotações também são cifradas e pouco conclusivas, e acabamos por achar que causariam mais confusão do que explicação se soltas assim como anexo em um volume.

E eis que chegamos a uma outra questão crucial que poderia e deveria ser abordada pelo anexo: a correlação, o desenvolvimento e a fusão dos dois sistemas de jogo cênico da época em uma coisa só. Verdade que, muitas vezes, tendemos a seguir pelo lado de um ou de outro, e existe um lugar-comum geral no teatro ocidental que diz se dividir entre concepções "stanislavskianas", "meyerholdianas", "grotowskianas" e assim por diante. Em relação aos dois primeiros termos, podemos afirmar categoricamente se tratarem de nada mais do que um lugar-comum geral e um erro absurdo. Que seria o "stanislavskiano"? Aquele que prefereria trabalhar "de dentro para fora", e o "meyerholdiano" aquele que trabalhasse a partir da forma? Ou aquele que reproduzisse formalmente as partituras canônicas da biomecânica? Assumindo tais posições, entramos num mar de erros e mal-entendidos que nos levam à mais pura confusão. Ora, se "stanislavskiano" é aquele que prima pela "linha interior", que dizer da necessidade candente citada por Stanislávski de desenvolver a vida do personagem "não apenas psicologicamente, mas também fisicamente"? Não é segredo para ninguém que tenha passado os olhos por cima de Minha vida na arte que a preocupação com a corporeidade tomava conta das pesquisas do mestre desde muito antes da criação do Teatro de Arte. Da mesma forma Meyerhold: trata-se de cair no mesmo exato erro de seus detratores tomar sua contribuição apenas como o primado da "forma sobre o conteúdo". Esperamos que a leitura *de* Do teatro *contribua para aclarar tais concepções e acabar de uma vez por todas com alguns mal-entendidos. Para que tenhamos clareza sobre o papel dos dois sistemas precisamos encará-los como fenômenos pertencentes à história, produtos de determinadas condições do desenvolvimento das artes cênicas em uma certa conjuntura.*

Por isso escolhemos um contemporâneo e alguém de certa autoridade para que nos desse seu testemunho acerca da disputa: Serguei Mikháilovich Eisenstein, um dos formadores do cinema soviético dos anos 1920 e aluno de Meyerhold entre 1922 e 1925. Eisenstein possui uma relação com Meyerhold que é digna de uma pesquisa particular e de um volume único: admirador das concepções do encenador desde que era diretor de teatro amador, Eisenstein entra para o Teatro Meyerhold nos anos 1920 e percorre lá um caminho que vai de ouvinte a assistente de direção, seguido de alguns desacordos e separação. Não obstante, quando passa a ensinar seus próprios alunos na escola de cinema (VGIK), a biomecânica vai constar como matéria fundamental para os atores e diretores de seu curso até a sua proibição, em 1940. Um dos documentos mais interessantes sobre a relação entre os dois é sem dúvida a edição de Do teatro, *que Eisenstein comprara e que durante seus anos de diretor-amador se tornara seu guia fundamental, comentado e rabiscado.*

O segundo anexo, embora mais simples, é ainda mais curioso: uma pequena nota autobiográfica feita pelo próprio Meyerhold entre 1921 e 1922, época de um dos primeiros expurgos dentro do Partido Comunista. Trata-se, de alguma forma, de um texto em que se pode encontrar uma descrição de Meyerhold por si mesmo. Nessa nota em particular, podemos notar que existe uma mudança de enfoque: Meyerhold não trata muito de seus sucessos e fracassos artísticos, e sim traça um pequeno perfil de sua vida como militante comunista.

PALESTRA NO VGIK[1]
31 de dezembro de 1935

S.M. Eisenstein

Vejam só sobre o que precisamos conversar. Tomemos as perguntas: por que é que surgiram sistemas acabados e por que uma escola resolveu seguir determinado caminho e a outra, outro? Eu não pretendo aqui fazer uma detalhada análise marxista sobre o assunto, dizendo de onde veio cada coisa, e sim falarei imageticamente através das sensações, por meio das quais percebo a coisa toda.

É perfeitamente claro que a unilateralidade[2] já era inescapável desde a formação da sociedade burguesa pré-re-volucionária. Também é claramente entendível que apenas após a revolução é que puderam aparecer a compreensão e a síntese completas. No entanto, dentro dessa unilateralidade há duas tendências precisamente demarcadas. Quando comparo Stanislávski com Meyerhold mais ou menos através das sensações humanas que eles causam, e toco por um momento na pergunta: "de que meio eles vieram? Como cresceram? A quem pertencem?", sempre tenho a impressão de que Stanislávski encarna mais ou menos a linha do mercador e Meyerhold a do comerciante. Por favor, não entendam o que eu disse do ponto de vista da especulação financeira. O que ambos refletem não é a astúcia do comerciante ou do mercador. É o fundo psicológico presente em Stanislávski que soa um pouco no gênero de um mercador antigo e o de Meyerhold no gênero de uma alta transação financeira.

GÓLTSEV — Meyerhold? Tem certeza? Não Nemiró-vitch-Dântchenko?

EISENSTEIN — Não, não entendam isso como venalidade. O que há aqui é exatamente a fronteira que existe entre o vendedor e o comerciante. Trata-se de uma construção completamente diferente, de formas e de estilos completamente diferentes. Nemiróvitch-Dântchenko é também um comerciante, mas segundo uma outra linha de raciocínio. Não me compreendam errado. Vejam, se colocarmos em termos de objetos mercantis, então Stanislávski é a venda das coisas, das mercadorias em sua forma original: tantos gramas de farinha pagos em dinheiro vivo. Já Meyerhold é a venda em grandes quantidades, sem peso, a crédito, não em notas de dinheiro. Não com o saco de prata com que se paga Stanislávski, mas sim o título de capitalização, o cheque. Se trata de uma outra etapa, a próxima etapa, mas ágil e mais desenvolvida das relações comerciais. Quando Stanislávski faz negócio, ele paga em mercadorias, traz a troca em peles, chifres. Meyerhold paga com títulos em papel. É nesses termos que se ligam minhas impressões sobre Stanislávski e Meyerhold.

Da última vez que falei sobre isso dei o exemplo de como pude sentir essa diferença de uma forma muito acentuada quando estive na bolsa de grãos de Chicago,[3] que é palco de um jogo incrível de paixões, uma briga violenta em torno de mercadorias e de dinheiro, sendo que materialmente o dinheiro e a mercadoria em si estão presentes de forma abstrata. No parapeito do primeiro andar do gigantesco prédio da bolsa de valores de Chicago há pequenos sacos com amostras dos grãos, e essas amostras são comidas pelos pombos. De um lado brigam os corretores, molhados, suados e já roucos, e do outro, no parapeito, os pombos devoram os saquinhos com as amostras dos grãos. Mas veja que ali podemos ver apenas os saquinhos com as amostras, mas em algum lugar navegam navios colossais carregados de trigo, painço etc. O navio em si não muda, ele continua indo para onde deveria ir, mas chega a mudar três ou quatro vezes de dono, desvaloriza, muda de preço. E tudo isso ocorre como que ao seu redor. Assim, quando por um lado nós falamos sobre papel-moeda, títulos e cheques, e por outro, sobre sacos de ouro e prata, fico com a impressão de que se trata de um excelente exemplo para tratar das diferenças entre o teatro de convenção e o teatro cotidiano, naturalista. Num deles somos capazes de compreender o peso real das coisas. No outro, recebemos um certificado da transação efetuada. Sabem que uma nota de três rublos não possui esse valor, na verdade vale muito menos, mas ela denota o valor que está escrito. E quando o teatro de convenção pôs em cena uma coluna e uma poltrona dizendo "isto é um palácio", percebemos a mesma exata espécie de ligação.

Por outro lado, o que é que acontece no México, país onde a prata circula em lugar do papel-moeda, já que no meio de tantas confusões e reviravoltas ninguém dá conta de imprimir dinheiro, e imprimindo, dentro de duas semanas este já não vale mais, ao passo que um saco de prata será sempre um saco de prata, e por isso a moeda de troca em papel não existe. E quando se precisa ir comprar alguma coisa e tem-se de levar consigo 40 rublos de prata — 40 pesos, nossos bolsos se enchem e puxam as calças para baixo. E quando precisa-se de 100 pesos, então temos de literalmente contratar um carregador que leve o saco de prata para nós. E é exatamente isso que se vê pelas ruas.

Assim, ambas as escolas das figuras dirigentes pertencem a um único sistema social, mas dentro delas existe a mesma espécie de nuance que existe na diferença entre um vendedor e um comerciante. São fenômenos totalmente diferentes.

Agora é realmente muito curioso que o caminho do sistema Stanislávski, o caminho da verdade (e aqui eu me permito uma formulação até um tanto irônica, mas isso é o que é comumente admitido) possui na base da sua factualidade, de sua verdade, nada menos do que a própria tradição. Quando vocês analisarem qual foi o caminho percorrido por Stanislávski, verão, no próprio *Minha vida na arte*,[4] de onde é que tudo começou: do fato de que a verdade se encontrava nas coisas e nos objetos. Lembrem-se da linha histórico-cotidiana, como ele mesmo a chama. Em seguida essa mesma materialidade de coisas, objetos e cenário começou a requerer também um estado psicológico igualmente verdadeiro. Se nos detivermos a olhar, toda essa evolução acontece no final de umas cinquenta páginas. Ou seja, toda a materialidade e veracidade deixa de ser puramente a verdade do ambiente cotidiano, do material cotidiano e passa a ser a verdade comportamental, a verdade da autopercepção e assim por diante. Eis para onde vai essa linha.

No que diz respeito à outra linha, a dos teatros de esquerda, ela se distancia dessas tradições e se liga com uma forma mais acabada, como eu disse, de transação comercial e com uma técnica muito mais aperfeiçoada de forma geral. Se no primeiro caso temos de uma certa forma a manufatura no que diz respeito ao alcance de toda uma série de efeitos do comportamento artístico, nos grupos de esquerda já encontramos uma tendência às formas mais industriais, aperfeiçoadas. E sob a face de Meyerhold temos ainda, se quiserem, um desdobramento ainda mais mecânico do que se entende por quadro do processo criativo. Ou seja: geralmente se acusavam os teatros de esquerda de mecanicistas, pois eles recusavam os métodos mais primitivos e artesanais em função de outros, mais industriais, e de que disso decorreria, na força de sua unilateralidade, certo mecanicismo. Quer dizer: a base empática da qual esses teatros se distanciam é precisamente aquilo que se aproxima de todos os gêneros individuais de desenvolvimento, e a sua transposição (ou a não transposição) faz com que tais teatros tenham que buscar em seus problemas criativos análogos tais, nos quais acontece uma certa quebra.

Comecemos pelo termo que recebemos de Meyerhold: a biomecânica. Nesse termo se sentem significados perfeitamente definidos, uma orientação perfeitamente definida para o lado dos caminhos mais desenvolvidos, que durante uma etapa específica estiveram indissociáveis do período de desenvolvimento da indústria.

Conhecemos o período do endeusamento das máquinas, os hinos às máquinas etc. O maquinismo que decorre dessas coisas aparece da seguinte forma: primeiro como um elemento acentuado de ligação, que à medida que se limita com sua conscientização de si mesmo, passa a ser considerado esgotado. Então ele passa a existir em si mesmo, e temos uma paródia de Meyehold no estilo das primeiras coisas de Taírov,[5] onde víamos um ator completamente sem alma, diminuto ao grau de marionete. Vejam que não estou falando do Teatro Kámerny atual, e sim sobre a fisionomia do Kámerny como a conhecemos historicamente. O que acontece agora com o Kámerny é uma outra questão, que requer uma análise independente.

Se formos ver o que é que aconteceu com ambos os fenômenos unilaterais após a revolução, veremos que a apropriação de sua herança cultural não se deu indiscriminadamente, mas com cuidadoso critério, condicionado pela etapa de desenvolvimento e pela marcha dos acontecimentos pós-revolucionários, dos quais todos fomos testemunhas. Se tentarmos nos lembrar, veremos que cronologicamente, grosso modo, os primeiros anos do teatro após a revolução correram sob o signo de Meyerhold e da frente de esquerda. Nos últimos anos, no entanto, começa uma virada brusca para o lado do TAM, ou seja, se antes, logo após a revolução, se levantava a pergunta acerca da liquidação do Teatro de Arte — e tal questão foi realmente levantada —, hoje em dia já temos uma outra coisa, que é a exaltação do Teatro de Arte a um grau nunca antes visto. O que é que isso nos diz? Diz que sobre o fato de que no período em que tínhamos diante de nós a questão da reconstrução da indústria como primeiríssimo ponto na pauta de nossa existência, quando todo o país se encontrava em pé e se fazia necessário fazê-lo mover a ênfase, se dava precisamente nesse tipo de problemas e coisas. E tal tendência encontrava seu reflexo sendo simpática aos teatros que ressoavam essa mesma nota. No entanto, a partir do momento em que alcançamos determinado grau de desenvolvimento industrial, quando as coisas começaram a andar para a frente e entrar em movimento, a ênfase passou ao interesse para com as pessoas. E claro, assim que se começou a falar sobre tais elementos, quando finalmente podíamos andar com nossas próprias pernas e explorar sozinhos, passamos a extrair dessa herança a experiência que era mais próxima a isso, que se ocupava dos problemas psicológicos etc.

Eu ainda diria que podemos definir esses dois caminhos com expressões correntes. Teve um momento em que dizíamos: "A técnica é a solução", e hoje em dia atravessamos um momento no qual dizemos que "os quadros são a solução". Mas a genialidade do homem que numa etapa determinada diz que "a técnica resolve tudo" e em outra que "os quadros resolvem tudo" é exatamente a genialidade estaliniana,[6] extremamente abrangente e que se em determinado momento se detém sobre um aspecto não quer dizer que o outro esteja sendo cerceado. No entanto, tanto os mestres teatrais quanto nossos gênios da arte parecem não possuir tal lógica abrangente e entenderiam apenas a palavra de ordem "Os quadros são a solução" e nada mais.

Ou mesmo no primeiro caso — "A técnica é a solução" — e ponto. Se pegarmos os desdobramentos máximos no campo das artes, veremos que é exatamente isso que acontece. Houve um período quando tínhamos a deificação do tecnicismo das artes do ator e do diretor. Hoje em dia, no campo teatral (e também no cinematográfico) possuímos uma tendência muito específica que diz que os quadros, isto é, a pessoa viva é a solução para tudo, sem levar em conta que não se trata de uma palavra de ordem esgotável, mas sim apenas de uma ênfase no principal problema do momento atual.

KÚSTOV — Daí eu extraio uma pergunta: poderíamos então dizer que Vsévolod Emílievich deve, em função disso, passar em seu trabalho à síntese geral desses dois posicionamentos?

EISENSTEIN — Tanto ele como Konstantin Serguéievich.

KÚSTOV — Mas Meyerhold especialmente, já que ainda está preso ao primeiro período.

EISENSTEIN — Ele era mais bem cotado durante o primeiro período. Hoje em dia Stanislávski é mais bem cotado. Significa que ambos precisam proceder à síntese. Ainda se pode aguentar por um ou dois anos a situação atual e depois começarão a levantar questões sobre a universalidade e a multilateralidade das coisas.

E olhem que interessante. Se do lado de um temos a unilateralidade, do outro temos uma honra um pouco excessiva. E a contradição... Existe aí uma certa dialética que fala sobre a unidade. Ou seja, ao que parece é necessário que ambos estejam juntos. E é isso o que fazem, pelo menos intelectualmente; inclusive, podemos citar alguns exemplos interessantes de tentativas de criar a síntese. Trata-se da criação de outro grupo de diretores, do grupo de Vakhtângov.[7] Nós até agora não conversamos sobre isso. No começo, depois do período revolucionário, aparece de repente uma figura que aparentemente une as duas frentes, as duas direções. De um lado, possui tudo de melhor que poderia ser extraído do Teatro de Arte, e por outro todo o brilho da forma que era polido e soprava da frente de esquerda. É a figura de Vakhtângov. Se vocês se recordam da descrição feita por Novítski[8] ou mesmo de parte da discussão[9] por ele levantada, cria-se uma sensação de que Vakhtângov foi realmente esse grande sintetizador, que precisamos seguir a linha de Vakhtângov, que Vakhtângov foi mal valorizado e mal entendido e que a dita síntese realmente acontecia com Vakhtângov. Essa é a impressão que se tem especialmente quando se lê Novítski.

O que é que aconteceu com Vakhtângov? Vou lhes dizer. Não podemos acusá-lo de haver *colado* mecanicamente os dois fenômenos. Ele não o fez mecanicamente. Ele o fez sem ter consciência de o estar fazendo. Na verdade tal papel recai mais uma vez sobre seus popularizadores, A. Popóv[10] e em parte sobre Zakháva,[11] criadores da linha que começou a formular de maneira marxista o significado de Vakhtângov. Se formos ler os textos de Popóv no programa de sua extinta escola do Teatro da Revolução, veremos que tudo ali está expresso em linguagem dialética. Mas sabemos que existe todo um contingente de pessoas que é capaz de expressar qualquer fenômeno através de termos dialéticos, e no final a explicação soa verdadeira. Só que isso não significa absolutamente que tais pessoas percorreram o processo dialético do verdadeiro conhecimento sobre a coisa. Tais pessoas vivem de formulaçõezinhas, e quando se faz necessário trabalhar ou agir aparecem logo as dissociações em relação às suas formulações.

O que foi que aconteceu então? Vakhtângov processou a união entre os dois sistemas. Precisamente a união e não a síntese. Por que é que não pôde acontecer a síntese? Porque no período em que trabalhou Vakhtângov ainda não existiam as premissas suficientes para a criação da harmonia e da síntese total entre os dois sistemas. São coisas que são impossíveis de ser fazer artificialmente. A possibilidade de se chegar à síntese, no sentido mais completo da palavra, tem aparecido apenas durante os últimos anos. Se analisamos sobre o que se tem pensado e para onde tendem hoje em dia, então veremos que é sobre isso que se escreve. Mesmo nas artes plásticas se escreve sobre isso — infelizmente ainda se escreve em papel, e não nas telas —, e de uma forma geral se percebe que essa é a intenção e que ela está presente em todos os campos da arte. Se formos ver o que se tem dito em relação à estética do realismo socialista, veremos que ali se prevê e se tem em conta tal aperfeiçoamento. Mas Vakhtângov, que trabalhou durante os anos 1920, ainda não possuía tais premissas. E por outro lado realmente aconteceu nas montagens de Vakhtângov uma certa unificação, e não apenas aconteceu como também foi de um sucesso tremendo, uma grande resposta dada como algo que parecia ser uma verdadeira conquista. Mas o que acontecia, diga-se de passagem, não era ainda a síntese das duas direções e sim a unificação artificial entre ambas. Mas onde se encontra o segredo e por que é que se pensa em Vakhtângov como o descobridor da síntese? É muito simples. A reputação de Vakhtângov se baseia em três coisas: *A princesa Turandot*, *Gadibuk* e *Érik XIV*. *O milagre de Santo Antônio*[12] não conta mais. Foram essas três coisas que estabeleceram Vakhtângov como um grande mestre. O que é que era característico nessas três montagens, em qual plano as três se encontravam?

GÓLTSEV — A *commedia dell'arte*.

VOLODÁRSKI — O GROTESCO.

EISENSTEIN — Sim, é claro que era o grotesco, e aliás se tratava do grotesco em diferentes variações: o grotesco aquarelado de *Turandot*, a sépia queimada de *Gadibuk* e [*duas palavras ininteligíveis — red.*] de *Érik XIV*. Mas seria fundamental o grotesco? Onde é que se constrói o encanto do grotesco? Se constrói na desunião das partes. Qual é sempre o motivo base? É como se fosse a realidade e, ao mesmo tempo, não é. Peguem os escritos de Hoffmann, por exemplo, na *Moeda de ouro*, a vendedora de maçãs é também uma bruxa. Lindhorst é um velho bibliotecário que de noite se transforma numa salamandra de fogo, coisa que não se encontra muito dentro das concepções normais de transformação. Como bibliotecário, Lindhorst usa um roupão que denota o fato de que durante as noites ele se transforma numa salamandra de fogo, e quando se transforma na salamandra, restam nele alguns elementos do bibliotecário. Se não fosse por esses elementos de junção artificial, não conseguiríamos a especificidade que acostumamos a chamar de grotesco.

PERGUNTA DA SALA — Como é que você define o grotesco?

EISENSTEIN — Por favor, sem definições. Para formular o que é o grotesco eu precisaria de no mínimo uns quatro volumes impressos. O que é importante para mim é que vocês sintam e entendam a especificidade e a peculiaridade do grotesco. Não se trata da junção dos planos: é exatamente a ausência da síntese que é característica do grotesco. Elementos que se assumiriam sintetizados numa unidade existem aí sem se fundir, pois se se fundissem numa unidade teríamos então uma outra espécie de construção da obra. Com o exemplo de Hoffmann deve ficar bem claro o que estou querendo lhes dizer: o plano fantástico e o plano real, o plano material e o plano não material não existem como uma determinada unidade que uma hora apresenta elementos de um e depois do outro. No grotesco temos a escalada de um plano para outro e a colisão acentuada do real e do não real. É isso o que diferencia o grotesco.

DA SALA — Na pintura também é assim.

EISENSTEIN — Sabemos que na natureza existe a unidade do material com o não material. Não se trata do grotesco. No entanto, quando esses elementos são separados uns dos outros e postos propositalmente em conjunto e em colisão, então temos o efeito peculiar específico do grotesco. Isso ocorre em qualquer campo. Se for no teatro, por um lado, obtemos a ilusão teatral, e de repente a máscara teatral vira de lado e o ator pisca para o espectador, ou seja, quebra o plano da ilusão teatral enfatizando que ali há pessoas que estão se quebrando. Em todos os campos para os quais olhemos, na pintura também, podemos verificar que a lei geral do grotesco se constrói sobre essa base.

Acabamos de falar que o processo criativo, dizendo grosseiramente, é a vivência, que deve acontecer dentro de uma determinada forma acabada, e no caso certo, no caso da síntese, é isso exatamente o que ocorre. Tanto faz de qual dos caminhos partirem. Falamos que há escolas que desenvolvem uma das partes, e há escolas que desenvolvem a outra. A escola sintética encara ambas como parte de um processo único. Uma construção grotesca desses elementos significaria a transecção mecânica das duas possibilidades. Apenas o estilo cênico é que deve ser de construção grotesca.

VOLODÁRSKI — Podemos verificar isso em Gógol. Se pegarmos a composição de *O nariz* e *Noites na fazenda*, por exemplo.

EISENSTEIN — Aí está o fenômeno da diferenciação entre Gógol e Hoffmann: Hoffmann teria colocado *O nariz* dentro das *Noites na fazenda*, enquanto Gógol os diferencia entre os que possuem elementos fantásticos (como feito ao máximo em *O nariz*) e cotidianos. Ele não se utiliza de uma forma fantástica para juntá-los. Em *Almas mortas* não encontramos os mesmos elementos presentes nos contos de Petersburgo. Hoffmann sim junta esses dois planos. Essa é a diferença fundamental entre os dois na linha do grotesco. Consciente ou inconscientemente, não importa. Trata-se de duas posições ideológicas exatamente definidas, de uma construção de pensamento precisamente definida que acaba se expressando de uma forma ou de outra.

E se dissermos que a escola do *perejivánie* é a salamandra de fogo e a escola técnica é o bibliotecário, ou mesmo o contrário, a unificação mecânica das duas escolas cria o método grotesco e não o método sintético. E o método grotesco, onde existem os dois elementos, e que se assume terminar na síntese, acaba trazendo como consequência a transecção. Não a consequente penetração, mas sim transecção.

Mas bem, se tal é o método, vemos que em Vakhtângov as tarefas de suas três montagens são as mesmas, ou seja, o estilo de suas coisas coincide absolutamente com o método através do qual ele trabalha. As coisas são grotescas e o grotesco que ele constrói deve ser feito para unir a transecção, juntando mecanicamente um sistema com o outro.

Quando a forma da obra e o método pelo qual é criada coincidem, temos sempre o fenômeno completo do aparecimento do estilo. Ou seja, se nos ativéssemos a um tema só, se pegássemos o trabalho necessário sobre a estilização e os transformássemos num método que coincidisse absolutamente com o que fizemos, teríamos uma obra num estilo acabado. E é aqui que está a grande conquista de Vakhtângov. Mas é preciso lembrar que Vakhtângov não é a síntese dos sistemas e sim um grande passo à frente em relação à simples junção mecânica, e que se salva unicamente pelo fato de que as necessidades da montagem requeriam exatamente aquilo que foi conseguido.

Levem em conta que não costumo decorar minhas palestras e conversas, eu escrevo num papel apenas algumas posições e depois as explico como fala viva. Pode ser que eu tenha esquecido algo, pulado muito adiante, que esteja sendo impreciso, então, por favor, me digam se ficou claro o que eu disse.

Assim, digo mais uma vez que Vakhtângov não supera o momento social da possibilidade de síntese dos sistemas. E por isso ele foi privado da possibilidade de criar tal síntese. Ele o faz apenas de forma mecânica, e vejam que não estou dizendo que ele assim o desejava conscientemente. É o resultado. No entanto essa pseudossíntese mecânica corresponde exatamente à linha condutora das obras que ele encena, e por isso podemos notar o sucesso estilístico dessas obras. Mas não se trata da síntese, de forma a dizer que a síntese que possa vir a ser criada é o sobrinho mais novo de Vakhtângov é completamente desprovido de qualquer base.

Tenham em conta que existe a linha teórica de Novítski e [há] também aqueles que encaram tudo isso de uma outra maneira. Por isso estou tentando chamar a atenção de vocês, pois o ponto de vista corrente não é contestado por quase ninguém. Trata-se de algo que ainda não foi analisado e descoberto, pelo fato de que ninguém discute com Novítski. Ele é o único que escreve sobre o assunto e não há discussões sobre o lugar que ocupa Vakhtângov. Por isso achei importante voltar a esse ponto de vista.

IVANOV — Quando Vakhtângov trabalhou na *Princesa Turandot* ele queria fazer com que fosse uma ação una, e acabou tendo o grotesco. Será que ele não entendia o que iria acontecer?

EISENSTEIN — Ninguém nunca sabe o que vai acontecer. Não podemos alimentar ilusões sobre esse aspecto. Isso, claro, falando grosseiramente; se formos tratar de maneira mais refinada, o fato é que o ato criativo até o início da montagem não acaba, mas apenas começa. E nós podemos entender o estilo do que estamos fazendo apenas no final; analisamos, começamos o que vai para onde e o que deve sair disso. E isso sempre acontece durante a montagem ou perto do final, às vezes mesmo dois ou três anos após. Às vezes algum crítico nos mostra.

[...]

Mas Vakhtângov não possuía a intenção: "oba, vou criar uma síntese". Ele não dizia isso a si mesmo. Mas tendo vivido entre estes dois colossos, Stanislávski e Meyerhold e estando em ligação com ambos se criou assim. Não foi algo que foi intencional e problematizado: simplesmente aconteceu desta forma.

NOTAS DOS ANEXOS À EDIÇÃO BRASILEIRA

PALESTRA NO VGIK, 31 DE DEZEMBRO DE 1935

[Todas as notas deste texto são do tradutor brasileiro.]

[1] VGIK: sigla para Vyschee Gosudárstvenny Institút Kino [Instituto Estatal Superior de Cinema], mais importante instituto superior da extinta URSS e, hoje em dia, da Rússia.

[2] Eisenstein fala do caráter *unilateral* de ambas as escolas, a de Stanislávski e a de Meyerhold, pois entende que cada uma apontava unilateralmente para um lado distinto: uma para dentro e outra para fora. Deve-se notar, entretanto, que não se trata de uma crítica personalista (já que os dois encenadores possuíam certeza da necessidade do desenvolvimento de ambas as direções), mas de uma crítica ao caminho perseguido pelas *escolas* ao ultrapassarem os limites de seus fundadores. É apenas nesse sentido que se pode dar razão a Eisenstein e dizer que uma escola caminhou num sentido e a outra, noutro.

[3] Eisenstein esteve em Chicago durante o verão de 1930. Consta no postal enviado por ele a Esfir Shub: "Calorosas saudações de Chicago e Detroit — hoje visitamos a Ford — fiquei de cabelo em pé de tão incrível! Sempre seu, S.E.".

[4] Na última aula Eisenstein havia proposto que os estudantes lessem e extraíssem posições pessoais sobre o livro *Minha vida na arte*, dizendo: "Stanislávski se ocupa da questão da educação e da predisposição da pessoa para o jogo, e o faz muito conscienciosa e detalhadamente... Aqui o importante não é nos

curvarmos diante da grande autoridade, e sim saber extrair aquilo que se faz útil e necessário". Eisenstein fala mais detalhadamente sobre o sistema Stanislávski no manual *Direção. A arte da marcação* e no capítulo "A montagem na arte do ator" em seu livro *A montagem.*

[5] Aleksándr Iácovlevich Kornblít [Taírov] (1885-1950): Ator e diretor, Taírov é o fundador do Teatro Kámerny (de Câmara) em Petrogrado em 1914, para o qual dedicará todo o restante de sua vida teatral. Neste parágrafo Eisenstein segue as concepções de Meyerhold em suas anotações sobre o livro *Notas de um diretor*, de Taírov. Achamos importante traduzir ainda um parágrafo do próprio Meyerhold acerca do Kámerny, extraído da intervenção por ele feita na discussão sobre a "Metodologia criativa do Teatro Meyerhold", de 25 de dezembro de 1935:
"O teatro de convenção que se consolidou em Moscou, pegando para si todos os erros do nosso primeiro período, é o Teatro Kámerny. Sempre que vou assistir a uma de suas montagens sou capaz de ver e dizer: "bom, estão de parabéns". Mas se trata de um teatro de convenção construído sobre as premissas absolutamente erradas dos nossos primeiros passos, sobre todos aqueles erros já descritos por Valéri Briússov. O jogo em si no Kámerny e o jogo em si em nosso teatro são coisas distintas. É por isso que somos o antípoda, o inimigo do Teatro Kámerny. Não há em Moscou nenhum teatro que nos seja tão oposto quanto o Kámerny. Somos capazes de reconhecer em cada gesto, em cada formulação, em cada montagem como cresceu esse teatro de convenção a partir dos erros de nosso primeiro período. Rompemos com o Kámerny há muito tempo."

[6] Estaliniana: referente à I. V. Stálin, dirigente da União Soviética no período. Preferimos *estaliniana* em vez de um também possível *stalinista*, pois aqui Eisenstein se refere à lógica de pensamento do próprio dirigente, e não do termo recorrentemente utilizado para designar as contradições políticas presentes no período 1929-1953.

[7] Evguêni Bogratiônovich Vakhtângov (1883-1922): Ator formado pelo Primeiro Estúdio do TAM, teve participação ativa nas experimentações que levaram à criação do Sistema Stanislávski. Em 1913 foi o fundador e diretor do Estúdio Dramático Estudantil, que em 1921 se tornaria o Terceiro Estúdio do TAM. Em 1926 o Estúdio passou a se chamar "Teatro Vakhtângov", nome que possui até os dias de hoje. Extraímos duas citações de Meyerhold sobre Vakhtângov da intervenção feita pelo primeiro na comemoração do aniversário de morte de E. Vakhtângov em 1926: "Eu recentemente tive a oportunidade de conversar com Konstantin Serguéievich Stanislávski. Sobre minha pergunta acerca dos destinos do teatro contemporâneo ele disse: 'Infelizmente há muito poucas pessoas que possam consolidar firmemente as posições conquistadas pelo teatro russo, e não apenas o dos dias atuais, mas do teatro russo de forma geral, que é em essência ainda muito jovem'. Segundo a opinião de Stanislávski não há pessoas que saibam suficientemente bem o que e de que se precisa. Por isso é que temos condições desfavoráveis no teatro".
E "[...] e quando me lembro de Evguêni Bogratiônovich, quando me lembro de seu trabalho, parece-me sempre que ele conhecia perfeitamente a natureza do teatro, pois ele sempre soube o que é preciso e o que se pode fazer em tal e qual lugar. Ele era capaz de sentir a plateia".

[8] Eisenstein se refere ao livro do historiador do teatro Pavel Ivánovich Novítski, *Os sistemas teatrais contemporâneos* (Moscou, 1933), que aponta as pesquisas de Vakhtângov como sendo a síntese entre os dois sistemas.

[9] Na palestra anterior Eisenstein havia se referido à mesma discussão sobre os papéis do ator e do diretor no processo criativo e sobre qual deveria ser o sistema de jogo utilizado pelos atores.

[10] A.D. Popóv trabalhou no teatro E. Vakhtângov de 1923 até 1930, e os espetáculos por ele montados formaram significativamente o rosto desse teatro.

[11] B.E. Zakháva (1896-1974) foi ator e diretor do teatro Vakhtângov e, entre 1923 e 1925, ator no teatro Meyerhold.

[12] *A princesa Turandot* de Carlo Gozzi foi montada por Vakhtângov com o Terceiro Estúdio do TAM em 1922; *Gadibúk*, de Anski, no estúdio hebraico "Habima", também em 1922; *Érik XIV* de Strindberg, pelo Primeiro Estúdio do TAM em 1921; *O milagre de Santo Antônio* de Maeterlinck, com o Terceiro Estúdio em 1921.

DADOS BIOGRÁFICOS (1921)

V. Meyerhold

Nasci no ano de 1874 na cidade de Penza.

A paixão pela classe operária, o entendimento de seus interesses e necessidades e a apropriação de algumas de suas particularidades de vida foram sedimentando-se em mim desde a tenra infância até meu ingresso na universidade (1895).[1]

Meu pai possuía uma grande fábrica de vodca e terras, que ele alugava aos camponeses.

Minha família era bem grande. As preocupações chegavam apenas aos mais velhos: eram eles que conduziam à educação no comércio. Os mais novos (e eu era um deles) ficavam por conta própria. Eu, tanto criança como adolescente, me misturava com os operários em todas as horas em que não precisava ficar sentado nas aulas entediantes. Ia para a fábrica onde eles trabalhavam, para onde bebiam ou para o grande quintal do prédio da fábrica onde jogavam cartas nas horas de descanso. Durante as férias de verão no campo, na propriedade de meu pai, passava dias inteiros entre os camponeses. Como quem havia me amamentado não havia sido minha mãe, mas sim uma camponesa, com a qual mantive relações até que a necessidade de minha mudança para a universidade na capital me arrancasse da minha pátria, penso que a ligação com o meio camponês era na verdade uma feliz complementação daquilo que me alimentava na atmosfera da vida fabril. Esta, por sua vez, era uma educadora vigorosa, como me lembro hoje.

Meu pai era um imigrante vindo da Alemanha, falava muito mal o russo (em família o mais usado era a língua alemã) e não se parecia em nada com os comerciantes de teor pequeno-burguês de uma pequena cidade provinciana. Homem de cultura ocidental (em sua escrivaninha havia um retrato autografado de Bismarck!), tentara construir sua casa de maneira europeia. Os artistas, músicos, pintores e pedagogos, que enchiam a nossa casa simples, construída de grossas toras de madeira e onde as paredes não eram forradas com gesso, mas sim com as insossas oleografias da "Niva"[2] e com valiosíssimas gravuras alemãs, acreditavam que ele não era um pequeno-burguês e dispendiam esforços coletivos para criar o tom cultural de nossa casa. Saraus musicais e literários expulsavam os amantes dos jogos de cartas de casa, e nessas noites nós, crianças, ouvíamos conversas que intrigavam nossas cabecinhas curiosas. A música era despejada em turbilhões, grandiosa, dura, e no final algum dos convidados falava alguma coisa sobre a injustiça do domínio sobre a Polônia. O principal condutor dos saraus musicais (assim como também nosso primeiro professor de música) era um tal de Kandyba, participante de um dos levantes poloneses, que acabara em Penza numa condição de meio exilado, meio emigrante.

Os professores do ginásio que haviam ficado em maus lençóis com a burocracia cem-negrista[3] e que frequentavam a nossa casa conduziam conversas sobre as novas invenções do mundo da ciência e sobre a nova literatura. Será que nem uma migalha daquelas conversas entrava nas cabecinhas das crianças? Com certeza, da mesma forma que os sons musicais afinavam as jovens almas numa sensibilidade especial, de uma forma especial.

Lembro-me também do Sura,[4] da pescaria, de remar os barquinhos pela "mamãe Volga abaixo",[5] das bonitas margens onde ficava um grande apiário, cujo diretor era nosso professor de grego; do húmus negro, revirado por máquinas trazidas do estrangeiro, dos campos de trigo, dos pomares, das cantigas de roda, do soldado czarista Mikhêich, com seus contos sobre hábeis bandidos, dos *balagans* na praça da feira, das idas às escondidas às apresentações de circo durante a noite (sempre sentados no alto, acompanhados de cocheiros, cozinheiros ou operários), das apresentações teatrais e das conversas com as costureiras que iam até em casa costurar o dote das minhas irmãs.

Minha mãe idolatrava o reino da música, amava os animais, distribuía moedas entre os pobres, era uma devota; seu quarto era uma espécie de recebedor: chegavam de um lado as comerciantes com frutas, do outro, as amas de leite, as bugigangas tártaras, camponeses, monjas e mesmo um velho de casaco surrado e dor nos dentes que sabia como consertar ossos deslocados e um monte de outras tranqueiras.

À minha mãe vinham atrás de conselhos quando alguma tragédia ou quando alguém adoecia (minha mãe sabia curar); vinham também atrás de ajuda financeira. Ali aprendemos a amar e ter compaixão pelo homem pobre, doente e sem posses.

Quando nós, os dois irmãos mais novos (eu e o que era um ano mais velho), chegamos ao quinto ano (os estudos não podiam correr mansamente levando em conta as desnecessárias e difíceis peripécias de nossa particular cidadezinha, onde o idílio *dickensoniano* se quebrava numa atmosfera barulhenta, severa, ressonante e embriagante da vida na fábrica — e embriagante aqui significa embriagante fisicamente mesmo), quando chegamos ao quinto ano, nossos irmãos mais velhos já estavam sendo educados fora da família: duas irmãs e dois irmãos na província Ostzêiskaia[6] (minha mãe nascera em Riga) e um irmão mais velho no estrangeiro, na faculdade de agronomia.

Naquele período meu pai resolveu dedicar a nós um pouco de sua grosseira atenção, já que até então nós ficávamos soltos por conta própria, sendo que minha mãe era a responsável apenas pelos carinhos que nos fornecia, e mesmo assim não mais do que o fazia para qualquer um que fosse pobre e indefeso.

Eramos vistos com mais frequência "lá" do que "cá": lá, se fosse inverno, era nos "refeitórios", nas salas de máquinas,

nas salas "de serviço", nos depósitos e nos "buracos". Se fosse verão, então estávamos sempre nas "debulhadoras", ou com os lenhadores, ou com os colhedores e aradores. Estávamos realmente mais "lá" do que "cá" (em casa): sentados ouvindo [*falta uma palavra no original*] latinas e gregas. O pai então decidiu nos trazer um educador. No entanto, na escolha da pessoa para desempenhar tal papel, cometeu um erro "fatal". Kavêlin, com quem deveríamos estudar durante o verão no campo, era socialista. E como perto de meu pai era muito arriscado falar do trabalho que fazia Kavêlin e daquilo que passara a ser também nossa preocupação, construímos um casebre atrás da destilaria (que nessa época já não existia mais, havia pegado fogo, e na cidade havia apenas uma fábrica de vodca), onde nos refugiávamos sob o pretexto de que "dentro de casa era quente demais" e onde trocávamos a literatura ilegal, onde discutíamos dia e noite os temas sociais.

Daí a primeira tese da nova ciência.

Daí uma nova relação com tudo o que nos cercava, outro trabalho no ginásio, a escolha de outros camaradas.

Desde o verão da amizade com Kavêlin até a primavera seguinte, em que recebi meu "atestado de maioridade", tendo acabado a Escola secundária de Penza, recebi muitos conselhos internos.

Isso porque o meu período de maturidade sexual não foi apenas difícil, mas também foi trágico.

Como? Poderia eu juntar os meus trapos com os destinos de uma bela moça dos salões da aristocracia, contra os quais o próprio Chátski é nada mais do que um anão? Sob a influência das páginas lidas de Pisárev, Chernichévski e Dobroliúbov, recitava monólogos enormes.

Mas foi uma operária da fábrica, camponesa inflamada, que acordara a minha carne, aquela por qual eu passei a tomar chuva, vento, frio e andar três verstas para vê-la no meio do mato. Aqui coloco um ponto. Impossível contar em cinco linhas o enorme drama em que se desenrolou a minha vida no período da puberdade, e também penso que a comissão de expurgo do Partido não precisa ficar sabendo desses detalhes. É preciso dizer apenas uma coisa: aqui cresceu e se fortaleceu em mim (e posso afirmá-lo convictamente agora que tenho quarenta anos), note-se, precisamente aqui e não nos livros, a convicção na particularidade da outra classe, o amor pelos seus encantos saudáveis, a busca da aproximação com tal classe a qualquer custo. Além disso, também preciso dizer que um trágico episódio então manteve o jovem rapaz puro exatamente onde poderiam ter havido muitas tentações à profanação. Um passo enorme, e entretanto, um passo correto, mas que eliminou catastroficamente a possibilidade existente de passar à outra classe através do sexo: a separação da operária nos dias mais tensos do romance depois da reciprocidade de dolorosos cinco anos atingiram a psique do sofredor, que sob a influência dos entorpecentes do genial Dostoiévski, foi levado a dar vários passos trágicos, um após o outro. Os psiquiatras com os quais estive então não entendiam absolutamente nada, apenas recebiam meu dinheiro e me receitavam bromo. Enquanto isso meu cérebro queimava, e trocando o uniforme ginasial pelo universitário, mudei de nome, largando o luteranismo pela ortodoxia. Dessa forma cuspia no rosto de toda aquela gente da qual me separei mudando para Moscou; me vingava do pastor, que tentara me forçar na cabeça uma moral mentirosa, indignei meus irmãos e irmãs, com os quais não possuía nem um pingo de compaixão. Pelo menos a babá ficara feliz, e isso me alegrava. A operária que eu havia largado pura nunca mais dedicou um só pensamento a mim, e periodicamente revivia em minha mente: "E a luta entre duas classes? Para quê dois mundos?" Tudo havia sido assim, infantil e doentio naqueles anos pesados. Vivia-se pesadamente.

Num belo dia a "Casa Comercial E.F. Meyerhold & Filhos" acabou com uma batida de martelo. Tornei-me um estudante pobre. Casado com licença do ministro e com um filho nos braços. A universidade (eu estava matriculado na Faculdade de Direito) não me dava nenhuma alegria. Falávamos mais com os bedéis do que com os docentes. Nem mesmo um tal

Tchupróv, que nos dava aula de economia política, conseguia se livrar das mediocridades dos outros professores. O tão perseguido provincianismo ali fervia.

Vou-me então para a arte, em busca de salvação.

Durante as férias, de volta para casa, me ponho em busca da felicidade espiritual na organização de espetáculos populares no teatro de verão. É ali que entro em cena com os "amadores", tornando-me eu mesmo um "amante das artes cênicas".

Foi também através do teatro popular que me aproximei do grupo de exilados políticos.

A. Remízov, exilado em Penza por motivos políticos, me dedicava uma atenção especial. Ele me envolve no trabalho de estudar Marx. E, através dele, mantenho uma pequena ligação com o trabalho das organizações operárias clandestinas. Participo da formulação do estatuto das finanças operárias. Participo de uma festa fechada quase fora da cidade para levantar essas finanças. E depois das férias, de volta a Moscou.

Largo a faculdade de direito e entro no Colégio Dramático-Musical da Sociedade Filarmônica de Moscou. Ali reúno os estudantes, crio um círculo de estudos, trabalho na criação de palestras e desperto meus companheiros para uma posição crítica em relação à estrutura escolar.

A semente lançada pelo círculo de exilados germina.

Leio Plekhânov, Kautsky, a revista *Nachálo*[7] e outras.

No final do colégio dramático entro no elenco do então recém organizado Teatro Popular-Artístico de Moscou (1898).[8]

Nesse período (1896-1898) a polícia só não veio atrás de mim graças a uma artimanha de Remízov (que havia acabado de ser mandado novamente para a prisão em Penza, e que me contou isso ao sair de lá). É inclusive nesse período que eu [escondi?] em casa um [mimeógrafo?][9] (o sabe G. Chúlkov, que também sofreu nas prisões siberianas) e literatura a pedido dos Lunachárski (o doutor e sua esposa)[10] — que haviam sido ambos presos de uma só vez. Se naquela época tivessem realizado uma busca por mim em ligação com Remízov, eu com certeza teria sido preso e teria "pago". A polícia de Penza já me seguia muito de perto, e a prova disso é a prisão de meu irmão Bóris Ustinov (filho de meu pai com outra mulher), acontecida quando este ainda estava no último ano da escola primária.

A busca realizada no apartamento de minha mãe (ela já vivia bem pobre depois da falência da "casa comercial", e meu pai já não estava entre os vivos: ele morrera ainda antes da ruína da "casa") tinha como objetivo "identificar" não apenas ao meu irmão, mas também a mim.

Estávamos sob suspeita...

Fui então chamado pelo capitão de polícia de Penza para um interrogatório e consigo me libertar de suas garras com um certo esforço.

Sobre o período de atividade no TAM (1898-1902):

1) Vou até Vologda, por iniciativa do editor V. Sáblin (que queria publicar uma revista), fazer contato com os exilados que ali se encontravam: P. Schególev, Berdiáev e A. Remízov.

2) Aproximo-me de I. Baltrushaitis e leio tudo o que é publicado pela Editora Skorpion.

3) Conheço de perto A.P. Tchékhov (nas ocasiões da turnê de verão do TAM em Sevastópol e Yalta me hospedo em sua *dacha*; depois mantivemos correspondência). Na mesma ocasião sou apresentado a Máximo Górki. Em apresentações públicas como ator, declamo sua *Canção sobre Sokol*. Também a apresento em Petersburgo no grande sarau do Sindicato dos Escritores, dirigido por P. Weinberg.

4) Numa das primaveras em que o TAM se apresentava em Petersburgo, tomo parte consciente numa passeata de operários e estudantes na Avenida Névski e com grande dificuldade me livro da perseguição (junto com outros) feita pelos cossacos, que chicoteavam os manifestantes

na Catedral de Kazan. Disso fui testemunha, e descrevi a cena toda retornando a Moscou sob o título de "Relato de um observador", dado à publicação em alguma das gráficas clandestinas (só não me lembro mais através de quem entreguei esse artigo e já não sei onde ele foi publicado).

5) Em 1902, saindo do TAM, organizamos junto com outros companheiros a Confraria do Novo Drama, que começou seu trabalho na província (na cidade de Khérson). No verão, vou à Itália. Travo contato com Posse, e recebo da Suíça uma série de números do *Iskrá*,[11] que infiltro na Rússia com o maior cuidado. Na Itália trabalho como correspondente (e sou publicado) no *Kuriêr* (penso que na época o diretor dessa publicação era Friche). Tal correspondência define a minha relação com o proletariado. Nessa mesma época fiz uma tradução (do alemão para o russo) do drama social de Hauptmann, *Antes do nascer do sol* (que foi publicado).

De 1902 a 1905 estou na província (Khérson, Nikoláev, Sevastópol, Penza, Tiflis, Kutais, Elizavetpol, Rostov na Don, Novocherkássk).

Brigo com a polícia pelo repertório. Em Tíflis, depois da montagem de um espetáculo, em função de uma organização política ilegal, sou chamado para interrogatório na delegacia de polícia. Incomodo muito pelo fato de não haver soltado um pio em frente da polícia. Depois da turnê em Tíflis em 1906, saindo dali, me arrisco com a polícia também em Moscou. Sei disso pela busca que fizeram na casa de meu irmão, em Moscou àquele tempo, onde me hospedei antes da ida a Tíflis e depois de sair de Petersburgo. Alguém havia feito uma acusação contra mim em Tíflis, como se eu tivesse tomado parte da expropriação na praça Erivânskaia. Havia sido o ator Rakítin, cujo tio era procurador em Tíflis e cuidava do caso, e que me contara sobre o fato de estarem fazendo buscas desesperadamente e sobre o fato de que possuíam também minha fotografia. A denúncia contra mim havia sido feita, como penso, pela parte reacionária da sociedade, que se incomodava com meu repertório, que começava a intrigar as mentes do público jovem e operário; ali mesmo, aliás, realizei um sarau de declamações, no qual o programa era completamente dominado pelas poesias de Verhaeren e Balmont, com seu caráter revoltoso do período de "Prédios em chamas".

A partir de 1905, retorno a Moscou. Deixo a província com o objetivo de finalizar minha educação teatral na oficina de Stanislávski.

No outono de 1905, nos dias do famoso levante armado dos trabalhadores estou absorvido num trabalho inventivo no campo de [*aqui há um espaço em branco deixado pela máquina de escrever*].

O Teatro-Estúdio, organizado em conjunto com Stanislávski, não chegou a estrear, já que a vida teatral em Moscou havia sido momentaneamente congelada devido aos acontecimentos políticos. A rua me chama. Sem falar para ninguém em casa me armo de um revólver e começo a procurar meus companheiros, arriscando-me a ser morto na rua pelos *semionovistas*[12] durante essas buscas na rua. Passo muita necessidade, tendo a tiracolo três crianças. Vou para Píter[13] procurar trabalho. Ali permaneço desempregado durante um certo tempo, mas continuo a ler e a escrever muito. Aproximo-me do círculo de poetas e escritores: A. Blók, Andrêi Béli, V. Ivánov, P. Schególev e outros. Numas das "quartas-feiras" de Viachesláv Ivánov acabo sendo um dos alvos da busca grosseira realizada no apartamento de Ivánov por ordem da polícia secreta. Mais uma vez me encontro com A. Remízov, que agora trabalha no *Nôvy Put* e no *Nóvaya Zhizn*. Sou apresentado a Chúlkov a Struve. Mais uma vez me preocupo com questões do materialismo histórico.

No verão de 1906, depois da viagem a Tíflis, a Confraria do Novo Drama se apresenta na cidade de Poltáva. Vivendo esfomeado, é aqui que fortaleço os fundamentos do meu *credo* de diretor. Define-se em mim o rosto do diretor-revolucionário, do diretor-inventor, e isso me obriga a desenvolver um trabalho enormemente tenso no campo da reforma do teatro.

No outono de 1906 entro no elenco da trupe de V.F. Komissarjévskaia como diretor principal. De 1906 a 1917 ponho-me no caminho da intensa luta contra a rotina teatral, contra a hibernação, contra toda a reação no meio da arte teatral, sob golpes incansáveis da imprensa amarela e com frequentes desprazeres do lado dos censores.

Os reacionários que cercavam V.F. Komissarjévskaia fizeram então com que me expulsassem do teatro. De novo, na rua. Meio faminto, escrevo o artigo "Contribuição à história e à técnica do teatro" que a *Shipôvnik* publica ao lado de artigos de Lunachárski, Anchikov, Briússov, Béli e Chúlkov no *Livro sobre o novo teatro*. Graças ao enérgico desejo do cenógrafo A.I. Golovin, sou incluído, depois de muitos obstáculos, no elenco dos teatros imperiais. A imprensa amarela não se cansa. Burênin e Mênshikov escrevem sátiras sobre mim. O último inclusive ajuda a *okhrana*[14] em seu trabalho, mudando-me de lugar nos teatros imperiais: escreve um enorme folhetim difamando os "israelitas" e aponta seu dedo para mim, considerando-me judeu. Brande também Purishkêvich na Duma Estatal. Minha entrada nos teatros imperiais (1908) deixa um pouco de lado a polícia secreta. Um dia, sou chamado até o diretor dos teatros, Teliakóvski, e ele me pergunta sobre meu irmão Bóris Ustinov (que era social-democrata, perseguido por fazer parte do movimento estudantil e então exilado político no departamento de Olonétski. Eu ali utilizei a possibilidade de prometer às duas figuras mais importantes do departamento de polícia que faria de suas amantes atrizes e as levaria aos grandes palcos, libertando assim meu irmão das mãos do departamento policial). Ele me pergunta: não trabalharia eu do lado dos que querem subverter a ordem social existente ao lado de meu irmão?

Foi muito difícil trabalhar nos palcos do Alexandrínski e do Mariínski com um passaporte que dizia "comerciante de Penza" no bolso (pela lei do Império Russo, tendo largado a faculdade e sendo filho de um comerciante, eu deveria estar registrado na sociedade dos comerciantes de Penza). Quem é que não sabe qual era a relação que o czarismo mantinha com os "pequeno-burgueses", com os "comerciantes"? E nos palcos imperiais era da seguinte forma: se o diretor ou o ator não fosse de procedência aristocrática (e mesmo que fosse talentoso), já começavam a fofocar e a difamar.

A imprensa amarela não descansava quando via que, apoiado pela juventude, eu ia passo a passo conquistando o sucesso (sempre em determinadas condições) do novo repertório e dos novos recursos com minhas montagens.

O cenógrafo Golovin, por iniciativa e por artimanha do qual eu fui parar no palco dos teatros imperiais, desejando me manter a todo custo para um trabalho conjunto, conseguiu me salvar das investidas da polícia secreta, que considerava minha estadia em Petersburgo muito perigosa. Em dez anos de trabalho em tais palcos nunca (e me orgulho disso) fui convidado para montar nenhum espetáculo solene nas imediações do czar. Pelo contrário: nós (eu e Golovin) fomos alvos dos ataques mais cruéis por parte da imprensa amarela porque ousamos montar, no dia de comemoração dos trezentos anos da Casa do Romanov, a ópera *Electra* de R. Strauss no palco do teatro Mariínski, com uma cena onde se decapitava o czar.

Nesse mesmo período organizo meus estúdios, junto com colaboradores nas questões do novo teatro (um laboratório de novas formas na arte) e uma revista (*O Amor das Três Laranjas*), que investigava as particularidades da comédia popular de máscaras italiana.

Nesta última, inclusive, começamos a analisar a composição da plateia, atacando a *intelligentsia* decadente e saudando o aparecimento da nova classe na plateia. Meu discurso sobre isso no auditório Tenishévski é motivo de uma nota furiosa no *Rêtch* por parte de um tal de B. Kovalévski.

Eis minha discordância com ele na carta enviada à redação de *Rêtch* em 20 de abril de 1917: "No número dominical da *Rêtch* (88), numa nota sobre a palestra 'Revolução, guerra, arte'

(Auditório Tenishévski, 14 de abril), B. Kovalévski chamou meu discurso de 'insinuação ao novo senhor proletariado'. Minhas opiniões sobre a *intelligentsia* que constitui a plateia teatral contemporânea e que foram expressas na palestra de 14 de abril de 1917 havia sido já muitas vezes expostas *antes da revolução*, tanto em falas públicas como na imprensa. Sabem disso todos aqueles que me ouviram, entre os oponentes, nas palestras de I.M. Iúrev (8 de janeiro de 1916), também no Audidório Tenishévski, e nas do professor K.I. Arabazhin (5 de fevereiro de 1916, no mesmo lugar). Sabem disso todos os que tomaram conhecimento de meus pontos de vista expostos na revista *Amor das Três Laranjas* (1914, n. 4- 5, pp. 67-8, 79-80; 1915, ed. 1, pp. 118-22, 139-41 e 160), e ainda os que assistiram às minhas aulas no Estúdio. Dessa forma, a afirmação de B. Kovalévski é improcedente. *Vsévolod Meyerhold*".

Em 19 de março de 1917 dei entrada na *Birzhevie Vêdomosti* junto com Zdgniévich e Lúnin com um protesto contra a ação de V. Nabókov na assembleia de trabalhadores da arte no Teatro Mikháilovski.

Nos dias de outubro (neles, antes deles e depois deles) tomo parte ativa no desmembramento do trabalho (pré-outubro) do grupo dos cadetes, que haviam construído para si um ninho na Academia e Artes e nos antigos teatros imperiais.

Na Academia de Artes tenho participação decisiva no "bloco de esquerda", reunindo ao grupo dos mais à esquerda.

Realizamos uma enquete sobre toda uma série de medidas do Governo Provisório de Kêrenski em relação às questões artísticas e à conservação de monumentos da antiguidade.

Nos teatros estatais, impeço Bátyushkov de levar a trupe à [*aqui termina o texto datilografado*].

NOTAS DOS ANEXOS À EDIÇÃO BRASILEIRA

DADOS BIOGRÁFICOS (1921)

[Todas as notas deste texto são do tradutor brasileiro.]

[1] Meyerhold ingressa na Universidade de Direito em Moscou em 1895 e abandona o curso em 1896, quando entra para a escola da Sociedade Filarmônica de Moscou.

[2] Note-se que as "insossas pinturas da Niva" aparecem explicitamente em *Do teatro*.

[3] Ou seja, a burocracia partidária dos "Cem-Negros", grupo paramilitar, organizado na época pela polícia czarista para assassinar revolucionários e intelectuais progressistas, sendo o principal organizador dos *pogroms* nos povoados judeus.

[4] Rio nas imediações de Penza.

[5] Referência à canção popular *Descendo pela mamãe Volga* (*Vníz po Mátushke po Volge*).

[6] A província Ostzêiskaia ficava onde hoje situam-se os três estados do Mar Báltico: Estônia, Lituânia e Letônia.

[7] *Nachálo*, revista do grupo dos "marxistas legais", publicada em 1899. Nessa revista às vezes eram publicados alguns artigos de V.I. Lênin.

[8] Este era o primeiro nome do teatro, mais tarde conhecido como Teatro de Arte de Moscou.

[9] Entre colchetes, pois a palavra é uma suposição da redação russa, já que a transcrição para a publicação foi feita a partir de um manuscrito quando Meyerhold já havia sido morto.

[10] Aqui Meyerhold se refere a Platon Lunachárski e a sua companheira. Platon era irmão de Anatóli Lunachárski, conhecido primeiro "Secretário do Povo para a Instrução" dos anos da revolução.

[11] A. Posse, escritor e pensador social muito próximo na época aos social-democratas. Em 1902 vivia no estrangeiro.

Muitos anos depois Meyerhold nota: "[...] foi realmente um momento importantíssimo em minha vida o primeiro contato com o *Iskrá* leninista e com a brochura *Que fazer?* de Lênin, que também havia acabado de ser publicada em maio de 1902. Eu havia ido à Itália para conhecer as igrejas e os museus e andava pelas ruas durante muitas horas, apaixonado pela multidão italiana. Voltando ao hotel, mergulhava nos jornais e nas brochuras ilegais, e lia, lia sem parar" (A. Gládkov, em "Meyerhold fala", *Nôvy Mir*, n. 8, p. 223, 1961).

[12] Aqui Meyerhold se refere ao batalhão *semionovista*, que reprimiu o levante de dezembro de 1905.

[13] Diminutivo carinhoso de São Petersburgo.

[14] A polícia secreta do czar.

CADASTRO
ILUMI/URAS

Para receber informações
sobre nossos lançamentos e
promoções envie e-mail para:

cadastro@iluminuras.com.br

Este livro foi composto em Times pela
Iluminuras e terminou de ser impresso no
dia 18 de maio de 2012 nas oficinas da
Orgrafic Gráfica, em São Paulo, SP, em
papel off-white 70 gramas.